对自己“狠”一点 离成功近一点

如果你不对自己狠一点，现实就会对你狠

谢国计◎著

DUI ZIJI “HEN”YIDIAN
LI CHENGGONG JINYIDIAN

今天不玩命，明天命玩你

只有经历炼狱的磨难，才能看见天堂的绚烂

成都时代出版社
CHENGDU TIMES PRESS

图书在版编目（CIP）数据

对自己“狠”一点，离成功近一点 / 谢国计著. — 成都：成都时代出版社，2014.10（2019.7 重印）
ISBN 978-7-5464-1149-1

Ⅰ. ①对… Ⅱ. ①谢… Ⅲ. ①成功心理—通俗读物 Ⅳ. ①B848.4-49

中国版本图书馆 CIP 数据核字(2014)第 073791 号

对自己“狠”一点，离成功近一点
DUI ZIJI “HEN”YIDIAN, LI CHENGGONG JINYIDIAN
谢国计 著

出 品 人　李文凯
责任编辑　曾绍东
责任校对　李　航
装帧设计　林自伟
责任印制　李茜蕾

出版发行　成都时代出版社
电　　话　（028）86621237（编辑部）
　　　　　（028）86615250（发行部）
网　　址　www.chengdusd.com
印　　刷　三河市人民印务有限公司
规　　格　710mm×1000mm　1/16
印　　张　17
字　　数　220 千
版　　次　2014 年 10 月第 1 版
印　　次　2019 年 7 月第 2 次印刷
书　　号　ISBN 978-7-5464-1149-1
定　　价　35.00 元

前言
PREFACE

敢下“狠”手才能成功改变命运

这是一个公平的社会，因为绝大多数人在多数时候，都只能靠自己，没背景、没关系、没资历、没学历，都不是足以致命的缺陷，只要我们对自己敢下“狠”手，就能改变命运，从低谷走向人生高潮。这是一个“残酷”的社会，强者以弱者为食，激烈的竞争容不得弱者偏居一隅，要想不被“吃掉”，就只有一条路可走：逼迫自己变狠。

英国哲学家霍布斯早就在《利维坦》一书中提出“人对人是狼”的经典论断，他从人性的“自然欲望公理”推出了“一切人对一切人的战争”，再由人的“自然理性公理”归结出了自我保全原则。在这个弱肉强食的社会大丛林里，最终能够决定我们成败的只有一个因素，那就是“狠”，你对自己越“狠”，社会就会对你越宽容，你也就越接近成功。或许这正是霍布斯教人们变成“狼”的最根本原因。

我们今天所生活的社会就像一个集合了生活、工作、利益与心理融合而成的狩猎场，每个人都是狩猎者，同时每个人也都是其他狩猎者的猎物，如果不敢对自己下“狠”手，别说逆袭，就连能否生存下去都是一个未知数。

在弱肉强食的丛林中，狮子不会同情自己的“食物”，同样在竞争激烈的社会之中，强者也不会同情弱者。我们每天都会接触形形色色的人，上司、领导、同事、下属、同学、老师、司机、小贩、警察、医生……上下级之间的摩擦矛盾、同学同事之间的攀比、医患矛盾的增加……周围的人变得越来越狠，我们受到伤害的概率也在不断攀升，要想在这个变“狠”的世界中生存下去，就必须适应变“狠”的人心，变“狠”的社会。如何适应？答案很简单，不想被狼吃掉只有一个办法，那就是变成它们的同类。

遗憾的是，绝大多数人在关键时刻往往下不了“狠”手。明知道如果对自己的要求高一点，做决断的时候痛快一点，结果就会好一点，但偏偏对自己下不了“狠”手，狠不下心对自己高标准、严要求，于是只能成为任人宰割的弱者。明知道不忍心“猎杀”别的同伴，就只会陷入获取猎物和人类友谊的两难抉择，从而丧失“狼性”成为他人口中的“猎物”，但就是下不了“狠”手，所以我们的战斗力也会大打折扣。

“为什么老天如此不公平，别人在休闲度假的时候，我却要为了微薄的加班费而拼死拼活？可是现实如此残酷，我又能怎么办呢？房贷总是要还，不加班赚钱就只能喝西北风。”

“每天都有数不清的烦恼、无穷无尽的问题，想想自己的生活过得还真是窝囊，这就是个拼‘爹’的年代，谁让你没‘爹’可拼呢？”

“我的顶头上司简直是一个变态的施虐狂，一旦心情不好，所有人都跟着遭殃。训起人来没完没了，实在是忍无可忍。可又不敢辞职，怕找不到这样待遇好的公司，哎，忍无可忍也只能从头再忍，什么时候是个头啊！”

……

实事求是地说，这就是我们绝大多数“草根”日常生活的真实写照，没人愿意过这种充满绝望和无奈的糟糕日子，但为什么不试着改变呢？

尽管社会险恶，但“逆袭”并非绝无希望，我们之所以会不自主地屈服于残酷的现实，是骨子里的“羊性”在作祟，想成功就必须要敢下“狠”手，敢把自己逼成一头具有战斗力和侵略性的“狼”，有时候不逼自己一把，你永远都不知道自己究竟有多优秀。

在这个弱肉强食的社会，家庭压力、事业瓶颈、情感困惑、同事倾轧、老板冷酷、朋友疏远……如果你不能变得内心强大，就只能时时刻刻被欺负，强者不会同情满腔委屈的弱者，上帝也不会宽待一个内有才华却无比颓废的弱者。

在现实生活中，不是东风压倒西风，就是西风压倒东风。你不敢对自己狠，世界就会对你更狠，唯有敢对自己下刀子，世界才可能变得宽容。想成功很简单，从现在开始对人、对事、对自己都要狠一点，这就是如今社会“草根”群体逆袭成功的黄金法则。

目录
CONTENTS

第三章
做人不狠，万事难成——强者之路

狠，不是说出来的，而是做出来的。要想在险恶的社会中闯出一番天地，就要硬下头皮，一股脑儿往前冲。柔弱的人，永远无法在强者的世界里出人头地。只有在做人做事中抱着一股狠劲儿，才能在人生的征途上所向披靡，战无不胜。

第四章
狠在智慧：打造最强大的大脑，别让自己赢得那么辛苦

狠，需要能力，也需要谋略。竞争不能只靠一腔热血，还要靠清醒的头脑和精明的计谋。做人要狠，也要会用狠，那些一味耍狠、不懂变通的，最多只能算作莽夫。只有审时度势、权衡利弊、有勇有谋，才能让自己赢得轻松、赢得漂亮。

第五章
狠在胆识：如果你知道去哪里，全世界都会为你让路

自古道：胜者为王，败者为寇，残酷的竞争已成为当前社会的常态。对手之间不需要太多的仁慈宽厚，因为对敌人的仁慈就是对自己的残忍。一个人想要有一番作为，想要有自己的事业，想要获取应有的社会地位，在面对困难的时候就绝不能倒下。骨子里缺乏“狠劲儿”的人，注定一事无成。

第六章
狠在人脉：认识谁比你是谁更重要，有人脉成功就像坐电梯

在这个世界上，到处可以看见很多有才华的“穷人”。他们才华横溢，能力超群，有的甚至有着上天入地的基本领，但为何最终却落了个颗粒无收的下场呢？究其原因，就是缺乏人脉！

第七章
狠在行动：没有行动，再伟大的想法都等于零

你也许不知道，果断迅速的行动其实是解决问题的最好办法。每个人都拥有神奇的改变力，只要肯行动，人生永远不嫌晚；只有坚持下去，才能成为人生的赢家。当你靠着坚韧的行动力改变命运后，你就会发现：困难根本就没有想象中那么大。

第八章
狠在说话：三寸之舌强于百万之师，成功离不开口才

把话说正确，是一个人应该穷尽一生去学习的艺术。三国时期，诸葛亮凭借自己的三寸不烂之舌挡住了百万曹军。真正的强者，从来不需要巧舌如簧，关键要说得够狠、够有力、够聪明，不但把话说进人的心里，还要征服人心，获取人心。

第九章
狼在气场：在事业上确立自己的“江湖地位”

气场，是一呼百应的号召力，是由内到外透出来的一种权威，是一把改变局势的万能钥匙。全世界都在讨论气场，但只有微乎其微的人能拥有它、运用它。要知道，一个人只有具备了强大的气场，才会拥有万人难敌的“江湖地位”。

第十章
做耐心的狼，让所有的猎物胆寒

在狼的眼睛里，永远看不到失败的气馁，因为它们知道，只要耐住性子，就不会让到嘴的猎物逃脱。做人也一样，就是不懈的努力加上一点点机会，努力是加法，机会是乘法，两者兼备才会收获最好的结果。

第一章
DI YI ZHANG

不对自己“狠”一点，永远也不知道自己有多优秀

物竞天择，适者生存。在弱肉强食的丛林中，狮子不会同情自己的“食物”，同样在竞争激烈的社会之中，强者也不会同情弱者。要想不被“吃掉”，就只有一条路可走：逼迫自己变“狠”。要知道，唯有经历过“狠境”、“绝境”，才能练就如履平地、披荆斩棘的本领。

↙1

你必须对自己“狠”，因为世界会对你更“狠”

人生在世，谁不想拥有一个美满幸福的生活，然而树欲静而风不止，这个世界正在变得越来越“狠”，我们唯有对自己更“狠”，才可能突破重重阻碍，步步逼近美满幸福的天堂。

没有人喜欢自虐，可是为什么要对自己那么“狠”呢？俗话说，“男人不狠，事业不稳；女人不狠，地位不稳”，在这个狼性法则为王的社会丛林之中，不管男人还是女人，谁都逃不过岁月的磨砺。“先下手为强，后下手遭殃”，越是在人生选择的关键时期，越是要敢对自己下“狠”手，因为你一旦有半丝不忍，现实就会狠狠给你一个更加狠戾的耳光。

也许有人会说，“我对自己没有什么要求，只要心态平和，知足就能常乐。”可是扪心自问，眼看着周围的同学、朋友混得都比自己好，你真能做到心如止水吗？新来的同事居然突然成了自己的上司，你真的不会有半点纠结？所谓“看破红尘”有时候不过是鸵鸟心态作祟，自欺欺人罢了。到什么山唱什么歌，既然身在俗世，就必须要面对现实的压力，要想不被压力挤瘪压垮，就只能变得内心强大。

我们每天都会接触不少“狠”角色，白领凯迪就处在这样一个环境中。在她看来，自己的老板简直就是一个施虐狂，要是老板心情不好，每个人都会跟着遭殃，业绩不好要挨骂，工作上出现哪怕一点点失误也要挨骂，堵车迟到不仅要挨批，还要罚款，哪怕只是迟到一分钟，也不能幸免于难。凯迪的工作不顺心，得不到老板赏识，但却不敢轻易辞职，作为一名房奴，她每个月都在指望用自己的工资还贷款，如果一气之下辞职了，谁知道能不能找到一个不错的工作呢？

在残酷的现实面前，我们和凯迪一样，连选择逃避的权利都没有，唯有靠着“忍者神龟”般的耐力，承受着这种非人的待遇。为了不因堵车而迟到，不得不天不亮就起床；为了完成工作业绩，不得不顶着星星回家；为了不丢掉自己的饭碗，不得不屈服于上司以及客户的淫威之下，可是我们为什么要活得这样憋屈？为什么要活得这么没有尊严？难道是我们甘愿如此吗？不，没有人愿意过这种日子，没有人希望上班像“上坟”一样心情沉重。既然如此，与其憋屈痛苦的活，不如尝试逆袭。都已经跌到了谷底，人生还会更糟糕吗？

人的潜力是无限的，你不对自己狠一些，就永远不会知道自己究竟有多优秀。这里所说的“狠”，并非是为了达到目的不择手段，而是指要对自己的要求高一点，该决断时就痛快决断，该坚强的时候就要挺直脊梁。狠是一种意志，是一种精神，是一种为了完成奋斗目标屡败屡战的决心，是百折不挠、不抛弃、不放弃的执著信念。

原始森林中“弱肉强食”的生存法则，在竞争激烈的人类社会同样适用。如果你甘愿做一只素食主义动物，那么等待你的只有“被猎杀”的命运。吃“草”还是吃“肉”，这已经不仅仅是个人价值观以及生活取向的问题，而是直接关系生死存亡的大事。周围的环境变得越来越残酷，安分守己早已经不是明哲保身，而是慢性自杀，是自取灭亡。

实事求是地说，今天人们不管是在职场上还是生活中，受到伤害的概率正在大大增加。当然这里所说的伤害，并非仅仅是指身体伤害，而是指利益伤害和心理伤害。要想在这个越来越“狠”的世界中生存下去，就必须“入乡随俗”，逼迫自己适应这种变化。

达尔文提出了“物竞天择，适者生存”的进化论，尽管它主要针对自然界的物种进化，但该原则同样适用于人类社会。社会在变“狠”，如果你不能随之做出改变，就必然会沦为整个世界的牺牲品。如何应对？唯有对自己“狠”一点，因为“只有经历过地狱般的磨炼，才能练出创造天堂的力量，只有流过血的手指，才能弹出世间的绝唱。”从枪林弹雨中走出来的人，即便不是王者，也是将军。历经磨难而浴火重生的人，无论身处怎样的绝境，都不会轻易言弃，只要坚持不放弃，总会等到翻身的机会。

如今的社会，容不得弱者偏居一隅，内心弱小的人，注定会被强者吞噬。扪心自问，你真的愿意被这个变“狠”的社会抛弃吗？你真的想永远呆在懦弱的内心阴影中吗？何不冷静地解剖那些可能伤害我们的东西，然后有针对性地强化自己，勇敢地战胜它们。

对自己狠，是为了在这个越来越狠的世界中活下去，活出精彩，活出魅力。只要看清了这个世界的本质，变“狠”并不是一件难事。霍布斯所说的“每个人对每个人的战争”绝不是一个伪命题，而是升级到了“每个人在心理上对每个人的战胜”。

今天，你当然可以选择做一个不“狠”之人，虽然可以生存，但却无法在利益上保护自己，或许这正是隐藏在不断增长的“自杀”数据背后的隐患。是变“狠”，还是继续懦弱下去？相信你的心中早已有了答案。

2

前怕狼后怕虎，永远找不到新出路

古人云，不入虎穴焉得虎子，一个没有勇气面对风险的人，从一开始就放弃了成功的机会。有些人年过半百依然敢从头再来，有些人即便是风华正茂也未必会放手一搏，一个人最大的敌人往往不是对手，而是自身，如果不对自己狠，就永远也战胜不了敌人。

袁明是20世纪80年代的大学生，和同龄人一样，毕业后被分配到国有企业，成了一名技术员。在那个年代，这是一份万人难求的金饭碗。勤勤恳恳地工作，按部就班地成家立业，30多岁已经成为人父的袁明，也开始面临自己人生中的一次重大选择。

这样的大环境下，袁明一腔热血，想南下干出一番事业，然而当朋友力邀辞职南下时，他却犹豫了。不放心家里年迈的父母双亲，担心年幼儿女的成长，更重要的是，一旦辞职就会失去一份稳定的收入。万一南下掘金不顺利，赚不到钱，到时候自己情何以堪呢？

既担心丢掉稳定的工作，又害怕即将到来的未知，经过反复权衡，袁明最终放弃了辞职南下的念头。转眼间30多年过去了，当时南下的同学朋友，有的已经成为身家上亿的商业大亨，有的已经全家移民海外，有的在知名企业身居高层收入不菲，唯有袁明还是一个小小的技术员，而且随着单位越来越不景气，收入也是越来越寒酸。

机遇永远都是留给有准备之人，该决断时拖拖拉拉、犹犹豫豫，只会丧失了最佳的行动时机。在现实生活中，像袁明一样做事畏首畏尾的人并不在少数，他们不敢跳槽换工作，因为害怕找不到更好的工作；他们不敢追求自己心仪的对象，因为担心会被拒绝；他们不敢抓住千载难逢的机会，因为忧虑自己会成为竞争中的炮灰……

挫折、困难、环境都不能成为我们退缩的理由，如果想创业，就马上去干，市场大环境不好只是一个推脱的借口，如果总是前怕狼后怕虎，何必还去创业呢？反倒不如踏踏实实一辈子，做一个小职员。要想创出一条新路，就必须敢对自己下狠手，敢于置之死地而后生。

生活就像一团乱麻，总是会有许多解不开的疙瘩，仅仅因为担忧就放弃成功的机会，这无疑是世界上最愚蠢的做法。佛家常讲：得失之苦，得不到是苦，得到了又害怕失去也是苦，我们大多纠结于这种患得患失的精神痛苦之中，不得解脱之法。所谓有舍才有得，大舍大得，小舍小得，与其整天都生活在忧虑之中，不如狠心归零，保持一颗淡泊之心。

也许我们会嘲笑《列子·天瑞》里忧天的杞人，但我们自己又何尝不是那个庸人自扰的愚者呢？末世言论满天飞，于是有人为此吃不下饭，睡不好觉，整天都在苦思冥想避过灾难的对策，然而2012安然度过，至今也没有任何末世的迹象，对此不知他们又是怎样的心情。

因过分忧虑而凡事畏畏缩缩的人，注定成不了什么大器，唯有狠下心来主动出击，才可能有机会取得胜利。

作为一家互联网广告公司的董事长，老刘对此有着极其深刻的切身体会。十年前，他从未接触过互联网，也不确定未来会怎么样，尽管前景不明朗，但他说创业就创业，立马贷款创办了一家互联网广告公司。起初只能靠着卖域名代理文字链广告勉强维持，但他边做边学，很快就从一个门外汉成为这一领域的专家，公司也随之不断壮大。

营销专家尚丰曾说过，“创业，其实人人都会成功！只是有些人被自己的观念和一些世俗所束缚，也就失去了成功的最佳时机。”当初，老刘原本打算拉朋友丁某一起做互联网广告生意，怎奈丁某害怕亏损，担心经营，迟迟不肯做决定，反倒错过了最好的创业时机。

前怕狼后怕虎，注定永远找不到新出路，有时我们自以为安全的做法反倒是未来成功的刽子手。实际上，不论我们做什么，都不必像丁某一样过分去预料结果，因为每当你考虑结果时，总是会想到一个无比糟糕的结局。畏畏缩缩是成不了什么大器的，想成功必须主动出击，下决心时对自己狠一点，自然就能离成功近一点。

成功是成功者的墓志铭，失败是失败者的通行证。对于那些创业失败的人群，人们往往嗤之以鼻，冷嘲暗讽，殊不知他们才是人生的开路先锋。做事小心谨慎是好事，但如果谨慎过了头，就成了名副其实的懦夫。俗话说“困难像弹簧，你弱它就强，你强它就弱”，事实上你越是胆小怕事就越容易被思想包袱所累，最终落得一事无成，反倒不如抛开一切，孤注一掷轰轰烈烈大战一场。

3

永不言弃，做事不要给自己留退路

马云曾经说过：“在创业的道路上，我们没有退路，最大的失败就是放弃。”实际上不管是在事业上还是在生活上，我们都需要这种不抛弃、不放弃的精神。一个人来到这个世界上，就好比是过了楚河汉界的小卒，只能随着时间的流逝往前走，也没有退回去重新来过的机会，所以完全不必给自己留后路。

在兵法中有一种战略叫"置之死地而后生"，人的潜能是无限的，往往越是身处绝境，越能发挥出自己的能量。要想翻过一道墙，不妨先把帽子扔过去，切断自己的退路，无处可逃，无处可遁，自然就会全力以赴。

在现实生活中，不少人做事都喜欢给自己留好后路，表面上看确实是明智之举，即便是不幸身陷险境，还有最后一块保命金牌，不至于摔得太惨。但从人性的本质上来讲，这是对自己懒惰行为的一种纵容，是自己胆小懦弱的一种掩饰。事实上，没有任何退路可走的人往往更容易走向成功。

30 岁的大林一事无成，他为此很困扰，于是专门找到大学时的导师寻求开导。得知大林的来意后，导师邀请他参加一次户外拓展比赛。比赛规则很简单，每个人面前都有三条通往终点的路，谁用时最短谁就是赢家。

比赛开始后，大林选择了其中一条，结果走到一半遇到了一座高不可攀的山，山上没有路且布满荆棘，地势险峻又陡峭，这条路不好走不是还有其他两条吗？所以，大林经过了短暂思考后，决定原路返回选择第二条路。

谁知道第二条路也并非坦途，没走多久就进入了一片茂密的原始林地，前方根本就没有路，除非披荆斩棘闯出一条路，但大林看了看眼前的荆棘以及灌木丛中四处乱撞的黄蜂，还是决定返回走第三条路。

穿过树林，走过山丘，眼看就要到达目的地了，却有一条大河横亘眼前，这是最后一条路了，想退也无处可退，尽管河水湍急但大林别无选择只好跳入河中游过去，等他好不容易到达终点时，惊愕地发现自己竟然是最慢的。

其实不管是比赛还是人生，选择了一条路都要坚定不移地走下去，千万不要给自己留退路，因为退路越多，我们花费的时间就会越长。所以，即便你的决策有1000次都是错误的，也不要养成优柔寡断的习惯。很多时候，成败只在一瞬间，是选择从退路逃跑，还是自断后路破釜沉舟？如果你不甘于平凡，就不要轻易留后路，因为只有把自己逼上绝境才可能置之死地而后生。

有时候四面楚歌并非绝境，而是胜利之前的低谷。当人身处逆境时，就断绝了一切对外部的依赖和借口，就能够毫无旁骛地发挥出自己的最佳状态，从而实现绝地反击，把对方置于死地。事实证明，对自己够狠、敢把自己逼入绝境的人，往往更容易成功。反之，对自己太过仁慈的人，穷其一生都没有发掘出自己潜能，也永远不会知道真实的自己究竟有多优秀。

古语有云：围城必阙。意思也就是说在包围战中，一定要给敌人留下一个薄弱的缺口。如果整个包围圈都是铜墙铁壁，令人插翅也难飞，那么被包围的敌人不仅不会惊慌失措，反而会被绝境逼出一股斗志，战斗力暴涨从而冲出一条血路。反之，如果留有一个缺口，因为有退路的存在，人往往会生出逃跑退缩之心，即便是将军下令，大家也只会不顾一切地朝退路跑，哪里还有力气抵抗敌军呢？

打仗如此，做事也是如此，每个人的内心深处都有畏难的情绪，这很正常。如果我们在做出选择时总是给自己留退路，那么无疑会长他人志气，灭自己威风，又怎能把事情干好呢？破釜沉舟才能置之死地而后生，身处困境并不可怕，可怕的是内心的畏惧与逃避。事实上，唯有切断后路无处可逃，我们才能一心一意地面对困境，并最终想出破敌之法。

俗话说：条条大路通罗马，但过多的选择，只会让人失去顽强的意志力和对成功的执着。如果这条路有荆棘，我们就退回原点再走另外一条，反反复复最终只会一事无成。反之，到了别无选择的地步，我们只能坚韧执着，即便是一路上布满荆棘，也必须屡败屡战直到终点。从这个角度来说，你对自己有多狠，你离成功就有多近。

4

不逼自己一把，永远也不知道自己有多优秀

“乱世出英雄”对于这句俗语，大多数人并不陌生，但却很少有人去思考它背后的深层原因。为什么像今天这样的和平时期就没有像诸葛孔明那样“惊天地、泣鬼神”式的英雄人物呢？实际上，这种现象的出现并未是出于偶然，而是出于一种必然。

没有压力就没有动力，如果没有外界动乱环境的逼迫，自然不会有潜力的爆发，英雄也就不复存在。一个没有爆发潜力的人，空口无凭地说“自己有着经天纬地之才”只会被人们笑掉大牙，但如果能有针对性地逼迫自己一把，反而可以把最优秀的一面展示出来。是成为大众眼里夸夸其谈的不靠谱代表，还是给自己施压用事实说话？在人生的岔道口上，我们究竟该如何选择呢？

“山重水复疑无路，柳暗花明又一村”，谁说被逼迫只能演变成一种无奈？换个角度想一想，被逼又何尝不是一种福气呢？从心理学角度来讲，催逼往往可以激发我们的潜能，促使我们经常处于一种积极进取、创新求变的状态，甚至会因此创造出奇迹，获得超出自己想象的巨大收获。

阿兰的健美身材常常受到周围朋友们的夸奖，但 3 年前她却是一个不折不扣的“超级胖子”，身高 1.65 米的她甚至一度涨到了 100 公斤，浑身的赘肉可以顶得上两个“游泳圈”。

实际上阿兰并不是一个天生的胖子，由于长达一年的药物治疗，她患上了激素式肥胖症，通常来说这种肥胖在停止使用药物后往往可以逐渐瘦下来，但阿兰却碰巧是那个意外。在这短短的一年中，她从 50 公斤的苗条身材一下子暴涨到了 100 公斤，身体康复停止用药后，她本以为体重会随之减轻，可是转眼半年过去了，阿兰的体重居然没有一点下降的趋势。

“天啊，你怎么这么胖了？都快认不出你了。”“你这么胖，怎么嫁的出去啊，真是让人又发愁、又担忧！”“阿兰，我们去逛街吧……呀，我忘了成衣店买不到你的尺码。”老同学、父目长辈以及闺蜜朋友的无心之“语”令阿兰感到十分压抑，肥胖侵蚀着她的健康，毁坏着她的自信，干扰着她的生活，一段时间过后，阿兰在周围环境的逼迫下彻底爆发了。

为了减肥，她为自己制定了一个长期减肥计划，周一到周五每天有氧运动 3 小时，周末则需要每天完成一次 10 千米的长跑。在绝大多数人看来，这个计划虽然可行却很难长期坚持，但阿兰却风雨无阻地坚持了整整 3 年，体重也从 100 公斤下降到了 55 公斤。每每谈及此事，朋友们对她的过人意志力都钦佩不已，甚至有不少人向她虚心求教减肥成功的秘诀，对此阿兰总是微笑着回答道：“成功都是逼出来的，不逼自己，你永远都不知道自己的意志力有多强，潜力有多大。”

从心理学角度来看，惰性属于一种劣根，但却是组成人性不可或缺的一部分，要想克服它给人类行动造成的消极影响，就必须学会逼迫自己。因为只有在被逼迫的时候，我们才会马上行动，没有周围环境的逼迫，即便阿兰制订了减肥计划也未必能够坚持执行，没有自己对自己的逼迫，爱迪生在试验灯丝材料时早已经半途而废，又如何熬到最后一刻成功？

人们常说：“没有想不到的，只有做不到的。”事实上这并非夸大其词，只要我们时刻都处在“被逼”的状态，世界上没有什么是不可能的。因为人一旦被逼，心态就会发生翻天覆地的改变，就会树立起更为明确的目标，就能分清轻重缓急，甚至爆发出完全无法想象的创造力。

现实生活中，想而不得的事情如此众多，想加薪升职却觉着自己做不到，想创业成功当老板又没有充足的资金和后备力量……事实上，这些困难有时候根本不是困难，船到桥头自然直，车到山前必有路，如果不逼迫自己迈出第一步，那么必将永远都无法等到成功的那天，所以与其独自抱怨，不如把自己逼上绝路，说不定就能逼出一个优秀的自己。

5

成功的欲望越强烈，你离成功就越近

拿破仑·希尔曾经说过：“如果说梦想是取得成功的蓝图，那么欲望就是取得成功的助推器。”尽管在传统观念中，绝大多数人都把欲望视为“邪恶的根源”，但无法否认的是，现实生活中的成功人士，没有一个是清心寡欲的“清教徒”，反而都是“狼子野心”之人。

人们想得到某种东西或达到某种目的的人性本能即欲望，毫不夸张地说，人因欲望而生，甚至生命本身也完全可以看作是欲望的延续。人人都有欲望，但人与人的欲望却各不相同，不仅所欲之事不同，对成功的渴望程度也是各不相同，一般说来，成功欲望越强烈，也就越容易达到目的、取得成功。

欲望往往能够强化一个人的精神免疫力。心理学中有一个“期望强度”的概念，用专业的术语来说，也就是一个人在实现自己期望达成的预定目标过程中，在面对各种付出与挑战时所能承受的心理限度，或者我们也可以将其看作某种心理期望的牢固程度。欲望越大，对成功的心理期望就越牢固，内心对困难和挫折的承受限度也就越大，因此也就越容易实现自己的预期目标。

陈安之的名字，相信绝大多数人都不陌生，如今他是华人最优秀的潜能培训大师，但当年他只是游荡在美国街头的一个普通小贩。大街上的推销员何其众多，为什么只有陈安之一举走向成功？究竟是什么力量让他从一个不知名的小贩成为著名的成功大师？

成功人士与普通人士最大的差别就是欲望，普通人把“知足常乐”挂在嘴边，即便有了欲望也会将其扼杀在摇篮之中；成功人士则懂得借助强烈的欲望为自己呐喊助威，不管是行业高手、商业大佬，还是政界精英都有“我一定要成功”的强烈欲望，正是这种欲望支撑着他们树立坚定不移的决心，迎接无止无休的挑战。

陈安之最初也是一个普通人，他每天都需要挨家挨户地去敲门，只是为了把手中的菜刀推销出去。尽管生活在社会的最底层，但陈安之却有一颗对成功无比狂热的心，他不愿意这样一辈子毫无作为，在强烈的欲望驱使下，他开始想方设法改变自己的处境，并试图通过报纸找到通往成功的小径。

机会总是留给有准备的人，不久后，陈安之遇到了自己生命中的贵人——世界著名潜能培训大师安东尼·罗宾。当时安东尼正在招聘课程推销员，陈安之想也没想就跑去应聘，并成功打退了599名竞争者，顺利成为安东尼·罗宾的弟子。

实际上负责招聘的主考官在面试时只提出了一个问题：“你想成功吗?”其他599个人的回答都是“我想成功”，唯有陈安之语气坚决地回答道，“我不是想成功，我是一定要成功!”正是这种对成功的强烈欲望让他从600人中脱颖而出，不仅被安东尼成功聘用，还为最后成为华人最优秀的潜能培训大师铺平了道路。

这个世界上“想”成功的人实在太多，但一定“要”成功的人却是寥寥无几。尽管“想”与“要”只不过是一字之差，但往往就是因为这一字之差，我们便错过了成功的机会。

一个没有成功欲望的人注定会一辈子庸庸碌碌；一个没有足够强烈成功欲望的人，要么在瞻前顾后中浪费生命，要么会好高骛远不着边际，最终成为理想的“巨人”，行动的“矮子”，唯有拥有强烈的成功欲望，才能距离成功越来越近。

“我成功，因为志在要成功，我未尝踌躇。”这是拿破仑的成功秘诀，同样也是陈安之成功的不二法门。欲望与人生就好比是鲶鱼与沙丁鱼，正是因为有了强烈欲望的刺激，我们才会不顾一切地披荆斩棘，急速前进，并最终拥有了横扫一切困难的力量；正是因为有了强烈欲望的引导，我们才会不断检讨自己，并以此来改变自己获得巨大的人生驱动力。

如果你仅仅只是想成功，那么很可能到最后什么都得不到；但如果是一定要成功，那么不管前方究竟潜藏着多少“拦路虎”，你都一定有办法可以办到，这就是欲望的力量。反之，如果对成功没有什么欲望，则很容易在挫折面前半途而废，轻易选择放弃。用成功学界最流行的著名观点来概括，即：你的成功欲望有多强，你离成功就有多近。

当成功的欲望与目标以及毅力紧密结合在一起的时候，我们往往就会拥有无比强大的力量。与其羡慕那些功成名就者，不如退而结网，让自己内心的成功欲望之火熊熊燃烧起来。欲望已经燃烧起来，成功自然就指日可待了。

∠6

利用一切资源为自己铺路

“我人微言轻，没有强大的背景，也没什么靠山，怎么成功？凭借什么成功？”实际上，这是很多人的真实心声。因为只是平头百姓，没有“官二代”的先天优势，于是处处畏畏缩缩，即便是撞到大运都不懂得把握；因为只是小康之家，没有“富二代”的资金实力，好不容易遇见了贵人，结果却因浑身穷酸气而错过了最好的发财机遇。

白手起家从来都不是神话，关键在于你是否有野心，是否善于去争取，是否能利用周边的一切资源为自己的成功架桥铺路。撒切尔夫人曾经说过：“注意你的思想，因为它将变成言辞；注意你的言辞，因为它将变成行动；注意你的行动，因为它将变成习惯；注意你的习惯，因为它将变成性格；注意你的性格，因为它将决定你的命运。”如果一无所有，那就只有想方设法改变自己，并学会利用周边的一切资源，只有这样我们才可能拥有改变命运的机会和力量。

可能有人会说，"同事之间关系冷漠，上下班途中都是陌生人，回到家只有再熟悉不过的家人，哪里有什么资源可用？没资源又谈何铺路与成功？"这种想法无疑是大错特错，人是社会化动物，我们每天都在不停地接触各种各样的资源。小至送水、送复印纸的供货商，大到经常光顾的菜市场、超市、饭店、商场以及自己所熟知的公司等，你都可以将其转化为可以利用的资源。

然而我们周边的信息如此众多，究竟怎样才能从中找出可用资源呢？没有目标就没有核心凝聚力，一个缺乏凝聚力的人，根本无法整合自己周边的诸多信息和资源，所以必须建立一个明确的目标。

某房地产老总张力的成功经历或许能给我们带来一些启示：

如今，张力的房地产生意已经达到了上亿规模，但如此辉煌的事业却是这样开始的：他从一位想投资的朋友那里借了10000元人民币，开办了一家房地产中介公司，事情看起来就是这样简单，基本上没有任何流动资金，就靠着赚取租房中介费的方法，慢慢积累了原始资金，随后公司开始从房产中介转向房产开发，于是轻而易举就赚到了很多钱。

2002年，张力所在城市的房地产市场刚刚兴起，那时候他还是一个名副其实的穷小子，父母都是老老实实的工人，家里没强大的背景，也没有厚实的家底，但他有野心有抱负，下定决心要自主创业，开办一家房地产公司。

随即，张力开始利用周围的一切可用资源为自己的梦想架桥铺路。因工作关系认识的外地商户几乎都有租用商铺的需求，他借助自己"本地通"的地域优势，常为其提供一些商铺信息，一来二去就成了关系不错的朋友。茶余饭后，张力时常会在七大姑八大姨的闲聊中听到谁家买了新房准备出租；哪里的房子能租出好价钱……尽管这些事都是生活中毫不起眼的小事，表面看来也算不上什么有价值的资源，但一旦把这些有利资源聚集到一个目标下，那么它们将爆发出不可思议的力量。

万事俱备就只欠东风了，虽然房产中介的投入资金不大，但对于张力来说却是一个坎。在和一个外地商户闲聊的过程中，得知对方想找投资项目，张力马上将创办房产公司的想法全盘托出，两人一拍即合很快达成合作协议：对方负责出资并享受55%的利益分成，张力负责日常事务的运营管理并享受45%的利益分成。

就是靠着这些周边资源，张力一分钱没出，就变成了身家几千万的大老板。没背景、没资金、没靠山，这些都不能成为阻挡我们成功的绊脚石。只要有一个准确坚定的目标，并善于利用周围的一切资源为自己铺路，那就没有实现不了的梦想，没有走不到的“罗马城”。

尽管每个人身边都有不少可用资源，但为什么有些人能把资源为我所用，而有些人却会碰壁遭拒呢？从社会关系角度来说，人与人是通过利益关系连接起来的，要想获得别人的帮助，就必须学会帮助他人。

帮不上大忙帮小忙，实在帮不上忙表示真诚关心也是好的。切不可一边抱怨自己认识的人太少，一边在人群中充当“隐形人”。一直傻等着资源上门是行不通的，唯有主动出击，用自己的眼光去发现，用自己的热情去结交，用自己的思维去整合，只有这样才能把周围的有利资源集中起来，并为自己铺平通往成功的道路。

7

放手一搏，不要给自己的人生留下遗憾

保尔·柯察金曾说过这样一句话：“人最宝贵的是生命，生命属于人只有一次。人的一生应当这样度过：当他回首往事的时候，不会因为碌碌无为，虚度年华而悔恨，也不会因为为人卑劣，生活庸俗而愧疚。”不必等到垂暮之年，现在就回首往事想一想，你是否曾经有过悔恨，你的人生是否曾经留下遗憾？

尽管每个人的背景、经历都不尽相同，但绝大多数人回想起茫茫岁

月，多多少少都有遗憾事。岁月的洗礼不仅没能让这些遗憾随风而去，反而成为我们心中无法弥补的缺憾，无法痊愈的伤口。

人生就是一场充满无数未知的旅行，在结果到来之前，我们无法确定或者保证任何一件事情。是选择谨慎小心的亦步亦趋，还是放手一搏多看一处风景？是选择带着遗憾离世，还是趁着现在赶紧追逐梦想、弥补遗憾？相信每个人的心中都有一个答案。

七十五岁的高女士终于举办了自己有生以来的第一次画展，面对记者的采访，这位风烛残年的老人掷地有声地说道：“我很后悔当初放弃了自己的梦想，但是我更庆幸在老年时，还能保有‘逐梦’的勇气，所以我这辈子也没什么遗憾了!”

早在幼年时期，高女士对艺术就产生了极大的兴趣，那时候她最大的愿望就是有机会到法国学画，并盼望有一天能举办个人画展。然而由于家庭经济因素，这个愿望显得遥不可及，毕业参加工作后，她不改初衷希望能够借助自己的双手存够留学的费用。

“画家活着的时候不都是穷困潦倒吗？既然画画又赚不了什么钱，又何必大老远去学画呢?”“这么好的工作，多少人挤破头都进不来，也就你这个傻丫头居然还想着辞职。”“放弃稳定的工作去学画，真心太不值了。”……周围的冷言冷语渐渐动摇了年轻的高女士，于是她放弃了出国，并自我安慰道：就算不出国，利用工作闲暇时间，一样可以学画!

理想是美好的，现实却是残酷的，不久后高女士组建了家庭并开始生儿育女。忙碌的工作，再加上琐碎的家务以及照顾父母儿女的责任，高女士拿起画笔的时间越来越少，甚至连她最珍爱的画具也被遗忘在杂物间的角落中。一晃几十年过去了，高女士也从姑娘变成了老太太，然而去法国学艺术、办画展，这些没能实现的梦想，却成了她心中永远的遗憾。

是带着这个遗憾死去，还是抛开年龄等一切阻碍去追梦？最终她选择了后者，并毅然决然地踏上了留法学画的旅程，那一年她已经快七十岁了。

人生不过短短几十年，为什么要给自己留下遗憾？英国哲学家约翰曾经说过："理性的人，应该有充分的果断和勇气，凡是应做的事，不因里面有危险而退缩。"事实上，绝大多数遗憾都是因为害怕危险缩头缩脑而造成的，如果我们有放手一搏的勇气，结局完全可以截然相反。

一个人在年轻时候的选择，对其一生而言，往往是至关重要的。年轻时可以没有金钱，可以没有事业，但却不能没有锐气，不能没有放手一搏的勇气。再强大的信念，再坚定的梦想，在残酷的现实和生活重压面前，也总会有消磨殆尽的那一刻，如果不想徒留遗憾，唯有顶住压力与风险，痛痛快快地搏上一搏。

美国华裔花样滑冰选手关颖珊在2000年角逐世界冠军的比赛中，宁愿选择突破而不是少出错，"因为我不想等到失败，才后悔自己还有潜力没有发挥。"正是这种放手一搏的勇气与举措，让她成功登上了全球冠军的宝座。

在现实生活中，恐怕没人会愿意承认"对，我就是孬种"，既然如此，为什么宁愿后悔也不愿意试一试自己能否转败为胜呢？做事懒洋洋提不起精神，这不是因为没有实力和目标，而是从潜意识里不想奋斗、害怕冒险。一开始就输了气势，又怎么可能赢得这场人生马拉松呢？既然不想徒留遗憾，那就斗志昂扬地上战场，拼过战过就算输了也是赢家。

第二章

DI ER ZHANG

世界如此险恶，你要内心强大

真正的强者在于内心的强大。内心强大的人，不会轻易被外界的舆论影响，不论外界有多少诱惑、多少挫折，他们都心无旁骛，依然固守着那份坚定。只要你在复杂的社会中，历练出一股强大的内心力量，就不会再有什么人可以伤害你、有什么事可以困扰你！

1

不要把一时的失败看成是世界末日

什么是失败？失败只是走上较高地位的第一阶段。有很多的人要是没有经历过失败，往往不会发挥出其真实力量，只有感受过失望之悲哀，丧家之痛苦以及遇到其他种种创痛的不幸事实，才能打动他的生命内核，进一步攀上胜利的高峰。跌倒了以后，立刻站立起来，向失败中求胜利，这是自古以来伟大人物的成功秘诀。所以，一时的失败不会是永远的黑暗，也不是世界末日，反而是走向成功的阶梯。

许多人之所以成功，就是受赐予先前的屡屡失败。假使他没有遭遇过失败，他恐怕反而不能得到最后的胜利。因此，如果惧怕失败，那就终结了成功，终结了行动的动力，让我们永远到不了成功的彼岸。

丁磊，现任网易首席执行官。然而他在大学时仅仅是班里一个成绩中等偏上的学生，当他毕业回老家后，在宁波做了一名公务员。对他和家人来讲，这是一份体面又稳定的工作，没有什么不满意的，可是稳定的工作满足不了丁磊那份不安分的心，他给自己制造了一个“小麻烦”——辞职。

辞职后的丁磊追随南下的打工潮，来到广州，成了一名普通的打工仔。无奈的是，当时的市场竞争非常激烈，他所在的公司不久便出现了危机，最后丁磊只好离开。后来丁磊又经历了三次跳槽、三次事业的夭折。在一次次的失败遭遇中，丁磊并没有一蹶不振，而是经过长时间的思考，他决定开始自己创业。于是在1997年5月，丁磊创立了现在的网易。

成功从来都是眷顾有准备的人。由于丁磊在创业之初做了充分的准备，所以，网易出现后迅速发展，在同行中，很快就小有名气。随着丁磊的创业成功，网易于2000年6月30日，在纳斯达克股票交易所正式挂牌上市。然而，面对更大的市场，丁磊的网易还能一帆风顺吗？就在当天股票收盘时，让人意想不到的事情发生了，网易的股价跌破了15.50美元的发行价，跌至15.12美元。

这时，作为网易的主承销商的美林证券公司和德意志银行也因此遭受了不小的损失，进而开始不断给网易施压。在网络经济开始大幅回落的大潮驱赶下，网易开始一步步走向失败的边缘。最终在2002年7月，网易因未能呈报年度报表而被迫停牌，时间不长，网易又因涉嫌财务欺诈，导致被迫停牌四个月。这种遭遇，对于一些意志薄弱、承受不了挫折的人来说可谓是世界末日。然而，丁磊却选择硬着头皮继续撑下去。

丁磊开始对网易进行方向性的调整，在经过一段时间困顿不堪的挣扎和努力，网易逐渐起死回生。最后，网易公司股票又于美国时间2003年1月2日上午恢复交易。而且在2003年，网易实现了全年赢利3.23亿元人民币，迎来了发展的第二春。

看到丁磊的成功史，带给更多人的是一种沉思：我们不能只看到成功人士站在成功的领奖台上的辉煌和灿烂，更应该看看他们背后的辛酸和面对失败不屈不挠的精神，这些对我们来说才是更为宝贵的成功经验。爱默生说：“伟大、高贵人物的最明显标志，就是他的坚韧意志，不管环境变换到何种地步，他的初衷与希望，不会有丝毫的改变，而且能做到克服阻碍，达到企望的目的。”

可见，对于意志永不屈服的人，没有所谓失败！不管失败的次数有多少，时间有多晚，胜利仍然是可期的。对于有骨气、有作为的人，失败反而是能给人增加决心与勇气。丁磊的成功事实上就是一个一次次跨过失败的门槛，一次次重新再来的过程，因为他失败了，但却没有放弃，而是毅然爬起来，重新上路，所以丁磊成功了。

同时要知道，当上帝为你关上了一扇窗，同时就会为你打开另一扇门。就事件的结果而言并没有绝对的失败，失败的往往是我们对待问题的方法和态度。如果失败了，当我们能够换个角度来想想，失败或许也是另一种成功。

有一个小故事，恰好表达出换个角度看问题就能到达成功的含义。曾经有一个探险家出发去北极，不料却到了南极。当有人问他这是什么原因时，他说："我带的是指南针，找不到北极。"对方说："怎么可能呢？南极的对面不就是北极吗？只要你转过身走就可以到达。"

故事虽然是荒诞的，但也说明了成功和失败其实就是"一母同胞"，只是我们看问题的角度不对，只要换个角度去对待，我们也能发现一种成功。而且有失败的地方肯定就有成功，失败虽然有时候可能是你溺水的深潭，也有可能成为为你解渴的甘泉。在日常生活中，大家都是朝着自己既定的目标奋力拼搏，但并不一定每个人的愿望和理想都能实现，相反我们一个最不经意的回眸，或许就能看到一个最期待的结局。

所以说，成功的路径不只一条，没有必要一条道走到黑，更没有必要因为一时的失败而丧失成功的信心，感觉世界从此变成了黑暗。这条路不通，我们可以选择拐个弯，试试别的路，换个角度去考虑问题，成功总能更近一步。

2

一切的苦难，都只是成功人生的试金石而已

人与人的差别很大：背景不同、阅历不同、能力大小不同、学历高低不同、职业技能不同……但不论我们是谁，身在何处，从事着怎样的职业，拥有着怎样的事业，都必须面对生活中的无奈与苦难。正如《安娜卡列尼娜》中所说，"不幸的人总是各有各的不幸"，对于乞丐来说，吃不饱穿不暖是苦难；对于取得一定成就的企业家来说，事业停滞不前才是最为无奈的事情。

在现实生活中，有相当一部分人一旦遭遇苦难与无奈，就会立即变身“祥林嫂”，他们四处讲述着自己的悲惨，企图靠赢得他人的同情来麻痹自己那颗无比懦弱的心。的确，当你耗费了无数光阴与精力，到最后却发现一切不过是徒劳无功，这种失落感确实会令人久久不能释怀，甚至会让我们对自身产生怀疑，滋生悲观失望的负面情绪。

诚然，我们不能阻止挫折、苦难的出现，但我们完全不用被它们牵着鼻子走。“山重水复疑无路，柳暗花明又一村。”换个角度想一想，生命中的苦难又何尝不是幸福的背景板？只要我们意志坚定，心理素质强大，苦难与挫折就永远无法打垮我们，而只会成为我们通往成功顶峰的垫脚石。

孟子曰：“天将降大任于斯人也，必先苦其心志，劳其筋骨，饿其体肤。”苦难是人生的必修课，是人生的沃土，是磨炼意志的试金石。人生旅程不可能一帆风顺，总会遇到形形色色的苦难与挫折，有人视它为财富，有人视它为阻碍。不同的对待，往往就会有不同的收获。苦难是一块试金石，在困难来临时谁能摆正心态，谁就能走出困境，奔向成功。

成功靠的不是运气，是顽强不懈，面对挫折不放弃的勇气。一百次跌倒并不可怕，可怕的是已经失去了第一百零一次爬起的勇气。要知道面对挫折，最难做的就是“不抛弃，不放弃”，这也是战胜挫折的唯一途径。

19 岁的陈若琳站在高高的十米跳台上，她脸上那种与年龄不相称的从容与淡定让众多观众和选手惊叹。甚至更有英国 BBC 解说员忍不住赞美：“这个小姑娘一出来，就像是有个‘第一名’的牌子摆在了她旁边。”

陈若琳，15 岁就获得奥运冠军，14 个世界跳水冠军，两届奥运会包揽全部女子跳台四枚金牌，这么多的成绩，怎能不让人笃定地认为第一名非她莫属。可是，谁又知道，在这些辉煌成绩的背后，在这种超越年龄的从容和淡定中，是经历了怎样的苦难，才磨炼出来的。

在陈若琳三岁时，因父亲病重，狠心的母亲抛弃了他们父女二人，带着哥哥远走国外。善良的外公外婆收养了她。在别家的小孩儿围绕着父母撒娇讨欢时，幼小的陈若琳经常半夜醒来，一个人面对孤独的夜晚，苦涩蔓延在心田。后来，陈若琳被过继给自己的舅舅。从此，“舅舅”就成了“父亲”，“外公外婆”也变成了“爷爷奶奶”。

历经太多磨难的陈若琳体质自然不好，于是，“外公爷爷”就让她练习跑步。小姑娘竟然边跑边哭。“外婆奶奶”让她停下来，可她就是不停。她在用一种奔跑的方式，来释放幼小心中那些太多的痛苦。后来，陈若琳的运动天赋被跳水教练相中，从此，她与跳水结下了不解之缘。

然而，枯燥单调的训练依然充满无数的苦痛。陈若琳七岁那年，在参加少年跳水比赛前的训练中，陈若琳和队友撞在一起，导致右肘关节脱臼。为了快速恢复，教练用中医“正骨术”强行把她的手臂复原，一个七岁的孩子要承受成年男人需要两个壮汉前后扶住才能勉强顶住的巨大痛苦！痛哭伴随着惨叫的陈若琳，让前来看望的父亲和爷爷奶奶泪流满面，全家人一致要求她放弃跳水。可是陈若琳咬咬牙，再次坚定地走上了跳台。

“宝剑锋自磨砺出，梅花香自苦寒来。”也许，正是这些经历，让陈若琳有一份同龄人缺少的成熟、坚忍和淡定。在多次国际大赛中，她并非像08年奥运会那样早早确立领先优势，而是在最后的一跳中才实现逆转，这其中是靠着多么强大的心里支撑！然而陈若琳最后都从容地完成了。

苦难有时像流动在地底下的地火，不在沉默中爆发，便在沉默中灭亡。看着领奖台上的陈若琳如雪后梅花般绽开的笑脸，我们不由地感叹，苦难，真的是人生最好的试金石。只要我们以积极乐观、顽强不屈的心态面对苦难，苦难会向你举手投降，让你的毅力和决心在事业中放射光芒。如果屈服于苦难，那就在认命的同时也毁灭了自己，让人生与成功之路背道而驰，与幸福之神擦肩而过。

每个人的人生道路上都不免经历着各种各样的挫折与苦难，当大多数人对自己的穷出身大倒苦水，把困难当成魔鬼时，有的人却像陈若琳一样依靠自己坚忍不拔的努力，在挫折和困苦中收获了成功的果实。由此可见，上帝是公平的，在他把苦难撒向人间的时候，已经准备好了厚重的回报在等着勇者去拿。

因此，当苦难不期而至时，我们要学会视苦难为财富和机遇，向它宣战。做到以坚强做锄，以乐观做铲，以深邃的思索做锹，坚韧不拔地挖掘，相信在苦难的背后定会有惊喜和意外发现。

3

勇于正视自己的不足，是一个人内心成熟的开始

“金无足赤，人无完人”，一个人没有十全十美的，每个人都有自己的不足。就不足而言，有的不足是小节，对于成长、处世无有大碍；而有的不足，若不及早改正，就会毁掉一个人的一生，所以我们要了解自己并正视自己的不足。

世界上每个人都存在着或多或少的不足之处，然而经常有一些人将自己的不足归咎于“别人和我过不去”，不能正确地认识到自己的不足。能否客观认识和评价自己，是否敢于正视自己的不足，这是一个人最容易缺乏的宝贵品质。“决定木桶盛水多少的不是最长的那块木板，而是最短的那一块。”对自身的不足不能加以控制、放任不足发展将会最终酿成大错。

事实上，一个人能够正视自己的不足是一件非常可贵的事情。当一个人可以做到正视自己的不足，便可在今后的工作，少走弯路，避免在将来的工作中犯同样的错误。对于一个成功的人来说，他之所以能够获得成功，主要是由于他能够正视自己的不足之处，然后，把其产生的副作用降低到最小。因此，一个想要成功的人，绝不能忽视和逃避自己的不足之处，相反，要善于去发现自己的不足，然后虚心改正。

奥托·瓦拉赫之所以能成为一个化学界举足轻重的人物，就是因为他能够了解自己，早些发现自己在其他方面的不足，及时弥补。当奥托·瓦拉赫在上中学的时候，父母曾为他选择了文学这条路。然而他只上了一个

学期，老师就在他的评语中写下了这样结论：该生虽然用功，但做事过分拘礼和死板，这样的人纵然有着完善的品德，也不可能在文学之路上有所成就。

后来，一位化学老师发现他的这个“缺点”后，觉得他做事过分认真和死板的性格，十分适合做化学实验，于是便建议他改学化学。这一次，他的“不足”正好用在了适合的位置上，因为化学实验需要的正是这种一丝不苟的态度。奥托·瓦拉赫从此就好像找到了自己的人生舞台，化学成绩在同学中一路遥遥领先，最终斩获了诺贝尔化学奖。

由此，可以看出正视自身不足的重要性，只有我们勇于发现自己的不足之处并正视它，便可以利用它做对自己有利的事情。如果我们只会一味地逃避，便不能把事情做好，甚至做对。所以当一个人能够做到自我了解，正视自身的不足时，才能做到坦荡自如，才能尽早找到走向奋斗目标的航向，才能超越挫折，找到开启成功之门的钥匙。

另外，不要刻意地去追求完美，要全面了解自己，发现自己的缺点和不足，并将不利因素转化为有利因素，让不足向着好的方面发展。而且不能一味地去改变自己的不足，否则，很可能会适得其反。正确的做法是，要学会正视和利用自己的缺点，实现人生的价值。因为人的价值不在于性格的优劣，而在于你是否了解自己，能否懂得发挥自己的长处，并且善于利用自己的不足。

有一位老爷爷，他每天都会用两只桶去很远的地方去挑水。然而，每天当他挑水回来的时候，右边的水总是满满的，而左边的水经常洒了一路，到家后只剩下半桶水。显然这是只有“缺点”的桶。

时间久了，左边的桶就感到很对不起老爷爷，他每天辛辛苦苦地挑水，而自己只能为爷爷带回来半桶水。最后左边的桶忍不住对老爷爷说：“老爷爷，您把我修好吧，我要改掉自己的不足。”老爷爷看到左桶伤心难过的样子，就对它说：“今天去挑水的时候，你可以仔细观察路边有什么变化?”

于是，左桶很仔细地看道路两旁。它发现凡是在自己的那一边，长出各种小草和开满了五颜六色的鲜花，微风吹过，立刻飘来各种花香。顿时，左桶好像明白了什么。这时，老爷爷语重心长地对它说：“对于我挑水来说，你的确是有不足之处的；但是，对于路旁的花草来说，你漏水的缺点，恰恰就是你的优点。”

可见，做人首先要应该学会正确了解自己，并做到正视自己的不足，只有这样，才会看到我们的长处，进而继续发挥。然而一个人太在乎自己的不足之处，就会使得自己的性格有悲观的倾向，就像这只有“缺点”的水桶，它一开始看到了自己对于老爷爷的不足之处，并没有看到自己对于路边的花花草草，这点不足却成了它的长处。这就是一个人的不足所具有的两面性，所以，当我们愿意去正视自己的不足的时候，也可能会有看到意想不到的结果。

每个人在工作、学习、生活中总会存在这样那样的缺点和错误，要做到“闻过则喜”，还要有面对缺点和失误的勇气。勇于承认不足是一个人成熟的标志。只有正视自己存在的缺点和不足，使自身有更多的机会学习别人的长处，才能争取更大的进步。

4

控制自己的情绪，就是控制自己命运的起点

一千个人眼中有一千个哈姆雷特；一千种情绪往往就会导致一千种结果。从某种程度来讲，你拥有怎样的情绪就决定了你将拥有怎样的生活。人的性格有乐观与悲观、外向与内向之分，情绪也有好坏之分，好情绪能带来欢乐与智慧，坏情绪则只有无尽的烦恼。

尽管人人都希望自己能有一个好情绪，但从哲学“绝对运动”理论的角度来看，时刻保持绝对好情绪根本是不可能的，因为人的情绪总是处在

不断的发展变化之中。但这并不是说，面对坏情绪我们就只能束手无策，相反要想保持好情绪，让好情绪改变我们的命运起点，就必须学会随时随地控制自己的情绪。

不善控制情绪，不仅能影响生活，也会影响到我们的日常工作和学习。比如会对事业的领导关系带来致命打击。有很多人其实不缺乏才华，不缺乏机遇，只是因为不善于控制自己的情绪，导致得罪了很多人，尤其是一些对自己有帮助的人，最后，丢失了很多发展的机会。因此，只有善于控制情绪，才能真正控制自己的命运，改变自己的命运。

一个脾气比较暴躁的农夫，有一次在自己家的地窖里整理储藏物，结果一不小心就把手表弄丢了。这让他本来已经变得烦躁的情绪更加暴躁，心烦气躁的他点了几盏灯到处寻找，好久之后，还是没有发现手表的踪迹。后来，他想出了一个办法，让别人帮他寻找。这位农夫找了几位小朋友表示，谁能找到他的手表就赏对方 5 分钱。于是，很多小孩都加入了寻找的队伍。

然而，就这样过了一个小时以后，还是没有找到手表的踪影，许多小朋友都放弃了寻找。可是却有一个小孩没有选择离开，他等大家都离开后又悄悄地进去找，结果手表真的被他找到了。农夫特别高兴就给了他奖励，同时也觉得很奇怪，就问他是怎么找到的。小孩回答说，很简单的，我只是安静地坐在地上，一会儿我就听到了“嗒嗒”的声音，顺着声音就找到手表了。

心静不下来，我们就无法听到自己想要的在哪里，就像这个农夫一样，脾气的暴躁，心的不宁静，让他找不到自己的手表。在每一个人心中都存在着一个声音，它包含了智慧、宁静、喜悦及力量，虽然比较细微，但只要我们能够摒除烦躁、忧虑、紧张、恐惧、愤怒和自私的情绪，就能感受到。因此，只有控制了自己的情绪，你才能知道自己想要的，才能掌握自己的命运，才能走向成功。

成功者总是约束自己，去做正确的事情；而不成功的人总是容忍让自己的感情占上风。所以，无论面对怎样的人生处境，我们都要学会用理智来控制情绪，决不能让情绪主导行动，如果任凭感情支配自己的行动，那自己就成了感情的奴隶。然而一个人要怎样做才能控制自己的情绪，改变自己的命运呢?

第一，对那些不能改变的事实，选择接受。既然已经成为事实，不要总想着如何让它改变，试着去接受，去面对现实。事物不会因你而改变。我们所能做的，就是努力去适应这个事实。

第二，生活要简单而有情趣。不要总是抱怨生活，和别人对比，每个人的生活都有自己精彩的地方。

第三，对别人要宽容。人总有犯错误的时候，不要对别人过于苛刻。宽容不仅是对犯错误的人的救赎，也是对自己心灵的升华。原谅，远远要比惩罚来的有效。

第四，相信人是可以改变的。人都是可以改变的，或许是为了友情，或许是为了爱情，又或许是为了亲情，所以，要用发展的眼光看待他人。另外，在严格要求对方的同时，也要严格要求自己，对于自己的一些毛病，同样要加以改正。

第五，相信自己遇到的任何痛苦和逆境都是有意义的。人的一生总会遇到许多痛苦和逆境，无法避免，但痛苦和逆境可以激发人的斗志，可以磨炼人的意志，进而让成功距离更近。

第六，没有完美，缺陷也是一种美。没有理想中的完美，任何事情、任何人与物都有着不足的地方，不要把目光总盯在丑恶的方面，那样你永远找不到快乐，永远不会有好的心情。

第七，摒除不良情绪如：愤恨、忧伤、焦虑、内疚、自怜等等。人经常会出现各种不良情绪，要能控制住自己的不好情绪，不要让它去左右自己的行为，同时要找到适当的方式去释放这种情绪。

第八，对引起某种不良情绪的刺激，当时不要发表任何见解或采取任何行动，过段时间再处理。对待一件事，我们会因时间的改变而有着不同的看法，所以，尝试从不同的时间角度看问题，也许会发现，事情并没有原来想得那么严重。

第九，学会享受平凡。不要总是充满幻想，真实的面对现实，平凡是大多数人的真实生活状态的写照。

第十，凡事要顺其自然。不要总是想着也许我那样做就不会有这样的后果了，也许另外一个选择导致的结果比现在还糟糕。只要自己尽力了，其他的一切，就让他自然发展，用心去欣赏自己努力的过程，那才是你最应该记住的。

当我们明白了情绪的变化所带来的利弊时，自己就不再是一个情绪化的人，也就不会再只凭自己的好恶来判断一个人，也不会因一时的冲动与人绝交。这时候，我们的视野就会越来越宽阔，心胸越来越博大，志向也就越来越高远，命运也就会发生不一样的改变。

5

革自己的命，就是对自己“狠”点、再“狠”点

孔子说：“生于忧患而死于安乐”，如果一个人习惯于安逸，那么必将迷失未来，不努力就实现不了理想，不对自己狠一点，就无法获得成功。

改革开放刚开始，中国掀起了一股商业潮，两个年轻人独辟蹊径，各自揣了自己的所有积蓄，分别来到了俄罗斯的哈巴罗夫斯克和共青城开饭店。但是折腾了一年，到头来不仅没有赚到钱，还赔了一些钱。

当时，在共青城开饭店的那个年轻人就有点儿沉不住气，如果照这样一直赔下去，自己的本钱早晚得砸在这里，还不如趁现在还没彻底完蛋，赶紧撤资回去东山再起，说不定还有机会。可在哈巴罗夫斯克的那个年轻人却有着自己的想法，不肯回去，他说：“饭店不挣钱，不是因为我们经营的问题，而是现在这个国家的经济目前不太好，等局势稳定了，自然就

能赚回来了。”就这样，同时出来的两个人，一个人选择返回了中国，另一个则继续在俄罗斯继续奋斗。

十年的时间过去了，当初回国的那个年轻人，一直转战在各个行业，结果最后不仅没能赚到一分钱，以前积攒的那点钱也都赔光了，最后只能靠打工维持生计。可是，留在哈巴罗夫斯克的那个年轻人，坚持着自己的信念。在饭店生意不景气的时候，他又在自己饭店的附近荒地上建起了大棚，开始种植各式各样的蔬菜，在大棚旁边又建起一座养鱼池，除此之外还养了几头猪。

结果，自己的饭店不仅有了充足、便宜的原材料，同时还能把多余的出售给周围的居民。由于他的产品属于纯绿色，无公害，所以吸引了很多客源，也带动了自己的产品销售，最终形成了立体循环的多元化经营模式。后来，这个年轻人靠着自己的努力，将事业不断扩大，最后赚了上亿元人民币，成为俄远东地区知名的华籍商人。

生命的力量是无穷的，人的潜能更是没有边界。不要怕自己压榨不出自己的能力，只有对自己狠一点，你才能发现自己的潜能。其实人的潜能就像弹簧一样，当外界越是施加压力的时候，个人产生的反弹力就越强。

现实生活中，要想在压力面前生存，就必须始终保持强劲的反弹力和昂扬的斗志，遇强要更强。比如在你挑担子的时候，如果你认为自己的极限在 50 公斤，然后你就感觉比较重，想着减掉 10 公斤达到最舒服的状态，然而用不了多久你就又感觉到自己的极限到了，于是一而再、再而三给自己减压，到最后恐怕 10 公斤挑起来，你也觉得达到了自己的极限。

相反，假如你在能够挑起 50 公斤的极限上，再加 5 公斤，虽然你会感觉到很累，但只要你咬咬牙，挺一挺就能扛过去。当你肩上的担子重达 100 公斤，甚至比 100 公斤更多的时候，你会发现：自己原来也是可以的。

挑担子就像在实际的工作中我们所遇到的困难，在刚开始，只要一点点压力都会让自己无所适从，但当你经受住所有的压力，你就会发现自己的能力越来越强，人也逐渐变得成熟，也能承担起更大的压力、担负起更大的责任。其实这副担子的重量并不是一开始就有的，而是慢慢地加上来的。

正是对自己的这种“狠”，才会让你在今后的人生中更多地发现自己的潜能！拿破仑说过：“想办法才会有办法。当你真正经过一番努力奋斗后，你就知道所谓‘难’，其实只是自己的‘心灵桎梏’。只要不断努力，开发的潜能就会越来越大。努力不够，你当然不知道自己的潜能到底有多大。”

不要说自己没有潜能，自己很平庸，其实很多时候，我们没有成功主要是因为自己对待事情的态度过于轻懈，不能严格要求自己。相反，如果我们在思想上能对自己狠一点，那么我们就会客观、真实地了解自己的处境，正确地找准自己的位置和优缺点，对自己以后的发展方向也会有一个明确的判断；如果我们在欲望上对自己再狠一点，坚决让自己拒绝诱惑，逼迫自己放弃某种阻碍发展的小利益，那么我们就会为自己树立一个积极、正面的形象，也能积累巨大的能量；如果我们在行动上对自己也狠一点，那么我们就会做到拒绝拖沓、拒绝借口，竭尽全力做好自己的工作。

其实，对自己狠一点，舍弃的是安逸、是蝇头小利、是短暂的心灵平静，但我们会得到良好的发展、长远的利益，以及真正的心灵安宁。造物主对待每一个人都是公平的，没有真正努力过的人，永远不会享受到成功的喜悦。只有在困难的磨砺当中，凭着坚持不懈的努力和一股势必成功的“狠劲儿”，才会一步步接近成功。

6

真正的勇敢不是外形剽悍，而是内心强大

我们说一个人是勇敢的，并不是从他五大三粗的外表来判断的，而是通过他强大的内心世界。在他面对困难、挫折时，没有退缩，没有哭天喊

地，而是平静对待，依然有着坚强的信念，强大的内心，不被挫折打倒，这才是真正的勇敢。

如果要想做到内心强大，就不能在没有得到利益时抱怨没得到，得到后又怕失去。一个患得患失的人是不会有开阔的心胸、坦荡的心境、也不会有内心的强大，更不会算是一个真正的勇敢的人。真正勇敢的人，并非总是强势的、咄咄逼人的，相反他有可能是温柔的、微笑的、韧性的、沉着而淡定的。要知道，勇敢不是展现在外表，它带给人的是一种强大的意志。

曾经有一个浪人醉心于武学，不断找人挑战，来展示自己的强大。后来有人告诉他有一位茶师给人的感觉气势很强大，他一定不是对手。于是这位浪人找到了茶师要求比武。其实这位茶师根本不会武功，但听说过这位浪人的强大，不得不接受他的挑战。后来，茶师经人指点，无奈只好以茶道应付浪人。当时，茶师依次进行宽衣、束带、正帽、扎袖，把一切都做得气定神闲，仿佛自己在做泡茶前的准备，然而一旁的浪人却越看越紧张，越看越恍惚，最后当茶师拔出剑时，浪人却屈服了，向茶师求饶。虽然茶师并不会武功，但他以从容、笃定的气势战胜了浪人。

毫无武功的茶师为什么能让强大的浪人屈服？主要是他既有一种视死如归的决心，又有一种从容内敛的气势，缺一不可。孔子曰：“君子泰而不骄，小人骄而不泰。”真正的勇者不在于外在的形象与气势，而在于内心的强大，这就是孔子的“勇者不惧”。

可见，强大来自我们的内心。拥有一颗强大的心灵就如同一把无形的剑，蕴藏着一种超乎寻常的神奇的力量。而且内心强大的人能够在红尘万丈中，一直保持着高洁淡雅的志趣，用平静的心态来看待世间的功利得失，宠辱不惊，贫贱不移。内心强大的人，以坚定不移的信念、豁达随和的处世态度，赢得了世人永恒的敬重，也为自己的生命收获了一份高贵的尊严，他们是芸芸众生中的中流砥柱。成为内心强大的人对于我们每个人一生的成败都有着至关重要的意义。

内心的强大，不是盲目的自我催眠，更不是狂妄自大，更多的是指向人格的培养，包含了很多品质。比如精神上具有的柔韧，拥有强大内心的人，可以坦然地面对挫折，可以细腻地品味生活，可以理智地面对诱惑，可以在一贫如洗时平静面对，可以在富贵乡里内心淡泊。

内心的强大，同时也是指内心的安定与平静。强大，不是一种霸道，不是要将别人的所有占为己有，恰恰相反，内心的强大带来的是我们的宽容和谦让。正是因为这种内心的安定与平静，让我们明白自己真正需要的是什么，才明白怎样才能得到快乐。其实，内心的强大，是一种不纠缠、不羁绊的状态。

那么我们要如何才能拥有一个强大的内心世界呢？

心稳定，世界就稳定。现实生活中，不管遇到什么事情，都要保持绝对冷静。一个连自己的内心波动都无法驾驭的人，又怎么可能做出一番大事业呢？然而遇事保持沉稳与冷静说起来很容易，做起来却并不轻松。不少人遇事容易浮躁冲动，一旦利益受损，不管三七二十一，也不问事情的来龙去脉，一开始就开足火力四处扫荡，以至于不少无辜人士躺着也中枪。实事求是地说，这种表象上的“剽悍”并不是真正的勇敢，反而是内心懦弱的表现。

要知道一个巴掌拍不响，一味的愤怒和怨恨是解决不了问题的，反而会导致更多的怨恨，甚至致使局面更加混乱。化解矛盾，需要的是策略，需要的是退一步的思考。真正强大的内心不需要表面上的“剽悍”来掩饰内心的荒芜，以不变应万变才是王者的处世之道。

“我几乎无时无刻不在告诫自己遇事一定要做到处变不惊，可是一旦真的发生什么事情，我无一例外的都会惊慌失措，陷入无助之中。也不知道‘冷静’、‘沉稳’、‘内心强大’的告诫都跑到哪里去了。”这是一家销售公司的业务戴利的真实心声，实际上，戴利正是我们很多人的真实生活缩影。

绝大部分人都希望自己能够成为一个内心强大的人，并常常用这样的心理暗示试图完善自我，但实际结果却往往事与愿违。这又是为什么呢?人的内心，就像一匹野马，一般来说，是野马背着人到处乱跑。可见，要想在任何情况下都能做到波澜不惊、心平气和，其实是相当困难的。

然而，冷淡往往要比狂热好得多。冷一冷，退一退，很多事情都能处理得更好。所以，不要轻易言进，或者轻易言退，唯有“以静制动”才能以一敌百，从而赢得最后的成功。

7

内心强大的人，永远有别人无法摧毁的心理优势

内心强大的人指的是他的心灵境界达到了真正的无所畏惧，并能找到自己的准确位置，知道自己该要什么，明白自己想要什么。而且一个内心强大的人，通常与他的优秀程度或残忍程度，以及对人类的贡献程度或破坏程度成正比。因为这个内心强大无关乎是好或是坏，一个内心强大的人也可能是个无恶不作的人。所以说一个人越是内心强大，就越有胆识去拯救苍生，或是对这个世界致以毁灭性的打击。

其实，内心强大的人有着自己的坚持，不会轻易被外界的舆论影响。不论身边发生了什么样的事情，经历了多么大的变化，比如贫穷潦倒、承受众人的排斥迫害、遭受牢狱之灾、身体剧痛、面对死亡的威胁，他们都不会心猿意马，时刻保持心无旁骛，固守着内心自己想要的坚持。在那些困难面前，他们从不低头认输！他们的内心，强大到足可以面对一切，他们始终保持着一种无法被别人摧毁的心理优势。因为内心强大的人，他们懂得如何接纳自己、肯定自己，让自己的心态积极，有一种别人征服不了的意志，当心中的力量强大起来后，全世界都会给他们让路。

老叶是20世纪80年代辞职下海大潮中的一员，如今的老叶早已经是坐拥几千万资产的成功企业家，但曾经那些“精神施虐者”、“冷嘲热讽

者”、“落井下石者”却因为国企改制成了自谋出路的下岗职工，日子过得也并不富裕。

毫不夸张地说，老叶下海淘金的历程可谓是一波三折，南下深圳的第一年，他抛下学历和身份，做了一个推销员，为了完成销售任务，每天都背着一大包产品走街串巷，尽管工作压力大，工作异常辛苦，但这并不是最可怕的。肉体上的折磨是可以忍受的，但一旦精神支柱倒下，即便是身强体壮，也只能成为一个强壮的行尸走肉。

没有了稳定丰厚的经济收入，妻子儿女的抱怨声不绝于耳；由于思想观念不同，父母也不看好辞职下海，少不了各种“批评教育”，再加上以前同事以及周围朋友的“冷嘲热讽”，老叶面临的困境可想而知。

当提及当初是怎样挺过来时，老叶颇有感触地说道：“一个人只要内心足够强大，那么就没有什么能够可以摧毁。”从某种程度上来说，内心的强大程度，往往与一个人的优秀程度以及对人类的贡献程度成正比。纵观古今中外的成功者，无一不是在心理上极度强悍之人。他无论外界环境多么恶劣，他们都始终保持着无法被摧毁的心理优势，这也正是他们脱颖而出的真正原因之一。

人们常说“创业容易守业难”，在困境中保持强大的内心固然值得肯定，但在“安乐”的“盛世”面前依然能保持内心强大就显得更为难能可贵。“富贵不能淫，贫贱不能移，威武不能屈，此之谓大丈夫。”我们所生活的社会环境是处在不断的变化之中的，要想真正就有作为，就必须建立起别人永远都无法摧毁的心理优势。

老叶正是因为拥有无比强大的内心，所以才忍得了落魄、受得了讥讽、守得住富贵，并最终成为商界中的佼佼者。所以说，一个人拥有了什么样的内心，就拥有着什么样的力量，而力量又推动了行为，内心的强大是能帮助你积聚来自外界的能量的前提。

试问，一个内心空虚乏物的人，如何凝聚力量来实现自己的愿望？一个人如果内心不够强大，那么他的人生就无法变得强大。只有内心的强大，才能让我们清晰地看到自己的优势和目标，才可能让我们的生活是丰实而非空洞的。生活的丰实，生活的清晰，才能让我们的人生之路变得毫无障碍，才可能让我们的人生充满精彩而非轻佻。

一个人未必会因拥有名利地位而获得幸福，但一定会因拥有宽广强大的内心世界而幸福。比如有一些社会名流，功成名就、身份显赫，却贪恋毒品；一些豪门妇女，生活优渥、衣食无忧，精神生活却凄凉不堪；还有一些商界精英，叱咤风云、显赫一时，经常以失败告终……

财富、名利、地位，都不是最重要的，即使你拥有全世界的财富，也不如拥有一颗强大的内心世界，内心的强大才可以使你拥有感知幸福的能力，这也是别人无法摧毁的心理优势。

第三章

DI SAN ZHANG

做人不狠，万事难成——强者之路

狠，不是说出来的，而是做出来的。要想在险恶的社会中闯出一番天地，就要硬下头皮，一股脑儿往前冲。柔弱的人，永远无法在强者的世界里出人头地。只有在做人做事中抱着一股狠劲儿，才能在人生的征途上所向披靡，战无不胜。

1

嚼得了菜根，才能做得了大事

“嚼得菜根、做得大事，诚朴雄伟、励学敦行”，这是南京大学的校训。意思是要以天下为己任，勇于担当，敢于吃苦，便没有什么是做不成的。在这个生活条件相对优越的社会，还有很多年轻人没经历过“吃菜根”的苦难，他们逐渐习惯了太平盛世的安逸生活，所以“嚼得菜根，做得大事”作为一个高校的校训，会让很多人有所警醒。一个人只要有正视困难、迎难而上的精神，才能走上成功的道路，实现自己的人生价值。

“吃苦耐劳”是中华民族的传统美德，几千年来的古训，早已将吃苦的因子在每一个人身上刻下了深深的烙印。为治学的，有孙敬头悬梁、苏秦锥刺股；为报国恨的，有越王勾践卧薪尝胆；为修巨作，有司马迁忍受宫刑痛苦等等。苦难对于每一个人来说，都是一张进入成功殿堂的通行证，俗话说：自古英才多磨难。我们不仅要吃得起苦，还要甘于吃苦。

毛泽东曾说过：“安贫者能成事，嚼得菜根，百事可做。”这里的“嚼菜根”，指的就是艰苦奋斗的精神。我们都认为温州人会做生意，但几乎所有的浙商都认为，“只要肯吃苦，满地都是金子”。所以说，要想成大事，就要学习他们这种“嚼菜根”的精神，养成一种吃苦的习惯。因为生活道路上不会总是坦途，成功者最忌遇到挫折便萎靡不振，有了困难就裹足不前。要想做成大事，就必须调整好自己的心态，苦难本就是生活中的一笔财富，菜根也是生活百味中的一剂调味料，这些痛苦和不快反而能磨炼我们的意志，带领我们走向成功的道路。

能嚼菜根，能吃苦不仅是一种勇气，更是一堂人生的必修课。相反，若一个人不懂得吃苦，只懂得享受荣华富贵，必然会走向堕落的深渊。“一箪食，一瓢饮，在陋巷。”这就是古贤圣人的清苦生活，他们既会吃苦，也懂得吃苦，所以“菜根”成了一种美味，苦难便成了一种享受，一种向上的力量。苦可以说是磨砺意志的最好途径，是成大事的必要条件。嚼得了菜根的人，就能以永不言败的姿态去面对眼前的一切，以百折不挠的勇气去克服一道道难关，以兼济天下的胸怀面向前方与未来。

当然，而今的社会，不需要我们像佛陀那样6年苦行，也不必像达摩那样9年苦苦面壁，我们不需要做一个“苦行僧”，但一定要有吃苦的意识，并随时做好吃苦的准备。

成力开了一家制鞋的小厂，创业初期条件艰苦，他每天一大清早就外出推销或采购，中午便赶回工厂和工人吃顿简单的午餐。成力也是从一个打工仔开始创业的，所以为了调动所有人员的积极性，他不仅跟工人们同甘共苦，还时刻为工人着想。

创业之初，成力时时刻刻都事必躬亲，他既是老板，同时又是操作工、技师、设计师、推销员、采购员、会计师、出纳员……什么事都是成力一手操持，哪怕到了晚上，他仍有做不完的事。每天都工作到很晚，早上又要早起去厂里指导工作，很是辛苦。

尽管如此忙碌，成力仍不忘在业余时间学习。时代发展快，若不尽快补充新知识，可能就会被淘汰。为了节省时间，成力吃在厂里、住在厂里。做老板的这般拼命，给全厂员工也起到了榜样的作用。因此随着第一批产品顺利地销售出去，一批又一批的订单纷至沓来。

在成功的路上，每一个阶段都很艰难，只是艰难的程度不一样而已。成力的发迹过程，其实就是一个青年不断努力奋斗、吃苦耐劳，最后成功的励志故事。

很多人在事业刚开始的时候可能会被人瞧不起，被人看扁，这种心灵上的苦比身体上的苦要苦百倍。但对一个欲成大事的人来说，只能默默忍受，为了自己心中的事业不断坚持，不断向前。事实上也是如此，刚开始工作或是创业，条件自然艰苦，不能幻想着一步登天，一下子就把自己的事业做到巅峰。苦难可以说是成功的阶石，古话说：天将降大任于斯人也，必先苦其心志，劳其筋骨，饿其体肤。这都是在告诉我们，欲成大才、做大事，就必须能吃常人难吃之苦。贪图安逸、追求享乐，最后只能一事无成。

我们知道胡雪岩是中国近代的著名红顶商人，富可敌国。他于1874年创办了胡庆余堂，冯根生是第三代学徒，也是胡庆余堂的“关门弟子”。除了学做生意，冯根生还得做一些杂活。因为没有师弟，所以擦柜台、扫院子、给师傅打水盛饭等都是他一个人的工作。

冯根生曾说：“做学徒是很苦很苦的，学徒3年学习期间不准回家。平时早上5点钟起床，晚上10点钟才能睡觉。早晨起来干的第一件事，就是先认两个小时中药。认药的数量是每天增加两种，一年720种；三年下来，就是2000多种，要知道它的产地，它的药性是寒性、热性、温性、凉性……认完中药，就开店门，擦柜台，什么活儿都要干，一直忙到晚上7点关门。然后再认药，直到晚上10点才能睡觉。药店是24小时接药方，如果店外有人敲门，还得去迎门。一年365天，没有一天是休息的。”

由此可见，世上没有什么坐享其成的事。每一个成功者都是一步步踏过挫折和苦难而来，要能在历经苦痛之后还能坚持下去，那才能算真正意义上的成功。吃苦还需要长期地坚持，如果只凭着心血来潮，一时冲动，那也是做不成大事的。吃苦应该是对待事情的一种态度，是一种自我磨砺意志和品格的方法。

吃苦也可以说是一种精神上的财富，能“嚼菜根”的人在面对任何困难和挫折时都将毫无惧色。纵观古今的成功者，大多数成功的历程都是先历经坎坷，然后跨荆棘、斩阻力，而后才获得成功。因此，“嚼菜根”可以磨炼人的意志和韧性。如果连菜根也嚼得了，那么还有什么事事做不到的呢？我们若有嚼得菜根的勇气和闲情，不说一定能成大业，至少可以让自己的生命变得与众不同，更有意义。

2

高标准、严要求，英雄都是被“逼”出来的

“不经历风雨，怎么见彩虹，没有人能随随便便成功。”《真心英雄》中的一句歌词道出了世事的艰难，任何一个人想成功，都要历经磨难。正如古话所说：“自古英雄多磨难，从来纨绔少伟男。”要想成功，就要经得起磨难，受得起挫折，扛得起压力，对自己提出高标准、严要求，逼自己成长，逼自己成功。对于这一点，没有任何讨价还价的余地。

既然没有退路，那就要硬着头皮上，逼着自己冲，哪怕在最困难的时期，都要不断激励自己的斗志。其实，世界上那些成就大业的人，都有“逼”自己的精神，哪怕前进的路上布满了荆棘，也会不达目标誓不罢休。

凯撒大帝在夺取政权之前，是一位优秀的将领。有一次，他奉命率舰队去攻打海外的一个岛屿。在检阅舰队出发之时，他发现随船远征的士兵少得可怜，而且武器装备破旧不堪，这样怎么能征服英勇善战的土著人呢?

然而，他还是如期起航，舰队到达目的地后，他召集所有的士兵下船，然后一把火烧掉了所有的战舰。然后，他向全体士兵宣布：“战舰已经烧毁，我们已经没有了退路。所以，大家只有两个选择，要么勉强应战，如果无法取胜，就会被土著人杀死；要么奋勇杀敌，战胜对手，这样才有活命的机会。”

后来，士兵们都抱定必胜的决心，奋勇杀敌，终于攻下了强敌。这次战役的成功，为他日后掌权奠定了坚实的基础。

没有退路，才会奋勇向前。在奋斗过程中，应该抱着无退路的决心，这样遇到什么困难，都不会轻易放弃，遇到什么障碍，都会直接踏平。如果你有这样的决心，对自己有这样的高标准、严要求，那么成功就会变成一件很容易的事。

一个人一生的成败，全在于他如何对待自己。如果他处处给自己留退路，处处给自己找借口，那么他会一退再退，直到最后变成一个见到困难就绕道走、遇到失败就低头的懦夫。如果他不给自己找借口的机会，不给自己退后的余地，不断地激励自己向前冲，那么他的命运就会是另外一番景象。

“疯狂英语”的创始人李阳就是一个勇于高标准要求自己的人，他有一个外号叫“万能翻译机”。他之所以能成为“万能翻译机”，就是自己逼出来的。上大学时，李阳的成绩并不优秀，一学期有 5 门课要补考。有段时间，为了备考英语四级，他每天早上很早就去教室复习，可是坐在那里就打瞌睡。李阳非常恼怒，非常恨自己，于是他决定换一种复习的办法。

后来，李阳索性跑到学校的烈士亭去大声背英文，几天之后，他惊讶地发现，通过这种大喊大叫的学习方式，可以让他的注意力很好地集中起来。几个星期后，他去英语角参加活动，有些同学奇怪地问：“咦，李阳，你的英语怎么突然间进步了这么多呀?”

正是这句话一下子点醒了李阳，他意识到大喊大叫的学习方式可以很好地提高英语水平。从此，他每天一有时间就去烈士亭疯狂大喊英语。整整四个月，他以顽强的毅力高声复述完了 10 本英语原版书，并且在英语四级考试中取得了第二名的佳绩。后来，他从 1000 多名考生脱颖而出，被广东人民广播电台选为英语播音员。优秀的英语口语水平使得他在播音工作中游刃有余，俨然一部万能的翻译机。

李阳的成功在于他严格要求自己，敢于放手一搏，逼自己变得更优秀。有句话说得很好：“一个人如果不逼自己一把，永远不知道自己多优秀。”对一个人来说，你有多大的能耐，其实你自己并不知道，因为你有巨大的潜能，只不过大部分潜能还处于沉睡状态。因此，激发出这些沉睡的潜能非常有必要，而对自己高标准、严要求就是一种自我激发的方式。在这个过程中，你可以不断地超越自己，不断地提升自己，使自己变得更加优秀。

做人，一定要对自己狠一点，多逼一逼自己，多给自己提出严格的要求。一件事如果能做到十分，绝不要做到九分就交差。如果每一件事你都力求做得更完美一点，那么久而久之，相比于每一件事都做得差一分，你的能力就会提升一大截。最关键的是，这不仅是一种做事的能力，更是一种可贵的做事的态度，这种态度会使你养成使命必达、高质量完成任务的习惯，从而促使你更顺利地获取成功。

3
卧薪尝胆，能忍辱负重者方为大丈夫

苏轼在《留侯论》中说：“匹夫见辱，拔剑而起，挺身而斗，此不足为勇也。天下有大勇者，卒然临之而不惊，无故加之而不怒。此其所挟持者甚大，而其志甚远也。”忍耐是一种修养，忍辱是一种度量，而忍辱负重则是一种人生的境界。忍，乃是心头一把锋利的刀，有了刀捅心头而面不改色的气度，才能成为不可战胜的大丈夫。

有这样一幅充满霸气的对联，上联是：有志者，事竟成，破釜沉舟，百二秦关终归楚。下联是：苦心人，天不负，卧薪尝胆，三千越甲可吞吴。下联讲的是越王勾践为了报国仇家恨，不惜忍辱负重，卧薪尝胆，只为取信于吴王。后来勾践发愤图强，终成强国，一举灭亡了吴国，成就了一段历史佳话，激励了一代又一代的男儿。

春秋时期，吴国国力强盛，吴王夫差领兵攻打越国。结果越国大败，越王勾践带着5000个残兵败将逃到会稽，被吴军围困起来。勾践毫无办法，眼看就要被灭，他就跟谋士范蠡商量，范蠡说："事到如今，只有求和才能活命。"于是，勾践派另一个谋臣文种去向夫差求和，文种在夫差面前把勾践愿意投降的意思说了之后，吴王夫差打算同意。

文种回去后，打听到夫差手下的重臣伯嚭是个贪财好色的小人，于是就投其所好，私下送给他一批美女和珍宝，让他在夫差面前为越国讲一些好话。拿人钱财，替人消灾，经过伯嚭一番劝说，吴王夫差不顾重臣伍子胥的反对，答应了越国的求和，但要求勾践去吴国。

勾践把国家大事托付给文种，就带着夫人和范蠡到吴国去。勾践到了吴国，夫差让勾践夫妇住在夫差父亲阖闾的大坟旁边的一间石屋里，并让勾践给他喂马。当夫差出行时，让勾践为他拉马。有一次，夫差生病了，勾践主动表示自己能治好夫差的病，但夫差不让他接近，于是他尝夫差的屎来诊断病情，最后把夫差的病治好了。就这样，过了3年，夫差认为勾践真心归顺了他，就放勾践回国。

勾践回到越国后，立志报仇雪耻。为了避免眼前的安逸消磨了他的志气，他在吃饭的地方挂了一个苦胆，每次吃饭前都会先尝一尝苦胆，以提醒自己所受到的屈辱。他还把席子撤去，用柴草当做被褥。在勾践10年的励精图治之下，越国变得富强起来，于是勾践亲率军队进攻吴国，最终灭掉了吴国。这就是后人传诵的"卧薪尝胆"典故。

勾践无愧于大丈夫的称号。他在面对强敌时，能够做到卑躬屈膝地求和；他在仇人面前，能够做到和颜悦色地侍奉，极尽表现出一种忠诚；在被放回国之后，能够做到十年如一日地尝胆自勉。他能够放弃一国君主的尊贵，能够化悲痛为力量，能够把耻辱当做动力，这等忍辱负重是常人难以做到的。

勾践忍辱负重，卑躬屈膝，为的就是十年后的那一"伸"。作为大丈夫，应该有勾践那样能屈能伸的忍耐力。忍得了一时的羞辱，才有可能成就一辈子的英名。

韩信在淮阴市集时，被一个蛮横的屠夫拦住去路，对方当众要求韩信从他的胯下钻过去。如果韩信不钻，就很有可能被屠夫暴揍一顿，甚至会被屠夫杀掉，或者韩信拔出剑把对方杀掉。韩信思考了一会儿，毅然弯身，匍匐在地上，从屠夫的胯下爬过去。虽然当时引得一市哄笑，辱了半生名声，但是这件事很好地激励了韩信。

后来，当韩信成为一代人杰，千载之英烈时，他表示自己的成功与那次胯下之辱有很大的关系。当韩信被封为楚王时，他回到了下邳，特意召见了当年羞辱他的那个屠夫，并任用他做了中尉，并对他的将相们说：“这是一位壮士。当初他侮辱我的时候，我难道不能杀死他吗？但杀掉他没有意义，所以我忍受了一时的侮辱而成就了今天的功业。”

人们再回头去看当年的胯下之辱，觉得韩信是那么隐忍，不愧为大丈夫。

韩信受胯下之辱而成为一世英才，张良为黄石公捡鞋而得《太公兵法》。他们的成功，与忍辱负重是分不开的，这种隐忍是大丈夫所必备的素质。做人，当隐忍时就要隐忍，懂得隐忍，懂得屈尊，才能在有朝一日更好地发挥自己的才能，实现自己的抱负。

忍辱负重的力量是巨大的，就如同小溪之流慢慢积聚到水库之中，在大坝开闸放水那一刻，集聚在一起的水流才能释放出强大的能量，奔腾千里，气势恢弘。我们一定要明白，今天的低头是为了明天更好地抬头，今天的屈尊是为了明天更好地走向高贵，今天的默默努力，积蓄力量，是为了明天更好地崛起。所以，忍辱不可怕，忍辱不是坏事，能忍受得了耻辱，才能更好地拥抱成功的荣耀。

4

强势出手，“谁软弱，谁就被消灭”

俗话说：“先下手为强，后下手遭殃。”在成功的道路上，处处充满了机遇与风险，充满利弊的权衡与博弈。如果你拥有果断的决心，拥有胆识和魄力，懂得先下手抢占先机，那么你就可以给对手致命的一击，达到克敌制胜的目的。这一点在唐太宗李世民身上就有很好的体现。

唐高祖李渊称帝建立大唐，把长子李建成立为太子。然而，次子李世民功勋卓著，他曾在剿灭窦建德、王世充等地方割据势力中，立下了汗马功劳。他的手下人才辈出，文臣有长孙无忌、房玄龄、杜如晦，武将有李靖、尉迟恭、秦琼等。因此，太子李建成一直都把李世民视为心腹大患，无时无刻不想着除掉李世民。

李渊作为皇上，对自己册封的太子自然支持，因此，处处遏制李世民。当北方的突厥南下侵犯河套地区时，李渊命四儿子李元吉带兵出征，大儿子李建成趁此机会，将李世民手下的精锐部队调至随军作战，其目的在于削弱李世民的实力。

李世民对大哥李建成的一举一动了然于胸，并且早就洞察了先机，于是他与手下的谋臣商议对策，最后接受了长孙无忌的建议——先发制人。李建成一心想除掉李世民，未曾想到李世民早有应对之策。当李世民经过周密部署，把守卫玄武门的官员换成自己的心腹时，李建成和李元吉却毫无所知。

之后，李世民假传圣旨，命李建成、李元吉兄弟凌晨进宫议事。当他们进入玄武门时，才意识到被包围了，结果死在乱箭之下。李渊得知此事之后，虽然惊恐，但也只好接受现实，并且李世民也是他很欣赏的儿子，最后，他册封李世民为太子。在唐太宗李世民的治理下，唐朝出现了空前盛世。

李世民洞悉先机，先发制人，才能反戈一击，转危为安。尽管杀兄是不仁不义之举，但是在险恶的皇权之争中，我不灭你，你必灭我。在这种情况下，唯有强势出击，先发制人，才能保全自己。这就告诉我们，在与对手的博弈中，一定要洞察对手的心理，了解对手的策略，做好充分的应对策略，并在必要的时候，抢先出手，将危机扼杀在摇篮之中，将机会牢牢抓在自己的手中。

机遇转瞬即逝，抢先一步下手，你就会得到意想不到的好处。比如，在《三国演义》中，曹操接受谋士的建议，率先迎接汉献帝，达到了“挟天子以令诸侯”的目的。从此以后，他做什么都师出有名，在与其他几个对手的博弈中，曹操掌握了很多便利的条件。当他攻打别人时，他说是奉皇帝之名剿灭反贼。当别人攻打他时，他说对方是叛贼篡乱。总之，不管怎样，他都“有理”，这就是掌握主动权的好处。

在现代商界竞争中，“先下手为强，后下手遭殃”的规律同样存在，下面这个案例就恰好说明了这一点。

有一家专门经营防毒面具的小公司，多年以来，他们一直渴望与美国陆军成为商业上的合作伙伴，专门为美国陆军承制防毒面具。然而，同行还有一家比它大 50 倍的公司，这家公司实力强大，仅工程师就多达 300 位。

有一年，美国陆军决定诚招防毒面具生产合作伙伴。这家小公司的老板消息灵通，率先知道了这一消息，于是他立即做出决定，一定要不惜一切代价抢下这个机会。因为他知道，这个行业的市场份额非常有限，如果不积极向美国陆军争取承制项目，公司的生意就很难维持下去。为此，他甘愿拿自己的名誉、公司的资源做赌注，借着美国陆军有意更换合作企业的机会，为换来美国陆军 200 万具防毒面具的承制合约进行了奋力一搏。

为了能够打动美国陆军，这位老板亲自写了一份承制的申请书，其内容尽可能保证完备。在申请书中，他把自己公司的优势详细地列举出来，清晰地指出美国陆军与他们合作的好处。同时，又强调自己的产品绝对是行业一流，绝对没有任何问题。如果美国陆军不相信，可以随时去公司参观，甚至检查产品质量。

为了应对美国陆军随时参观和检查，这个小老板不惜下重金加强公司的环境建设，购进多台先进防毒面具的生产设备。当时公司多名高级主管劝告老板无需这样做，但老板却表示："我们一定要做好接受参观的准备，即使这样投资很多，有些冒险，我们也要做好准备工作。否则，一旦美国陆军来参观，发现我们的公司环境一般，生产设备陈旧，我们就会失去承制的机会。"

与此同时，那家大公司以"行业老大"的头衔自居，后知后觉，而且得知美国陆军正在寻找防毒面具厂家作为自己的合作伙伴时，依然自以为是地认为，对方会首先找自己，但结果令他们大失所望。

那家小公司通过一系列有诚意的举措打动了美国陆军前来参观，当美国陆军的高级长官看到该公司的先进生产设备时，当即决定与该公司签订承制合同，这家公司也因此赢得了2000万美元的大单。

也许有时候你需要与命运赌一赌，也许有时候你需要与对手较量，但无论何种情况，请相信"狭路相逢勇者胜"。就像德国哲学家黑格尔说的那样："人格的伟大和刚强，只有借矛盾对立的伟大和刚强才能衡量出来。"因此，适当的时候，就应该强势出手，如果你慢半拍，如果你拖延几天，机会就会离你而去，胜利就会成为别人的囊中之物。

5 对待机遇“狠”一点，当机立断，纵是刀山火海也要闯一闯

心理学家曾经做了这样一个实验：

心理学家找来10个人，指导他们逐一穿过一间黑暗的房子。当大家穿过房子之后，再把房间内的灯打开，这时人们发现这间房子的地面下是一个大水池，水池里有十几条大鳄鱼，水面上有隐约可见的安全网，水池上方有一座很窄的独木桥。大家回过神来，这才知道刚才是从那个独木桥上通过的。顿时，大家不由得感到一阵后怕。

接着，心理学家又让这10个人从那根独木桥上返回，但是大家都沉默了。良久，有3个人颤颤巍巍地站出来，表示愿意试一试，但只有一个人走了过去，而且比刚才慢了许多；第二个人走了一半，剩下的一半是爬着过去的；第三个人走了几步，就折返回来了。

最后，心理学家对大家说：“其实这个水池上面有一块透明的玻璃，水池中的鲨鱼根本不可能伤害到你们。”这时，大家顿时感到一阵轻松，然后三步并作两步，从玻璃上走了过去。

这个实验告诉我们：很多时候，成功就像过独木桥，失败的原因不在于能力不济，也不在于智力低下，而是在于面对困境时的心态。只有拥有良好的心态，比如，坚强、勇敢、冒险等等，敢于迎难而上，你才能更好地走向成功。

这个实验还告诉我们：很多时候，困难就像纸老虎，看似非常可怕，其实它并不会阻碍我们走向成功。所以，在面对困境时，要有一颗淡定的心，要保持坚定的信念和敢于尝试的勇气。如果选择逃避，这往往是弱者

的所为，迎难而上，才是强者应有的姿态。

美国小说家欧内斯特·米勒尔·海明威至今都是美国人民心目中的硬汉，他用自己的作品诠释了一种“人不是生来要被打败的，你可以消灭我，但你打败不了我”的精神。他尝遍了很多人生苦难，甚至向大自然发起了挑战，并以此为乐。这种强者精神和姿态值得每个人学习。

人生就如一艘船，在无边无际的大海中航行，危险总是不期而遇，暗礁总是在不经意间出现。虽然有各种各样的风险，但最大的风险就是你内心脆弱。只要你内心坚强，敢于直面险境，遇到再大的困难都勇敢去闯，相信一切都不足为患。

如果想成就一番事业，就必须有“纵是刀山也要闯一闯”的勇气和魄力。这种“闯劲”并非盲目，而是在深入分析的基础上，做了充分的准备之后的果断行动，只有这样，才能把握住机遇。

美国石油大王洛克菲勒曾经说过：“我厌恶那些把商场视为赌场的人，但我不拒绝冒险精神，因为我懂得一个法则：风险越大，收益越高。”中国有句俗话说得好：“富贵险中求。”这对任何一个渴望成就大业的人来说，都是避免不了的，要想获得高回报，就必须敢于向刀山挺进，因为那里有很多“金矿”。

洛克菲勒原本经营农产品代销，而且把这份事业做得有声有色，如果继续经营下去，完全有可能成为行业中的领头羊。然而，这一切因为一件事改变了。

原来，洛克菲勒有一个朋友兼合伙人名叫安德鲁斯，此人是照明方面的专家。有一次，他对洛克菲勒说：“嘿，伙计，煤油燃烧时发出的光亮比任何照明油都亮，它必将取代其他的照明油。想想吧，那将是多么大的市场，如果我们的双脚能踩进去，那将是怎样一个情景啊！”

洛克菲勒听到这话，马上意识到机会来了，于是他对安德鲁斯说：“我干！”于是他们合伙投资了4000美元，做起了炼油生意。通过苦心经营，不到一年的时间，他们炼油所获得的利润就超过了农产品代销的利润，成为公司主营业务。这时候洛克菲勒更加坚信石油是一条新的生财之道，这里的前景大大刺激了洛克菲勒赚钱的欲望，更让他下定决心大展宏图。

随后，洛克菲勒向石油业大举投资，但这激起了他另外一个合伙人克拉克的反对。克拉克认为石油是一朵盛开的昙花，难以持久。一旦没有了油源，那些投资就会变得一文不值。但洛克菲勒最终还是决定冒险——进军石油业，他说：“在我眼里，金钱像粪便一样，如果你把它散出去，就可以做很多的事，但如果你要把它藏起来，它就会臭不可闻。”最后，洛克菲勒与克拉克分道扬镳。

后来，洛克菲勒回忆说：“我的人生轨迹就是一次次丰富的冒险旅程，如果让我找出哪一次冒险对我最具影响，那莫过于打入石油工业了。”事实证明，洛克菲勒的冒险是值得的，他在石油业取得了举世瞩目的成就。21 岁时，他就拥有了科利佛兰最大的炼油厂，并且跻身世界最大炼油商之列。

无论是面对充满风险的机遇，还是面对严峻的困难与挫折，抑或是面对强大的竞争对手，我们都应该像洛克菲勒那样敢于“闯一闯”，用强者姿态去回击一切质疑。也许有时候你觉得胜算微乎其微，但只要你不放弃，并积极想办法改变现状，相信你就有可能赢得机会的青睐。

如果想成就一番事业，必须具备敢于冒险的精神。美国石油大王洛克菲勒曾经说过：“人生最大的价值就在于冒险，整个生命就是一场冒险，走得最远的人常是愿意去冒险的人。”冒险不仅是一种勇气和魄力，还是一种强势的姿态，它最重要的意义在于，不论你最终取得怎样的结果，成功也好，失败也罢，你都在用行动告诉世人：我可以失败，但我不会认输，我从来没有停止过奋斗和拼搏。这种精神是弥足珍贵的。

况且，风险与机遇是并存的，风险与成功是同在的。一定要认识到这一点，在你准备冒险时，不要消极悲观地认为这是无力挣扎，因为冒险中有机遇。如果你不敢冒险，也意味着与成功无缘。所以，在转瞬即逝的机遇面前，一定要当机立断，纵是刀山也要闯一闯，即使前方的道路布满荆棘，也要昂首阔步。

6

对待事业狠一点：狠下心来，一干到底

经常听到有人说："人要以事业为重。"事业这个词在人的一生中，占有很大的分量。有些人甚至为了追求事业，不惜放弃爱情，忽视婚姻和家庭，一头扎进事业里，疯狂地战斗。我们不提倡为了事业而不顾其他，但在追求事业的过程中，还是应该保持一股狠劲和闯劲，而且要一"狠"到底，拼尽全力，这样成功的希望才会更大。

19 世纪法国著名的科幻小说和冒险小说作家凡尔纳，被称为"现代科学幻想小说之父"，他曾写过《海底两万里》、《地心游记》等著名科幻小说。然而，凡尔纳的成功之路充满了曲折和坎坷。若不是他在写作这条路上"狠下心来，一狠到底"，也许世界上就没有他的经典作品。

1863 年冬天的一个清晨，一个邮政工人敲开了凡尔纳的家门，然后递给他一包鼓鼓囊囊的邮件。一看到这样的邮件，凡尔纳就知道事情不妙。这是凡尔纳几个月前写的第一部科幻小说《乘气球五周记》，可是他寄给各地出版社后，都被退回来了，之前已经退回来 14 次了。

凡尔纳怀着忐忑不安的心情打开出版社的审稿意见，只见上面写着："凡尔纳先生：尊稿经我们审读后，不拟刊用，特此奉还。某某出版社。"每当看到这样的退稿意见，凡尔纳内心都有一种说不出的痛。这次是第 15 次退稿，凡尔纳彻底气馁了，他愤怒地发誓，以后再也不写小说了。

凡尔纳把手稿拿在手里，准备扔进壁炉里付诸一炬，正在这时，凡尔纳的妻子赶了过来，她抢过手稿，紧紧抱在胸前。没想到凡尔纳火气未消，说什么也要烧掉手稿。妻子见状，马上安慰凡尔纳：“亲爱的，不要灰心，再试一次吧，也许这次能遇上好运的。”听了这句话，凡尔纳慢慢冷静下来，他沉默了很久，最后决定把这些手稿寄给第16家出版社。

幸运之神终于降临了，这次凡尔纳没有落空。第16家出版社读完他的手稿后，决定出版此书，并与凡尔纳签订了20年的出书合同。

成功的过程充满了挫折与障碍，只有狠下心来，才能一战到底，屡败屡战，最终迎来胜利的曙光。有一位哲人曾经说过：“如果在困境前止步，往往只会拥抱失败；如果在困境中坚守，常常会迎来成功。”成功需要狠劲，需要狠下心来去坚持，做人不狠，万事难成。

在这个世界上，几乎每个人都曾有过雄心壮志，然而，在遭遇挫折的打击之后，有些人放弃了努力，选择了平庸。因为他们不够狠心，对自己不够狠，才不忍心让自己承受失败的痛苦；对事业不够狠，才没有坚持到底的勇气和毅力。美国石油大王洛克菲勒曾说过：“世界上没有一样东西可取代毅力。”如果你足够“狠”，那么成功就会属于你。

当大量农民放弃种地，选择进城务工时，一个名叫华强的25岁年轻人却从城市扎进农村。他认为“宁做鸡头，不做凤尾”，与其在城市里做一个平凡的打工者，不如回到农村创业，干出一番自己的事业。因此，他果断地辞去了上海一家科技公司的工作，回到家乡创业。

为了支持华强创业，家里卖掉了城里的一套房子，将30万元的房款毫无保留给他用作投资。把城里的房子卖掉，回农村创业，华强到底想干什么呢？华强说：“我想趁着年轻好好闯一闯，这样等我年纪大了时，我才不会感到遗憾。”

华强选择花卉种植项目，在创业之前，他已经进入了专业机构学习花卉种植技术。之后，他在村子里承包了50多亩地，搭建了大棚，进行花卉种植。就这样，在父亲的帮助下，华强的花卉公司成立了，并且发展得十分顺利。公司运营一年后，华强就赚了 100 万元，本钱一下子就回来了。之后，华强又承包了 50 多亩地，扩大了花卉种植规模。

虽然种植花卉是一项辛苦的活动，但是华强一点都不觉得累，他每天 6 点多钟就起床，然后去花卉园里查看植物的生长情况。吃完早饭后，他又忙着联系业务，与客户洽谈合作。每一天华强都充满激情和干劲……

试问，有几个人有勇气卖掉房子，然后拿着房款去创业？尤其是对于一个年纪轻轻的大学毕业生，这种勇气更是难能可贵的。在这股勇气的背后，更多的是一种不怕输的狠劲儿，这股狠劲儿给人一种激情，一种力量，一种勇往直前的拼劲。

当一个人有狠劲和拼劲时，遇到困难，他才不会轻易放弃；在遭受挫折时，他才不会轻易妥协；面对机会时，他才会用力去拼，想尽一切办法，占据先机，化被动为主动。

在这个世界上，没有一帆风顺的幸运儿，重要的是不要因失败而变成懦夫，洛克菲勒曾说："碰到困难时，我们要再战一回合。每一个人的内在都有无限的潜能，除非我们知道它在哪里，并坚持用它，否则毫无价值。"人就应该这样，对待事业狠一点：狠下心来，一狠到底。

7

永不言弃，做事不要给自己留退路

我们在做一些事情之前，总想着怎样才能给自己留条后路，面对事情犹豫不决，缺乏破釜沉舟的勇气。这虽然是人的天性，无可厚非，但有的时候，这又是一种不自信的表现，是一种不思进取的人生态度。退路，是遇到困难之后的逃避口，它把一个人的潜能、智慧扼杀在摇篮里，让人失去了成就霸业的机会。

要知道人生的路不会是一帆风顺的，必定有挫折，必定有选择。每个人都有着自己的选择！不同的是每个人的选择都富有这个人的性格因素。内向的人，性格方面比较胆怯，他们大多会选择退缩或是放弃；外向的人，在性格方面比较勇敢，这样的人会多选择拼搏，向前奔涌。但不管什么人，在选择时都会有意无意地给自己留后路。

然而所谓的后路，不光会打消人的意志，磨平人的勇气，还会扼杀一个人的进取之心，腐蚀一个人的灵魂，让我们一次次从成功的路口错过。所以行走在人生的道路上，还是不要给自己留后路为好。

一个人一生的成败，全在于他的意志力强弱。具有坚强意志力的人，不管遇到任何艰难困阻，都能克服困难，消除阻碍，玉汝于成。但意志薄弱的人，一遇到挫折，便思求退缩，选择放弃，那么他最终会归于失败。其实在实际生活中有许多人，都是很希望自己能上进，但由于意志薄弱，没有坚强的决心，没有破釜沉舟的信念，稍遇挫折，便开始后退，终遭失败。

其实，把自己的全部心思贯注于目标可以增强一种坚强的自信，这种自信能够破除犹豫不决的恶习，把因循守旧、苟且偷生等成功之敌，统统捆缚起来。只要我们下定决心，永不言弃，即使遇千万困难，也不会退缩，竭尽全力，向前进取，那么许多时候反而能得到再生的机会。如果将自己置之死地，抱着不达目的决不罢休的决心，那么成功之敌必无藏身之地。

在公元前208年，当时强大的秦军依仗兵多粮足，欲进攻赵国，准备速战速决。实力弱小的赵军向楚、燕、齐等国发出求援信息，然而救援的部队因惧怕强大的秦军，谁也不敢出去应战。直到楚军的到来，才改变了这一局面。

当时，前来救援的楚军首领是大将军项羽，他雄心勃勃，想着尽快救赵伐秦，干出一番事业。因此，他派英布和蒲将军带精兵两万做先锋，迅速渡漳水。而秦军的守将章邯还在想尽一切方法引诱诸侯的部队与他作战，所以并没有采取严密防守的策略，于是给了项羽可乘之机，导致楚军的大部队顺利地渡过漳水。

在渡过漳水后，在河岸边，楚将军项羽曾发出一道命令：让每个士兵只准备 3 天的干粮，并且砸毁军中所有的做饭用具，还把随军帐篷烧掉，把渡河用的船一律凿沉，这便是中国历史上有名的“破釜沉舟”。项羽将大军置之死地，是让楚军抱着不胜必死的心态来迎战。

结果，楚军的队伍锐不可当，三天里连续进行了九场战斗，场场获胜，直杀得敌军天昏地暗，血流成河。溃败的秦军死伤遍野，其余大部分四散逃命。这次巨鹿之战，楚军击溃了秦军主力，士兵死伤大半，成功解救了赵国，取得了以弱胜强的伟大胜利。

秦军自出关作战以来，第一次败得如此惨痛，败得莫名其妙。要知道，他们仅仅是面对楚军的进攻，就这样败了，增援赵国的其他援军还没有参战。由此可见，作为楚军的统帅，项羽出手够狠——他让大家置之死地而后生，从此成就了自己一生中军事指挥最出色的一战，也是在灭秦战争中具有转折性意义的一战。

项羽带着破釜沉舟的军队，将大家置之死地而后生，这样才能在巨鹿之战中获得决定性胜利。所以说，一个人不管做什么事，遇到什么困难、障碍，只要抱着绝无退路的决心，勇往直前，不后退，那他最终一定会摘得胜利的果实。反而如果立志不坚，时时准备知难而退，那肯定不会有成功的那天。

只有不给自己留后路，我们才能勇往直前，奋力拼搏，最终窥见曙光。曾有人问百度创始人李彦宏“成功秘籍”是什么，李彦宏只是简洁地说了一句“因为我已经没有了后路”。是的，当时的李彦宏彻底断了自己的后路，他为了创建百度，将自己多年的积蓄全投入到创业中去了。他只想要怎样努力拼搏，怎样勇往直前，没有给自己留一点后路。

正是因为没有了后路，现实逼着他不得不去拼搏，去奋斗，去开辟一条前进的大道。所以当他遇到再大的困难时，他也会竭尽全力去拼搏，而不是退缩，最终换来了成功。现在处处可见的百度字样就是他成功的印证。

人生就像走路，朝着目标向前迈进，踏着责任去走，别给自己留后路。国学大师季羡林，桃李满天下，然而他对自己的每一个弟子都说过这样的话：“把每一天当作生命的最后一天。”是的，只有这样我们才会认真地去对待生命中的每一天，才会把每一天过得充实，同时也就不会再想着为自己留后路，做到勇往直前。

第四章

DI SI ZHANG

狠在智慧：打造最强大的大脑，别让自己赢得那么辛苦

狠，需要能力，也需要谋略。竞争不能只靠一腔热血，还要靠清醒的头脑和精明的计谋。做人要狠，也要会用狠，那些一味耍狠、不懂变通的，最多只能算作莽夫。只有审时度势、权衡利弊、有勇有谋，才能让自己赢得轻松、赢得漂亮。

1

智慧和谋略是成功的捷径

在当今这个充满机遇与挑战，竞争激烈，关系复杂，优胜劣汰的世界，每个人都向往成功。然而成功之路却并非一帆风顺，到处充满坎坷和曲折，我们想要在商场、家庭和社会上为自己争得一席之地，进而立于不败之地，没有一套高超的处世哲学与计谋是根本行不通的，必须要在立身处世中学会运用智慧、运用方法。

素有“西北王”之称的胡宗南，在报考黄埔军校的时候，由于身高不够，身体又较弱，考官决定取消其资格。不服气的胡宗南在操场上据理力争，被党代表廖仲恺听到，廖仲恺觉得他思想觉悟甚高，是个热血青年，于是特殊录用，分在了第一期第四队。

在黄埔军校，学生们早晨去茅厕都要经过操场，有一天天刚亮，胡宗南早起去茅厕的时候，看到操场上两个人在跑步，并且边跑边聊天。胡宗南仔细辨别，他听出其中一个人的声音就是当时的黄埔军校校长蒋介石。“看来，校长每天都要在这个时候跑步。”想到这个，胡宗南不禁灵机一动，一条策略顺势而生。

在第二天还没亮的时候，胡宗南就悄悄起床，来到了操场上跑步。果然没多长时间，蒋介石也出来跑步了。当他看到前面有个人影的时候，不禁随口询问：“前面的是谁?”胡宗南用洪亮的声音回答到：“报告校长，我是一期学生胡宗南。”每次都是这样，胡宗南总比蒋介石早到一步，然后向蒋介石报告自己的名字。

长期下来，黄埔军校校长蒋介石就对“胡宗南”这个名字牢记于心了。因此，胡宗南在黄埔军校频频得到蒋介石的垂青，再加上他本身也是聪明之极，所以以后的前途一片光明，最后成为同时代人群中的顶尖者。

胡宗南利用自己的智慧，成功获得了蒋介石的重用，最后成就了“西北王”的称号，可见一个人要想获得成功，就必须要有一定的智慧和谋略，只凭一时的意气和蛮干是不会有机会的，这也是胡宗南人生发达的重要秘诀。

美国著名人际关系学家劳迈尔认为：弱者之所以比较弱，就是由于他不懂得利用自己的智慧，来处理生活中面临的困境。在人生的道路上，他们看到的都是别人的成功，最后在自己脚下，剩下的就是一个个失败的大坑。其实，那些不断失败的弱者，他们并不是没有超凡的智慧，仅仅是没有找到开启智慧的钥匙。

在成功的路上，今天很残酷、明天更残酷，后天会很美好，但绝大多数人会死在明天晚上，见不到后天的太阳，但是我们相信，只要找到了通往成功的路和开启成功大门的那串钥匙，我们就一定能在人生的路途中进退自如，游刃有余。一个有智慧的人懂得创造机会，进而比自己苦苦寻找要得到的多。一个懂得用谋略去布局的人，是一个走向成功的人，他们会用自己的智慧和谋略去积极主动地创造成功。

王聪在一家商贸公司工作了十几年，可以说是老资历了，多年的锻炼让他办事稳重，考虑周全，深受公司领导的欣赏。后来，公司里市场总监的位置空闲，大家都觉得这个位置非王聪莫属。可想不到的是，在最后的人事宣布，市场总监居然会是一个年轻人，还不到三十岁，刚好成了王聪的顶头上司。同事们都为此愤愤不平，但王聪却笑笑不在意。

这位新上司也对王聪这位老员工的能力了解得很清楚，时常找王聪请教，王聪也没有说有什么隔阂，怨恨他抢了本该是自己的位置，总是面对新上司的请教倾囊相授。他们的关系相处的很不错。

不过，虽然王聪和新上司的关系很不错，新上司对王聪也很尊重，但在公开场合，王聪总是对新上司保持该有的礼仪和尊重，从来不因对方比自己资历浅而妄自菲薄。而且对于新上司的错误，王聪总是在私底下以婉转的方式提出，从来不让新上司难堪。对于新上司的询问，王聪也总是站在公司的角度客观公正的回答，他发挥自己的经验和阅历的优势，积极地为新上司出谋划策。

因此，新上司对王聪更是器重，每逢遇到什么好事，新上司就会为王聪提供一个机会。就这样俩人合作了一年后，成绩斐然，新上司继续上调被委任为公司的副总裁。通过新上司的大力推荐，这个市场总监的空缺职位由王聪接任了。

所以，不管局势对自己曾经是多么的不利，都要学会用自己的智慧将不利局面扭转为对自己有利的一方面，是金子不会被埋没，是人才总有被发现的那天。只要我们懂得用谋略，用智慧去给自己创造成功的机会，那么成功也就随之而来。马云曾说：“别人有的关系、资金你可能没有，但你肯定有致富最有力的法宝——智慧。”所以说，只有多靠智慧、努力、勤奋取胜，我们才会有机会、有希望。

⟀2

在任何情况下都要保持一颗清醒的头脑

形形色色的人物在我们的生活中往来穿梭着，大大小小的物件在我们的人生中无定时地发生着。无论面对任何人任何事，我们都要沉着镇定，都应保持一个清醒的头脑。

生活中有着太多诱惑，太多挫折，它影响了我们的家庭、学习、事业，就像温水煮蛙一般悄悄侵蚀我们生活的方方面面。要知道，人是感情与理性综合的高级动物，能够调整并控制自我情感，所以我们不管在什么环境、什么情形下，都要时刻保持清醒头脑，在别人失掉镇静时，能保持镇静；在别人做愚蠢可笑的事时，能保持正确的判断，才会在顺境中警醒，在逆境中奋进。

很多时候，有些领导者在企业的关键时刻冲昏了头脑，做出了不利于企业发展的决策，这能说是他们的头脑不好用？绝对不是！那他们为什么会犯这样的错误？肯定是没有抵挡住诱惑，他们的理智被阿谀奉承所影响，他们的大脑受到利益的趋势，失去了应有的把握。要保持一个清醒的头脑，抵御不了阿谀奉承是不行的。

在社会中有许多人为了自己的利益与目的，对自己的领导阿谀奉承，变成了马屁精，进而伤害了被美言冲昏头脑、被蒙蔽的人。所以，抵御得住阿谀奉承，保持一个清醒的头脑很重要。无论能力大小，在做事之前，每个人都应该有所准备，都要保持清醒的头脑，要脚踏实地、未雨绸缪。只有遇到意外情况不紊乱、不慌张的人，才能担当起大事。

在美国伊利诺伊州的一个小镇上，孩子们常常利用课余时间到火车上去卖爆米花。当时一个10岁的小男孩，也加入了这一行列。与其他人不同的是，他除了在火车上叫卖外，还别出心裁的往爆米花里掺入奶油和盐，让爆米花的味道更加可口。可想而知，这个小男孩的爆米花比其他任何小孩都卖得好。

后来，一场大雪封住了几列满载乘客的火车，这个小男孩放弃了爆米花，赶制了许多三明治到火车上去卖。虽然他的三明治做得并不怎么美味，却被饥饿的乘客抢购一空。在夏季到来的时候，小男孩又设计出了一种挎在肩上的半月形箱子，他在箱子边上刻出了一些小洞，用来堆放蛋卷，又在蛋卷的中部小空间里搁进冰淇淋。他这种新鲜的蛋卷冰淇淋备受乘客的青睐，这让他的生意火爆一时。

然而，世界上从来不缺乏复制者，当小男孩在车站上的生意红火后，参与的孩子越来越多，这个小男孩意识到时机差不多了，便在赚了一笔钱后果断地退出了竞争。果不其然，没多久孩子们的生意就越来越难做了，后来，车站管理又对这些小生意进行了清理整顿，许多孩子都因此而遭受一些损失，他却因为退出的及时，没有受到任何损失。

因为他没有被利益冲昏头脑，一件事在大家都在奋勇而争的时候，他能保持清醒的头脑，及时抽身出来，正因为他的及时抽身才使他获得成功。最终，这个小男孩成了一个不凡的人，他就是摩托罗拉公司的创始人和缔造者保罗·高尔文。

由以上可知，保罗·高尔文之所以会获得如此的成功，关键在于他懂得如何灵活多变，同时又保持头脑清醒，在利益面前能懂得如何进退。这样一个懂得如何创优创新比别人做得更出色，能抢占先机比别人做得更早，能灵活多变比别人做得更新，能及时抽身比别人做得更清醒的人，怎么可能不拥有人生的成功呢？

在生活中，我们经常能看到许多有本领的人，也会做出一些被其他人认为是不可理解、愚不可及的事情，主要是因为他们的不完全判断，不清醒的头脑，阻碍了他们的前程。所以，时刻保持清醒的头脑是很重要的。

“冷静质疑是理想的筋骨。”可见保持冷静质疑的态度也是清醒的表现，然而人生要时刻保持清醒、不犯迷糊是很难的，虽然有时会说糊涂也是一种幸福，但多是悲伤与苦涩，更有不少人往往因为一时糊涂，抵挡不住诱惑，落入别人设下的圈套，轻则丢财，重则丧命。

如何让自己保持清醒的头脑？归根结底还是人与自己的斗争，到底是你内心中理智的那个战胜感性的那个，还是感性的那个战胜了理智的那个，你是否能恰如其分地调整好自己的内心，这才是重中之重。如果一个人能始终保持清醒的头脑，一生也就没有遗憾与牵挂，能够清醒地认识自己，这也是最难得的一种清醒。因为这不仅利于我们去更好地完善自己，还能更好地实现人生的自我价值。

⟀3

摸清对方底细，才能攻其不备

孙子兵法有云：知己知彼，方能百战不殆。两军对垒，首先要做的不是扛着兵器上前线，而是要先摸清对方底细，只有明确了敌军的战略部署，才好“对症下药”并攻其不备。打仗是如此，人与人打交道也是如此。盲目的沟通往往是无效的，甚至会起到反作用，要想在社交场合如鱼得水、进退自如，就必须在沟通前先摸清对方的脾气秉性、习惯喜好等，只有这样，才好“到什么山唱什么歌”，从而有针对性的采取不同的应对方式。

有时候，遇到难题，一筹莫展，不妨试着摸清对方的底细，寻找对方的致命弱点。任何人都是有弱点的，只要明确对方的利益诉求，摸准对方的脾气，拿捏好分寸，就可以在某一时刻势如破竹，成功地达到目标。

公元前266年，赵国的惠文王病逝，当时太子年少，由赵太后摄政。次年，秦国开始攻打赵国，并攻占了三座城池。这时赵国向齐国求救，然而齐国要求让长安君做人质，才可以出兵救援。长安君是赵太后心爱的小儿子，自然不肯让他冒险。尽管大臣们反复劝说，赵太后就是不肯让长安君做人质。

后来，大臣触龙来见赵太后。太后认为他也是来劝解的，就沉着脸一言不发。可是，这触龙对于人质的事只字不提，而是絮絮叨叨说自己年纪大了，腿脚不灵便，还真诚地询问太后的健康。赵太后看到这种情形，面色也和善起来了。

当时，太后对触龙说：“你年纪大了，要多注意保重身体。”然而触龙却说：“老臣也想好好休息一下，但小儿子不成器，总是让我牵挂，所以我想恳请您能让他当一名卫士，这样我也就安心了。”太后说：“孩子还年轻呢，就该让他多锻炼锻炼，以后有了功劳自然会受到国家重用，我们管不了他们一辈子！”触龙点点头说：“太后说的是，我们做父母常替孩子作长远打算，却忘了让他们自己去磨炼，这才是正确的。不知道太后对赵国以后有什么长久打算呢？”

太后忧虑地说：“我虽然想让长安君担当重任，但他年纪太小，不懂世事。”触龙停顿了片刻说：“太后回想一下，从现在向上推三代，国君的后代还剩几个人在继位为侯呢？”太后回答说：“却是没几个人了。这是什么情况呢?”触龙说：“主要是由于国君的子孙多是禄厚无劳之辈，不能建立功业，就不能掌握国家权力。和现在的长安君一样，如果太后只让他在温室里生长，将来又怎么管理国家呢?”太后恍然大悟：“说的是，是该让他好好锻炼一下了！不如就让长安君去齐国做人质吧!”

触龙摸清了太后的心理，通过晓之以情，言之于理，进行巧言进谏，这才帮助赵国缓解了危机。因此在遇到问题，如果费尽心力也一筹莫展。这时，你不妨仔细研究一下对方的喜好、习惯，以及他最近最上心的事情是什么。一旦找到对方的突破口，就可以采取有针对性的对策，进而很容易获得突破。

事实上，我们在和别人打交道时，要详细了解对方的情况，如对方的兴趣、爱好、长处、弱点、情绪、思想观念等这些都是需要注意的内容，而且身份与性格是很重要的情报，需要引起高度重视。

除了通过资料来了解到对方身份外，还可以通过观察通过对方的言谈举止、表情等来判断对方的性格，比如说话快言快语、情绪易冲动的人，通常是性格比较急躁的人；如果是直率热情、活泼好动、喜欢交往的人，通常是性格开朗的人；如果对方表情细腻、举止注意分寸的人，通常是性格稳重的人；如果对方比较安静、不苟言笑、喜欢独处，则是性格孤僻的人；而那些口出狂言，好为人师的人，是比较骄傲自负的人；如果是懂礼貌、讲信义、实事求是的人，通常是谦虚谨慎的人。

另外，通过语言来了解对方，是取得胜利的关键。我们可以从对方言谈的微妙之处观察其性格特征和内心活动。在交谈中常说出“果然”的人，一般是自以为是，强调个人主张的类型。而经常使用“其实”的人，是希望别人注意自己，他们一般任性、倔强、自负。对于经常使用“最后怎么怎么”一类词汇的人，其实大多是其潜在的欲求未能得到满足。对于这些不同性格的对话对象，一定要具体分析，区别对待。同时还要对方在说话时揣摸对方的心理。通过对手无意中显露出来的态度及姿态，了解他的心理，有时能捕捉到比语言表露更真实、更微妙的思想。

最后，对于对方的了解，不能只停留在静观默察上，还要做到主动侦察，采用一定的侦查对策，想办法去激发对方的情绪，这样才能够迅速准确地把握对方的思想脉络和动态，从而顺其思路进行引导，达到攻其不备的效果，这样的会谈更利于成功。

4
心计做事，懂心计才不会被算计

一个人的做事能力决定了他的前途和命运，要想把事情做好就要懂得心计，用心计做事才不会被算计。

做事没有心计，就会四处碰壁，孤立无援；做事不懂算计，就会稀里糊涂，陷入绝境。因此，你的一生也注定是碌碌无为，平庸之极。所谓“心计”，并不是代表让你在做事的过程中为达目的而使用不正当的手段，而是让你学会如何把事办好，办的周全。

聪明之人之所以聪明，是因为他们比一般人多一点心计和算计；成功的人之所以会成功就是因为他们会办事。许多人之所以一辈子都毫无建树，主要是因为他们一辈子都不明白该如何去做人去做事。

我们不是生活在原始社会，也不是生活在世外桃源，如果做事没有心计，会永远地痛失良机。因此可以说，“心计”是我们做事时先下手为强的胆略，是行动前深谋远虑的眼光，是让“人情”更具“杀伤力”的手段，是送礼送得人心花怒放的高明，是善借机会之力成就辉煌的气魄，是你走向成功之路的必然手段。

然而，当今的社会就像是一个没有硝烟的战场。我们生存在这个社会之中，就等于是进入了一个暗流涌动、荆棘丛生、陷阱密布的战场。虽说人性本善，但在我们一脚踏进这残酷的现实中时，从此便跟谎言、虚伪、陷阱、算计等结下了不解之缘。当命运将我们拉入这个险象环生的深渊时，我们所能做的就是要让自己能够有足够的心计和算计去识破各种阴谋，以便保护自己的利益。只要我们做人做事有足够的心计和算计，纵然这个世界再怎么人心叵测、尔虞我诈，我们都不会有所畏惧，都能做到从容应对，见招拆招。只有这样，我们才能确保自己不被这个万丈深渊所吞没，最终让自己立于不败之地。

亚飞是公司的行政秘书，几天前，顶头上司突然决定移民国外，并要求马上办理辞职手续。就在前任经理提交辞职报告后，亚飞立即毛遂自荐，向上级领导和人事部领导表示自己的工作意向，并将自己在本职工作上的积极表现作为佐证。

不管是从资历来看，还是从经验以及能力上来说，亚飞都不是升任经理的最佳人选，但鉴于其毛遂自荐的积极态度以及恳切踏实的工作作风，再加上一时也找不到和适合的继任人选，人事部最终决定让亚飞暂代经理事物，如果能够胜任该岗位，三个月后即可定岗，若不能，则另有人选。最终，亚飞凭借自己的工作能力经过了人事部的考核，成为正式经理。

所以，为了在社会中立于不败之地，我们在做事情的时候要讲究心计，为自己赢取更多的利益。尽管亚飞在公司里资历并不够老，经验也不够多，能力也不是最高的那个，但他却在经理职位的竞争中，成功战胜了很多老员工，并最终获得人事部以及上级领导的认可，成为新任部门经理。

如果没有半点心计，没有适时的毛遂自荐，亚飞根本就不可能赢得这次升职的机会。这里所说的心计不是处心积虑的算计别人，也不是要阴谋玩手段的欺诈之心，也并非什么不正当手段，而是指该出手时就出手，关键时刻要学会“先下手为强”。所以说掌握好的时机，该出手时就出手，这才是聪明之举。

我们经常会感叹生不逢时，其实是我们在做事方面缺乏“心计”，不懂得去算计，才使得机遇与我们擦肩而过。社会的险恶就像是波涛汹涌的大海，随时都会将我们吞没，如果我们不懂的心计，不会去算计，我们就随时会成为被别人利用的棋子，被别人所算计。

所以该出手时就出手，如果你找到了方向，如果你遇到了机会，那就不要犹豫不决，左右观望，要懂得利用自己的“心计”去抓住机遇，并最终赢得属于自己的机会，因为机遇不是为你一个人所准备的，不懂得用心计的人最终会被别人算计，到手的鸭子也会飞走。胜利从来都是属于有心计的人的，他们永远不会循规蹈矩、不会亦步亦趋跟在别人的后面，他们的眼光永远是瞄向未来，所以他们总是以胜利者的姿态出现。

5

选择比努力更重要

方向比努力更重要，选择比努力更重要。因为如果方向不对，选择的目标不对，那么一切努力都白费。相信很多人都听说过“南辕北辙”的故事：

有个人面朝北面驾着车，行色匆匆，路人问他去哪，他说：“我到楚国去。”

路人说：“你到楚国去，为什么往北走呢？楚国在南方啊！”

那人说：“我的马好！”

路人说：“你的马再好也没用啊，因为这不是去楚国的路！”

那人又说：“我的盘缠多。”

路人说：“你的盘缠再多也不行啊，这不是去楚国的路。”

那人又说：“我的马夫善于驾车。”

……

方向不对，努力白费。不知道你是否有过这样的经历，当你在穿衣服的时候，如果把第一颗纽扣扣错了，那么下面的扣子肯定会跟着出错。同样，在人生中，如果你选择的方向不对，选择的目标不对，那么之后的努力就会付之东流，没有太多的意义。选择方向，选择目标，就如同第一颗纽扣，只有扣对了，你的努力才会有价值。

生活中，有些人看似慢慢悠悠，看似懒懒散散，但他们往往是成功者，而有些人看似忙忙碌碌，看似非常努力，结果他们却是失败者。这就不免让那些努力者感到不公，心想：我们这么努力，他们那么懒散，为什么他们还成功了？到底有没有天理？

其实，并非上天不公，而是因为那些看似懒散的人懂得选择适合自己的人生目标，向正确的方向迈进，因此，他们每付出一点，都是在前进，最后走向了成功。而那些看似忙碌的人，由于选择的方向不对，选定的目标错了，因此，再怎么努力都是事倍功半，难以成功。所以说，不要埋怨上天不公，而要反省自己是否选对了目标和方向。

大象、猎豹、骆驼三者一同去沙漠寻找生存的空间。进入沙漠之前，天使对它们说："一直往北走，就能找到食物和水。"但是当它们进入沙漠之后，发现那里比想象中的大多了，地形也比想象中复杂多了。不久之后，他们就失去了方向，根本找不到"北"。

大象想：我如此强壮，失去了方向也没关系，只要我朝着一个方向走下去，肯定能找到水和食物。于是，它向认定的北方走去。3 天后，它惊呆了，原来它回到了出发的地方。3 天的时间白费了，大象非常生气。

豹子想：我奔跑得很快，失去了方向也没关系，以我这样的奔跑速度，再大的沙漠我也能穿越。可是，它跑了几天之后，惊讶地发现，前方的草木越来越稀少，最后，它看不到任何植物，也找不到一点点水。最后，它原路返回，又白走了几天。

骆驼比较聪明，它经常行走在大漠里，凭借经验它判断出北方，然后不紧不慢地走下去，用了两天时间，就发现了一片绿洲，它找到了食物和水，并且在那里安了家，过上了丰衣足食的生活。

骆驼不如大象强壮，不如豹子快捷，它的行动缓慢，为什么只用两天时间就找到了食物和水呢？因为它选择的方向是正确的。方向对了，努力就会起到事半功倍的效果。方向不对，努力再多，也徒劳无益。这告诉我们，在行动之前，不要火急火燎、急不可耐，而要冷静地思考出正确的方向、定下正确的目标，这样成功才有保障。

人的一生会遇到很多十字路口，处处充满了选择。小到早上吃什么，大到这辈子要干什么，再比如什么时候买房，什么时候结婚，什么时候出国深造等等，都离不开选择。一个选择，关系到一条道路；一条道路，到达一方土地；一方土地，开启一种生活；一种生活，关系到一辈子的命运。因此，确定一个正确的人生方向和目标，你才会少走一些弯路，你的成功才会快一点到来。

谭盾非常喜欢拉小提琴，他刚到美国时，为了生活每天都到街头巷尾拉小提琴，靠卖艺来赚钱。在街头拉琴卖艺和在街边摆地摊一样，必须找一个好地盘，才会有人气，才会赚钱。如果地段差，生意自然就会比较差。幸运的是，谭盾和一位黑人琴手一起争到了一个最能赚钱的好地盘——银行的门口，那里有很多人流。

街头卖艺一段时日后，谭盾赚了不少钱，就和黑人琴手告别了。他想去专业院校进修，以提高自己的艺术水平。在音乐学府里，他拜师学艺，和同学互相切磋，很好地提高了自己的音乐素养和琴艺。虽然在学校里，他赚不到什么钱，但是他的眼光决不仅限于赚钱，而是有更远大的目标。

一晃10年过去了，谭盾有一次路过那家银行时，发现昔日的黑人琴手还在那里拉琴卖艺，他的表情一如往昔，脸上始终露着得意、满足于自我陶醉。当黑人琴手看见谭盾时，很高兴地说："兄弟啊，好久没见啦，你现在在哪里拉琴啊？"

谭盾说："我在一个家音乐厅拉琴。"

黑人琴手问："那家音乐厅的门口也很好赚钱吗？"

"还好啦，生意还不错啦！"谭盾没有明说。

事实上，这个时候的谭盾早已不再是街边卖艺的琴手，而是一位知名的音乐家，他经常在著名的音乐厅中献艺，成为众人崇拜的对象。

同样是10年光阴，黑人琴手和谭盾一样努力，但是他只是努力地拉琴，努力地保卫那块赚钱的地盘。而谭盾则选择了一条通往成功、成名的路，最后他实现了自己的人生目标。由此可见，每个人都需要努力，但请在确定目标之后再去努力，只有这样你才能彻底改变自己的命运，更好地拥抱成功。

美国一位石油大亨在成功之前曾在阿肯色州种棉花，但以失败告终，后来他进入石油行业，逐渐发家致富，成为世界上最有钱的富人之一。当别人问他成功的秘诀是什么时，他说："成功有两个条件，第一，问自己到底要什么；第二，要有非成功不可的决心，然后朝这个目标努力。"简而言之，成功的秘诀就是先选择正确的方向和目标，然后再去努力。

6

改变"思维方式"，人生将发生180°大转弯

拥有怎样的"思维方式"，就注定了怎样的人生方向。从出生到死亡，每个人的起点和终点都是一样的，但阅历和人生经历却是大相径庭：有些人一辈子庸庸碌碌，当一天和尚撞一天钟，浑浑噩噩度过了一生；有些人跌宕起伏，有过高峰也有过低谷，尝过成功也遭受过失败，活得不可谓不精彩。

为什么大家同样为人，却会拥有截然不同的人生呢？这就是"思维方式"的力量，有时候只要改变我们的思考方向，人生就会发生180°大转弯。

有这样一位喜欢书画的年轻人想拜某书画大师为师，为此，他带着自己的作品前去求见大师。大师看过了画，摇着头对他说："意境还不错，就是没有画出瀑布的声音！"年轻人听到后羞愧地回去了，一年后这位年轻人再次求见，把一幅自认为更好的瀑布画捧给大师。大师又说："依然

没有声音。”

而后，又过了一年，年轻人再次把瀑布画给大师看，大师还是说了那句话，年轻人怎么也想不明白，于是斗胆请教说：“大师，晚辈愚钝，不能悟出其中的道理，请明示。”大师没有解释，只是提起笔在画上作起了画，只见他在瀑布的两边画了两个相对而立的人，其中一个人双手拢音大声喊，而另一个人则伸着耳朵仔细听。看到此画，年轻人终于恍然大悟。

案例中的那位年轻人，一直是用常规的思维去行事，纵然把瀑布拉得再高也无济于事，还是无法画出声音。而大师的思维就与众不同，他能打破常规，改变思维的角度，巧妙地利用对比，成为那神来之笔。思维角度的改变，会让事情发生 180°的转变，所以说，我们在处理日常事务的时候，如果也能改变一下思维，就极有可能改变命运，改变人生。

而且人生与心念一致，强烈的意念可以通过一定的现象表现出来。也就是说，如果你描绘美好蓝图的人，那么你就能迎来美好的人生。如果你是思想比较消极的，那你的人生也将不如意。虽然意念并不一定马上就表现为结果，但是，如果用 20 年、30 年或更长时间来看的话，这些人的一生就是在自己的意念中曾经描述过的。

改变思维是思想的革命，是创造，是更新，是在茫茫人海中定位你的人生。现实生活中，每个人都要面对许多问题，然而如何去思考，决定着处理的方法和结果。而且在生活中也有许多的选择，我们如何去思考，也决定着人生的走势和发展。

凯特是一家金融理财公司的老总，在 2008 年的全球金融危机当中，几乎所有的金融类企业全都闻风丧胆，为了避免亏损破产，纷纷回笼资金，缩小经营范围和营销区域，准备“储粮过冬”。

从整个金融理财市场来看，凯特所经营的公司只不过是一个再小不过的有限责任公司，不管是规模还是市场口碑，与很多同行们相比都不值得一提，但就是这样一家普通的再普通不过的小企业，在经历 2008 年金融危机后，一下子跨入了当地的行业龙头行列，为什么当其他企业在金融危机中元气大伤之时，凯特的公司却实现了逆流而上的快速成长呢？

“如果你总是用危机的眼光看待事情，那么它就永远都是危机；但如果你能改变自己的思维方式，换一个角度看问题，就很容易发现危机也可以变成机遇。”在谈到自己的成功经验时，凯特毫不吝啬地说出了自己的成功秘诀。不得不说，凯特把巴菲特所说的“在别人贪婪时谨慎，在别人谨慎时贪婪”的投资原则演绎的出神入化。

如果从反向思维的角度来看，绝大多数金融投资企业收缩阵地不正是大力扩张地盘的好时机吗？这时候大力扩张不仅能够避开激烈的市场竞争，还能迅速奠定自己的行业地位，赢得更好的市场口碑。尽管凯特面临着各种各样的困难，但她最终选择了逆流而上，一边扛着金融危机的负面影响，一面大力扩张业务。事实证明，换一个思维方式，结果就会完全不同，全力收缩阵地的行业龙头丢掉了领头羊地位，而凯特却凭借与众不同的“思维”成了行业新秀。

所以说，不管我们身处的环境有多么恶劣，都不要抱怨，更不要选择消极应对，而是应该认真反思自己的思维方式是不是太过于局限性，是不是没有跳出传统观念。要知道，不管是谁做事都会遵循一个原则——选择快乐，逃避痛苦，试想一下，当一个人对另一个人说：“朋友，您想了解一下有关能够帮您提升30%业绩的系统吗？”相信没有一个人会选择拒绝，因为没有人会拒绝能为自己带来财富的人。

可见只要改变思考的角度，我们就会有意想不到的收获。你也许会发现，原来人生也可以如此不同，原来外面的世界很精彩。有一块金子，有的人说用它做一把锄头，有的人说用它铸一尊雕像，还有的人说用它来做许多支钢笔，那么到底做什么最好呢？这就需要我们去发散思维，一般常规的想法是肯定不能做锄头的，但是如果真有人做了这么一把金锄头会怎么样？这绝对是创举，一定产生一定的轰动效应。

7 要想征服世界，就永远不要停下学习的步伐

当今时代是一个科技化、知识化、信息化的时代，知识和信息的不断更新和发展，大大拓展了人类的眼界，也使人所学的知识快速折旧。因此，如果不坚持学习，就很容易被社会淘汰。

《三字经》里面说：“人不学，不知义；少不学，老何为?”一个人不怕学习能力差，学得慢，就怕不学习。如果不去学习，就会落后于别人。而学得慢不要紧，只要坚持不断学习，你的思想和学识就会越来越丰富，从而更好地适应这个社会，胜任你的工作，成就一番属于你的事业。

如今社会的知识有两大特点：一是信息量、知识量多，多得让人眼花缭乱，目不暇接；二是信息、知识更新快，快得千变万化，日新月异。在这种情况下，任何一门知识和技术都是暂时性的，今天你学了一门技术，不久之后可能就会不适应社会发展的需要了。因此，只有坚持不断学习，才能与世界保持同步，才能更好地胜任工作。

齐磊和顾刚都是计算机专业毕业的大学生，他们一同进入某软件公司。刚进公司时，由于顾刚专业知识学得好一些，他在工作中如鱼得水，获得不少展示才华的机会，接连在好几个项目中出彩，为此他感到非常得意。

一年多来，顾刚一直以为凭自己过硬的专业知识，没有人能竞争过他。因此，他总是躺在功劳簿上吃老本。平时上班一有空闲，他就偷偷玩游戏，与网友聊天，对于更深层次的软件开发技术，他没有丝毫涉猎，整天活在自己营造的轻松氛围中，至今仍是个普通的程序员。

而齐磊的表现截然不同，进入公司后，他深知自己在软件开发方面的专业知识有限，因此，他在工作之余，报了专业课程学习班，还积极向公

司的同事请教专业问题，在熟悉掌握了软件开发技术之后，他没有自满得意，而是继续在大型软件的开发上下工夫。

另外，齐磊订阅了大量的专业报纸和杂志，通过阅读专业期刊，他能接触行业最先进的技术，然后再结合他所开发的软件，不断地提高对自己的要求。就这样，他一直走在软件开发的前沿。3 年后，他成为行业内很有名气的软件开发大师。

有人说，这是一个信息爆炸的时代，知识的保鲜期就如同夏天没有放入冰箱的肉类，很快就会变质。文凭的时效性越来越短，因此，如果在工作中你不坚持学习，以提高自己的知识和能力，就算你曾是公司的三朝元老，就算你拥有硕士、博士甚至博士后的学历，你也无法胜任要求日益苛刻的工作，不能为公司创造更大的价值。到那时，公司为了自身的利益，很有可能将你扫地出门。所以说，不断学习、终身学习是每个人最基本的生存方式。

小吴曾经是一家 IT 公司的员工，他大学刚毕业就进入这家公司。在那里一待就是 4 年，他原以为自己是老员工，在公司会有晋升的空间，但没想到在第四年时，公司在一次业务调整中把他裁掉了。

小吴愤愤不平地找公司总裁理论，总裁说了一句让他如梦方醒的话："你 4 年前学到的专业知识，已经不能胜任我们现在的工作了。在这个时代，知识更新换代太快了，你那些知识已经过时了，你必须学会接受新知识、学习新技术，这样你才会有前途。"

总裁的话让小吴意识到自己安于现状、满足于当前拥有的知识和能力，而没有不断学习的意识。之后他找了一份新工作，并在工作之余积极充电，接触新知识，不断完善自己的技术。他说："IT 行业本身的知识就更新非常快，如果我不坚持学习，我还会被淘汰。"

中国有句古话叫："活到老，学到老。"坚持学习应该成为每个人对自己的要求，只有不断地学习，才能不断地开阔视野、提高素质、增强能力，从而提高自身的竞争力，更好地应对残酷的现实社会。

古人云：“书山有路勤为径，学海无涯苦作舟。”学习是无止境的，是每个渴望成功的人所必须具备的习惯。一个人要想不断进步，就不能有满足的心态。只要你有学习的意识，能够坚持不断学习，即使一开始你一无所有，你也能通过学习获得你想要的东西。

有一位年轻人小时候由于家庭贫穷，小学没有念完就辍学了。不过，他有强烈的学习意识，他在工作之余，不但读了许多历史和名人传记，还对新兴事物特别感兴趣，特别爱钻研。在勤奋学习下，他成为知识渊博、阅历丰富的人，很多遇见他的人，都会忍不住赞赏他的学问。在工作中，他的工作能力得到了领导的赏识，并被委以重任。

不断学习是一种习惯，是成功者必备的特质。管理学大师彼得·杜拉克提醒人们：“这个世代和前一个世代最大的不同之处是，以前工作的开始是学习的结束，当下的社会则是工作开始就是学习的开始。”

世界首富比尔·盖茨也说：“如果离开学校后不再持续学习，这个人一定会被淘汰！因为，未来的东西他全都不会。”所以，与其奢望有一个“铁饭碗”，不如保持学习的精神，获得一门先进的“种植粮食”的技术，这样你才有一辈子吃不完的“饭”。

第五章

DI WU ZHANG

狠在胆识：如果你知道去哪里，全世界都会为你让路

自古道：胜者为王，败者为寇，残酷的竞争已成为当前社会的常态。对手之间不需要太多的仁慈宽厚，因为对敌人的仁慈就是对自己的残忍。一个人想要有一番作为，想要有自己的事业，想要获取应有的社会地位，在面对困难的时候就绝不能倒下。骨子里缺乏“狠劲儿”的人，注定一事无成。

∠1

不倒下，这是狠角色的人生宣言

人类社会也和大自然一样有着“优胜劣汰，适者生存”的游戏规则，没有人可以逃脱。所以，一个人想要有一番作为，想要有自己的事业，想要获取应有的社会地位，在面对困难的时候就绝不能倒下。骨子里缺乏“狠劲儿”的人，注定一事无成。纵观古今中外，那些有所成就的人都是向困难挑战的胜利者。

《亮剑》的主人公李云龙曾说过，一剑在手，则有进无退，在战场之上，不是你死就是我活。不光是在战场上，其实在人生的每一个阶段，都要如此。一个想要成功的人，只要有敢于亮剑的胆略和气魄，那他就距离成功不远了。李云龙的这种胆略和气魄，说得简单一点儿，就是一股狠劲儿，一种不倒下的精神。不服输，不倒下，是成功人的本性。

美国运动史上极具传奇色彩的著名滑雪运动员戴安娜·高登，在很小的时候就梦想着能成为一名出色的滑雪运动员。然而，上天没有听到她的祷告，后来她不幸患上了骨癌，当时她不得不被锯掉右脚，以此来保住生命。可是，厄运一个接一个地降临到她的头上，癌细胞在她身上不断的蔓延，最后没办法，戴安娜的乳房及子宫又先后被拿掉。

面对如此悲惨的情况，以及病痛的折磨，戴安娜从来没有放弃她心中的梦想，她曾暗自告诫自己：“不能倒下，我要为自己的生命负责！决不认输，我要向困难挑战！”就这样，戴安娜没有被病魔打倒，反而以顽强的生命斗志和战胜一切的勇气，历经磨难，终于不仅在1988年冬奥会上赢得了冠军，还在美国参加历届滑雪锦标赛中赢得了29枚的金牌，创下了多项世界纪录，为自己赢得了众多无上的荣誉。在后来，她甚至还成为了攀登险峰的高手。

命运有时是无可奈何的，人不可能成为命运的主宰，但成功的人凭着不倒下的意志让那些灰暗的时光在灿烂的氛围中穿行。没有人能比戴安娜的命运更凄惨，但却有不少人缺乏戴安娜的那种面对困难不倒下的精神，所以，戴安娜能成为美国运动史上的传奇，而那些缺乏勇气的人，只能淹没在历史的潮流中。

克服困难并不困难，难的是不倒下。古今中外那些伟大的人物，哪一个不是经历了无数次失败，受过一连串的无情打击，险些宣布投降，但是因为他们没有放弃，又从失败的泥坑中爬起来，然后一如既往地努力着，最终获得了辉煌的成果。对他们来讲，一千次的失败，只能是第一千零一次地站起来。

在 1832 年，林肯失业了，一下子没了收入，这显然使他很伤心。不过这让他下决心要当政治家，当州议员。然而不幸的是，他在竞选中失败了。在这一年里，他遭受到两次打击，这对他来说无疑是非常痛苦的。

随后，林肯开办了一家企业，可一年不到，因为负债累累这家企业又倒闭了。这次的失败，导致在以后的 17 年里，林肯不得不为偿还企业倒闭时所欠的债务而到处奔波，历尽磨难。然而，幸运之神悄悄眷顾了林肯，再一次参加竞选州议员，他取得了成功。此时此刻，他的内心萌发了一丝希望，认为自己的生活开始出现有了转机：“可能我可以成功了!”

他在 1835 年订婚了。然而，在距离结婚还差几个月的时候，他的未婚妻却不幸去世。这对他精神上的打击实在太大了，他心力交瘁，数月卧床不起，甚至还患上神经衰弱症。1838 年夏天，林肯的身体慢慢恢复，于是他决定竞选州议会议长，然而失败再次发生在他的身上。不服输的他在 1843 年，又一次参加竞选美国国会议员，不过依然以失败而告终。有着执着性格的林肯一次次地尝试，却又一次次地遭受失败。碰到这种不断的失败，多数会选择放弃，但是林肯没有放弃，他也没有说：“要是失败会怎样?”而是失败了，再爬起来。

后来，不服输的林肯去申请当本州的土地官员。没想到州政府把他的申请退了回来，又是接连两次失败。在这种情况下你会坚持继续努力吗？你会不会说“我失败了”？我们看到的是林肯没有服输。林肯先后尝试了11次竞选，可只成功了2次，不过，他一直没有放弃自己的追求，在每一次失败之后，他都告诉自己：“一切还可以从头开始”，他一直在做自己生活的主宰。最终在1860年，他成功当选为美国总统。

过多的失败与苦难并没有让林肯丧失前进的动力，他面对困难没有退却、没有逃跑，他坚持着、奋斗着。林肯的成功只是在于他始终坚持不倒下的精神，他从没想过要放弃，而是选择尽快地忘记自己所遭遇的苦难，很快从失败的阴影中走了出来，所以他成功了。

人生在世，就是要活得精彩，竞争就是求赢。在社会里，只有对自己狠一点儿，才能有不倒下的毅力，才能走向卓越，最终突破困境，打开局面。有了这种血性，我们才敢在高手云集的竞争中一举夺魁，才能在商海的浪潮中稳掌船舵。

2

冲锋上阵，要敢于有亮剑精神

恐惧、怀疑和摇摆不定是人生幸福和事业成功的最大敌人。事实上，大多数人在某种程度上都是害怕失败和被拒绝的。人们对很多事情都怀有恐惧心理。英雄和懦夫的区别就在于，面对同样的强者，普通人会绕路走开；而勇敢的人会直面竞争，勇于亮剑争锋，强迫自己去迎战恐惧，而这一份敢于和强者过招的勇气就是他们成功的保证。面对强者敢于亮剑，敢于殊死一搏，正是你走向成功的一条捷径。

懦弱是人生的大敌，一个人如果懦弱，那么他应该有所改变，必须培养和树立信心，才有可能勇敢地去做自己想做的事，否则会畏首畏尾，永远走不出黑暗。不论遇到什么问题，哪怕是面临失败，我们都不应该灰心丧气，要勇敢地正视它，以积极的态度寻找解决的办法。一旦问题解决了，我们的自信心也会为之大增。

藏獒为什么被称为世界上最凶猛的动物之一？甚至说它能抵得过虎狮？那就是因为它在面对其他外界挑战时总能够坚定地守卫自己的每一片领地，在面对竞争时勇于亮剑。

一个人不管做什么，都要勇于挑战自我，只要有亮剑争锋的勇气，才能坚强地克服种种困难，发挥自己的聪明才智，并在事业上取得成功。拿破仑说：“不想当元帅的士兵，就不是好士兵。”这一名言激励了一代又一代有志青年。而拿破仑本人也是这一名言的实践者。作为一个矮小的科西嘉人，小时候他常受人欺负，在别人眼里是与将军、元帅无缘的，然而他偏偏渴望着统率千军万马。面对强者无所畏惧、勇于挑战自我的精神，使他成为人类历史上少有的枭雄和伟大的军事家。

在邱继宝16岁的时候，他便开始以补鞋来贴补家用，后来又做过泥水工、搬运工、学徒工等。

几年后，邱继宝租了5间平房，办了一家小缝纫机厂，这就是飞跃集团最初的样子。但是这个时候市场已经被国内国外的产品瓜分殆尽，飞跃集团刚起步就受挫。

之后，连高中都没有读完的邱继宝来到广交会上，但因为是乡镇小厂而被拒绝。虽屡屡受挫，邱继宝却没有因此妥协。随后，他在深圳花了500元请一个香港老太太代买了一本香港的黄页电话簿。通过这本电话簿，他找到香港国际经销商的地址，并寄信询问需求。得到结果是，他们认为“飞跃”的产品在中南美洲一些不发达国家可能有市场。于是，邱继宝又带着借来的一位翻译，踏上了去拉美各国的推销之路。结果没多久，“飞跃”在这些地区的销售额便达到了2万美元。如今，“飞跃”的年出口创汇6 500万美元，是全国缝纫机行业的排头兵。

“亮剑”精神是一种敢于战斗、永不服输的精神，有了这种精神，我们就敢于面对困难和挑战。一个人想要成功，就一定要有敢于亮剑的拼搏精神。唯有这种不断拼搏的精神，才能让一个人迎着困难走向成功。邱继宝的成功，就在于他敢于亮剑拼搏，不低头，不认输。若他一遇挫折便放弃不敢向前，也就不会有今天的“飞跃”，不会有今日的成功。

面对竞争，亮剑争锋的态度，是一个人成功的前提。毫不畏惧的人，在一切社会环境和自然环境当中，有着按自己的意志行事的强大生命力。他们可以无所顾忌地向着奋斗目标英勇前进；他们由强烈的自信产生出不惧生死和失败，大胆猛进的勇气，具有勇于挑战自我的气魄；他们不断改造社会、改造自己，并力图寻找对手和敌人，以此来激发斗志，发挥潜能。

徐传化年仅25岁的儿子徐冠巨，患了一种叫溶血性贫血的血液病，这个病的治愈希望非常渺茫。为此徐传化花光了家里的积蓄，而且债台高筑。为改善这种情况，他一直思考着找一条出路。

在一次与朋友聊天中，徐传化得知一种叫液体皂的新产品在市场上非常受欢迎。尽管对此一无所知，但为筹药费、为还债务，徐传化决定自己生产这种皂。

后来，徐传化凑了几千块钱去化工原料仓库买原料，人家告诉他，这些钱还不够买一小桶。徐传化在仓库门口徘徊了三四个小时，最后只好买了一些边角料回去。可是，最终生产出来的洗涤剂像水一样，一点都不稠。在咨询朋友后，徐传化知道自己少加了一样东西，但具体是什么，朋友也不知道。在走访许多学校和一些企业后，徐传化找到了专业人士，但是这位专业人士对他说：“老徐，这件事可以告诉你，但你要请客，还要支付几千块技术咨询费。”最后对方告诉他，只要再加点盐就行了。

这件事让徐传化感到自己知识的贫乏，于是他不断学习、积累，好尽快赶上其他竞争对手。最后，他创办了传化集团，营业收入突破两百亿。而此时，儿子徐冠巨的病也已痊愈。

亮剑精神，就是一种坚毅果断、锲而不舍的精神，有了这种精神，便能够充分调动积极性，发挥自己的潜力。在我们面临强大的敌人和困难时，只有敢于亮剑争锋才能树立自信，坚定信念，战胜敌人和困难。在遇到危难时，只要有坚定的信念、勇于拼搏，才能振作精神，提高斗志，战胜危难。

实际上，每个人生来的能力都差不多，别人能做成的事，你也能做成。一切艰难和困苦，都要由自己承担，不要推卸责任。要鼓起勇气，下定决心，与一切懦弱的思想作斗争。只有这样，你才能激发进取的勇气，才能感受生活的快乐，才能最大限度地挖掘自身的潜能。胆小的人，他们真正的敌人是自己。一个进取的人，必须具备英勇无畏的品格和超人的创造力。在人类历史上，只有那些相信自己、英勇无畏而又富有创造力的人，才能成就伟大的事业。

3

在冒险中，才有无限的可能

美国微软公司董事长比尔·盖茨曾说：“所谓机会，就是去尝试新的、没做过的事。可惜在微软神话下，许多人要做的，仅仅是去重复微软的一切。这些不敢创新、不敢冒险的人，要不了多久就会丧失竞争力，又哪来成功的机会呢?”

如果哥伦布不敢冒险出海探险，能登上新大陆吗？如果达尔文不亲身探险，搜集资料，能完成巨著《进化论》吗？如果在股市中，你不敢冒险投资，你能获得巨额财富吗？俗话说：“富贵险中求。”冒险中充满了无限可能，充满了成功的机会，作为一个人，你既要有成功的欲望，又要敢于冒险，这样才能把握机遇，获得成功。

渡边正雄是日本大都不动产公司的创始人。创业之初，有人向渡边正雄推荐一块几百万平方米、价格便宜的土地，当时那块地上人迹罕见，连道路都没有，更别说公共设施了。但是这块土地与天皇御用地邻近，能给人一种“与帝王生活在同一环境里”的感觉，可以提高个人的身份，满足个人的自尊。因此，渡边正雄决定购买这块地，为此，他倾力筹借资金，先付部分押金，买下了这块地。

当时很多同行都嘲笑渡边正雄是傻瓜，因为这块地被推荐给很多地产公司，但是没有人愿意买。渡边正雄的家人也担心他的冒险，但是渡边正雄毫不介意，而是紧紧抓住这个机会不放。

二战之后，日本的经济迅速发展，人们的收入逐渐增加。很多人对大城市的污染和喧嚣感到厌烦，开始羡慕大自然。而渡边正雄买下的那块地充满了乡土的气息，自然风光非常宜人，因此，很多人对他那块地感兴趣。渡边正雄趁机在报刊上宣传那块地的优美环境，招引一些富裕阶层去那里购买果园和别墅。一些庄稼人见那里有民房出租和耕地出租，纷纷前去定居或从事蔬菜果树的种植。

仅仅一年的时间，渡边正雄就卖掉了八成的山地，一下子赚到了 50 亿日元。后来，他利用赚来的钱投资修建道路、平整土地，并把剩下的两成土地用来建了别墅。3 年之后，那块山地变成了一个漂亮的别墅城市，渡边正雄赚了数百亿日元。

渡边正雄在总结自己成功的经验时，说了这样一段话：“我之所以能成功，就是因为我敢于冒险。我在选择一个投资项目时，如果别人都说可行，这就不是机会——别人都能看见的机会不是机会。我每次选择的都是别人说不行的项目，只有别人还没有发现而你却发现的机会才是黄金机会，尽管这样做冒险，但不冒险就没有真正的赢，只要有 50% 的希望就值得冒险。”

敢于冒险，是获取成功的第一步，敢冒风险的人，才能抓住成功的机遇，才能从茫茫人海中脱颖而出，才能为自己的事业打下牢固的基础，才能进一步实现自己的人生价值。无论你是一个创业者，还是一个上班族，具备冒险精神对你走向成功都是非常重要的。

美国一家公司的总经理说过这样的话：“冒险精神具备与否，实际上是一个员工思考能力和人格魅力的表现。”只有当你把冒险精神投入到事业中去，你才会更好地把握成功的机会，创出一番属于自己的事业。

美国石油大亨亚蒙·哈默是美国企业界最具传奇色彩的人物之一，曾被称为“经营之神”、“幸运之神”。哈默最大的一次成功是在利比亚开采石油，每当提起这件事，人们都会为哈默的冒险精神感到惊叹。

当年意大利占领利比亚，墨索里尼为了在利比亚找到石油，花掉了大概1000万美元，但是毫无收获。壳牌石油公司也曾花了5000万美元，但打出来的井都没有商业价值。埃索石油公司也在利比亚花了几百万，但是没有取得多大的成效。

在这种情况下，哈默决定进入利比亚开采石油。哈默将原来那些石油公司在利比亚放弃的那些租地租过来，根据利比亚法律，石油公司应在他们的租借期尽快开发，如果开采不到石油，就必须把这些租地归还给政府。

开采进行之后，哈默很快就遇到了烦恼，因为他们钻出的头3口井都是干孔，没有见到一滴油，仅打井费一项就花了近300万美元。这时董事会的成员纷纷把矛头指向哈默，说他干了一件蠢事，甚至连哈默的知己、公司的第二大股东里德也对哈默失去了信心。

但是哈默没有放弃，他相信自己的直觉，相信自己的选择。在董事会成员发生分歧的几周之后，终于有一口油井出油了。后来，另外8口油井也出油了。这一下，董事会成员们可乐坏了。更令人高兴的是，这块油田开采的是异乎寻常的高级石油，而且每天产油10万桶。还有就是，这些油田位于苏伊士运河以西，运输非常方便。

与此同时，哈默采用最先进的探测技术在另一块租借地上钻出了利比亚最大的一口油井，这是一口自动喷油的珊瑚油藏井，每天产油7.3万桶。紧接着，哈默耗资1.5亿美元，修建了一条输油管道，每天可以输油100万桶。之后，哈默大胆吞并了几家大的石油公司，等到1969年利比亚实行“国有化”时，哈默的公司已经成为世界石油行业的巨无霸。

哈默之所以能在事业上获得巨大的成功，与他惊人的胆识和魄力是分不开的。在他身上，有犹太人天生的冒险精神和远见卓识，他的成功告诉我们：冒险中充满了无限可能，充满了机遇和风险，如果你敢于冒险，你就可能获得别人不敢想象的机会。当然，我们所说的冒险不是盲目的，而是在理智分析客观情况，做好利弊权衡后的抉择。如果不顾风险，胡乱冒险，最后可能一败涂地。

4

对对手仁慈，就是对自己残忍

古往今来，成王败寇是不变的法则，如果对对手的同情有可能给自己带来极大的伤害甚至付出生命代价。一个人要想获得成功，成就一番事业，就必须击败对手，才可以成为当之无愧的王者。然而对手之间的较量，输赢之间，往往取决于当事人的威猛程度，打破各种束缚，在决定生死的瞬间，下狠手征服对手，才可以问鼎天下，否则就会惨遭滑铁卢。

不管是在人类社会还是动物界都存在着竞争，没有竞争就没有优胜劣汰，在竞争中对待敌人就不能抱有心慈手软的想法，所以，动物们练就的非凡本领，正是你死我活生存竞争的结果。一代霸王项羽，力拔河山，最后却因为对刘邦的仁慈，导致自己失去江山，自刎乌江边。其实项羽并不是不了解刘邦的野心，而且也有很多机会除掉刘邦，但就是因为在关键时刻的心慈手软，结果最后反被实力、声望都不如自己的刘邦所打败。

无论是生物界的你死我活，还是战场上的胜负成败，以及商场上的荣辱得失，其实都逃不出“弱肉强食”这一规律的约束。在员工的职业生涯中同样充满了竞争，如果实力不如别人，就会成为别人眼里的一块肥肉，被毫不客气地吃掉。

商场竞争丝毫不亚于战场上的较量，生意人必须在利益面前，关键时刻心狠手硬，就能像秋风扫落叶一样攫取高额利润，让胜利来得更早，也更痛快。因此，面对竞争对手，必须“狠”字当头。

吉姆斯·林恩，一个美国商人。他仅仅用了7年的时间，通过吞并一个又一个对手，让自己的LTV公司奇迹般地迅速崛起，而且他的公司也成功晋升为当时全美最大的 15 家公司之一，连带着 LTV 公司的发行股票也从最初的每股 20 美元狂升到每股 135 美元。

当吉姆斯·林恩公司的发行股票成功后，他用募集到的资金收购了一家电气公司，让自己公司的实力又一次得到了极大的增强。而且他还从这次资本操作中得到启发：通过利用公司股票可以募集资金，进而来收购竞争对手的股权，最后再把对方一口吞下。

就这样，吉姆斯·林恩通过采用这种方式，陆续买下了阿提电子公司、迪姆克电子公司等多家公司，因此他名下的公司每月的营业额曾一度高达 1500 万美元。后来，吉姆斯·林恩越来越胆大，竟然把目光瞄准了以制造飞机和导弹闻名于世的休斯·福特股份有限公司，结果又一次成功得手。

通过不断的收购吞并，LTV 公司逐渐成为了市场上的巨无霸，结果树大招风，引起了威尔逊公司的警觉。而且威尔逊公司实力比 LTV 更加强大，每年的营业额就是 LTV 的两倍。这次吉姆斯·林恩与威尔逊公司展开了激烈的竞争，如果 LTV 公司不击败它，自己就会死无葬身之地。

为了让自己在竞争中获得胜利，吉姆斯·林恩进行了一番精心部署：从银行贷了 8000 万美元，在股市悄悄吸纳威尔逊公司的股票，通过这种方式，最终吉姆斯·林恩也将威尔逊公司收购并吞并。紧接着，吉姆斯·林恩又把威尔逊公司细分成制药、运动器材、肉类加工三大公司，然后再让这三家公司分别发行自己的股票，发售新股重新募集到了一大笔资金，最后还清了之前的巨额债务。

丛林法则面前，你不去吃掉别人，别人就会把你吃掉。吉姆斯·林恩通过发行股票募集资金，从而不用自己花费一分钱，就把自己的竞争对手一个一个地吞并掉了，他的手段虽然凶狠，却是市场竞争的王霸之道。成王败寇是成功的铁律，只要你成功了，没人会在意你用的是什么手段，也没人会记得你面对对手有多残忍。与对手搏击，绝不能心慈手软，即使你现在还没有和对手一较高下的打算，也要时刻记着，或许你的竞争对手正在对你磨刀霍霍。对敌人仁慈，就是对自己的残忍。

另外，如果你是一个领导人，针对自己的团队，也不能有仁慈之心。兵法有云：慈不掌兵，下属虽然不会有与你生死的较量，但是身为领导人，如果不能有威严、刚猛不足，总是一副心慈手软的态度，终究无法推动整个团队往前冲。为了做到恩威并重，作为一个领导就必须要掌握一定的技巧和行事方式。

在公司里，有些人有着良好的人际关系；有些人掌握着关键信息技术；有些人有着强硬的背景和后台。尽管领导有着一定的管理权限，但如果不加考虑就一律采用强硬手段给予重罚，说不定就会带来抵制甚至是报复。所以，在动手前一定要有应付一切情况发生的可行性办法，否则很容易带来巨大的管理风险。

“人非圣贤孰能无过”，当下属犯了错误，作为领导者有责任也有义务对其进行指引和批评，但批评也要讲求方式方法。在惩罚和批评人的时候，要瞅准，直接针对其弱点，争取一针见血，扎其痛点。而对于那些总是喜欢犯相同错误或犯的错具有代表性的，就需要选准时机，在其最典型、最明白、最具有危害性时下狠手，才能收到很好的效果。另外要切忌不要无事生非，不明事实就妄下评断，也切忌小题大做，让众人产生异心，只有这样才能让批评对象心甘情愿地接受批评，才能让众人引以为戒。

“没有规矩不成方圆”，领导人一旦采取措施就要收起自己的“人情味”，切切实实做到公事公办，必要时候要变得冷酷无情，只有这样管理才能有力度，才能令众人信服。切忌犹豫不定反复无常，拖沓累赘。尤其是在面对对手和下属时，一定要出手利落，坚决果断，绝不能心慈手软。

对对手仁慈，对下属放任，绝对会让你陷入无法拔出的泥沼，会让你在事业的竞争中处于失利的局势，更甚者会让你事业失败，永无翻身之日，所以说，对对手的仁慈，就是对自己的残忍。

5

只要还剩一口气，就没到结束的时候

在工作和生活中，我们随时可能面临困难与阻碍，但无论怎么样都不要轻易放弃，因为命运掌握在自己的手中。只要还有一口气在，事情就没有结束，不到最后一刻坚决不要放弃。成功的秘诀不是一帆风顺，而是在最后时刻你是否能够坚持下去。哪怕那个机会是那么的渺小，也要紧紧地抓住，不到最后绝不放弃。人只要不放弃努力，结局一定会改变的。任何事情，都是成于坚持不懈，毁于半途而废。

有这么一则寓言故事，有三只青蛙一起掉进了一个装满鲜奶的桶中。第一只青蛙悲伤地说：“这一定是神的旨意，看来我的末日到了。”就这样，它遵从了自己的内心所想，缩起后腿，一动也不动，最后淹死在鲜奶里。第二只青蛙试着跳了几下说：“这个鲜奶桶这么深，看来我是没有办法跳出去了。”说完，它也选择动也不动，于是，这只青蛙也被淹死了。然而，只有第三只青蛙不想就这样也死掉，它想着：“我不会放弃，只要我的后腿还有力气，我就一定可以把头伸到鲜奶上面。”

就这样，第三只青蛙不停地用力踢着后腿，不停地游着。就在它也要没力气的时候，突然，它感觉自己的后腿好像碰到什么东西，硬硬的，于是它努力游到硬物上，没想到它居然能够站在上面了。原来，因为这只青蛙在不停地游来游去中竟然把鲜奶搅成了硬奶油块，看到了希望，这只青蛙更努力地在鲜奶桶中搅动着。最后，这只青蛙站在成型的硬奶油块上面，一跃就跳出了桶外。

不放弃，哪怕只有1%的机会，也会有转机，但如果放弃了，就连1%的机会都没有。所以，尽可能撑到最后一秒钟，不要放弃，因为谁也不知道下一刻会有什么意想不到的转机降临到自己的身边。就像那三只青蛙掉在了奶油桶，在这种情况下，该怎么做呢？是放弃努力，坐等奇迹出现，并想办法改变危局呢？

前两只青蛙面对困难，不经过努力坚持，就轻易地放弃，而第三只青蛙牢牢抓住最后一丝机会，不断的游来游去，终于把奶油搅成奶油块跃出了桶外。所以说，只要活着就有希望，只要还有一口气在，就要怀抱着希望。也许再坚持一会儿，问题就解决了，但最怕的是放弃，当你放弃之后，就失去了成功的机会。自己才是决定自己命运的主人，当别人说你不行，你不会成功，那只是别人的想法而已，然而在人生中成就辉煌的人，无一不是一直相信自己，坚持用积极行动改变危局的。

人生也是如此，只要活着一天就还会有机会，只要不放弃希望，坚持不懈的努力奋斗，我们就有机会脱离困境，但如果真的努力到最后一刻，直到灭亡，都没办法脱离困境，那也没有关系，最起码我们已经尽了自己最大的努力，没有遗憾了。所以说，面对困难时，最重要的是要坚持下去，不要放弃希望，只有还有一口气在，我们就还有希望，事情就还有转机，人生也还有机会脱离困境，因为谁也无法预料下一秒会发生什么事情。

20 世纪 90 年代初，孟飞拿出自己的全部积蓄创办了一家通信公司，由于当时通信行业竞争激烈，不仅面临着国内同行的竞争，还不得不与很多国际通信大鳄进行艰难周旋，从企业自身来看，资金不足，技术力量也不足，在这种内忧外患的大环境下，公司的发展举步维艰，甚至在长达 2 年的时间里都没能实现盈亏平衡。

在家人和朋友们的眼中，孟飞是一个超级“死心眼”的人，只要他认定了一件事，不到黄河绝对不死心，不撞南墙绝对不回头，谁劝都劝不动。由于公司连续两年亏损，几乎所有人都给这家公司判了死刑，但孟飞并没有听从家人和朋友的告诫，关掉这家一直亏损的公司。没钱支撑企业运营，那就想办法从银行贷款，没办法贷款就找亲戚朋友凑，实在不行还可以考虑借高利贷或通过各种渠道合作进行融资……只要没有山穷水尽，只要还剩一口气，就没到结束的时候。

在孟飞的执着和坚持下，这家连续亏损的企业又苦苦支撑了一年，这一年技术研发人员突破了技术上的瓶颈，成功研发出新产品，并迅速占领了广大市场，该企业也扭亏为盈。由此可见，只要活着就有机会，只要还有一口气在，什么事情都可能发生，不到最后谁也不知道结果会不会是最坏的那种，绝处逢生、柳暗花明也并非不可能。

当事情的发展不乐观的时候，我们不要放弃机会，或者假装什么事情都没有发生，也不要认为时间会冲淡一切，凡事总会好转。回避问题，是不能最终解决问题的。我们必须要面对现实，要认清我们所处的环境，从现实情况出发，然后根据具体情况果断地采取行动，谋求发展的契机。逃避现实、闭门造车，只会把自己引上败亡的道路。

生活中没有永远的失败者，如果你放弃了，就等于自己给自己宣判了失败。然而在生活更多的人都不坚信这一点，当他们一遇到困难，就放弃努力，结果事情还未开始就失败了。也可能会有人说，我也有过希望，在遇到困境时，我也曾坚持努力过，但最后也是失败了。从表面上看，有的人确实并未放弃过努力，但事实上他们的内心并未相信自己还会成功，在他们的内心就已经开始放弃了。

所以，在坚持的最重要一点就是要积极地接受现实，乐观地看待一切，要相信自己还有机会。有很多人之所以错过关键的发展时机，错过改变人生的重要机会，主要就是因为他们不敢承认和接受现实，面对失败，他们没有信心能再次东山再起。

所以马云说，一个人最大的失败就是放弃，只要不放弃就还有机会。面对困难，我们要用一种积极的眼光去看待，以一种良好的心态去面对，这样才不会被困难吓倒，才能战胜困难。无论你在人生的哪个时刻被命运甩进黑暗，都不要悲观、丧气，要坚信只要还有一口气在，就会有转折的机会，事情就没到结束的时候。

6 兵不厌诈：战胜对手就是王道

在与对手交锋过程中，不管使用什么计谋，哪怕是使用诡计，只要能战胜对手就是王道。正所谓：“兵不厌诈，诈者伪也。”“诈”虽然算不上什么正人君子之行为，但在双方交战中，却是必不可少的，“诈”术运用好的一方往往能够取得胜利，胜利就是王者，历史从来都是由王者来撰写的。

在斗争中，取胜之道的关键并不在于双方力量的较量，而在于计谋的运用。通过对计谋的巧妙运用，我们可以调动对手、操纵对手、分化敌手、迷惑对手，让对手对我们的力量产生错误的估算，做出错误的决定，从而分散其注意力，暴露他的弱点。这样，就为我们行动的成功创造出了最有利的条件。

在商业的斗争中，最不缺乏的就是这种钩心斗角的算计。虽然一个人在经商、做事业时，要遵守的是以诚经营，以信取誉。但同时，也要懂得灵活、变通，不能墨守成规，循规蹈矩，否则最终吃亏的是自己。

要做到兵不厌诈，就要在对手没有防备的地方，用对手没有想到的方式进行攻击，这是战胜对手的奥秘。因此，在商场上的胜负，有很多时候靠的不只是实力，还要拼计谋，只要谋略得当，弱者也能反败为胜，成为王者，这种以弱胜强，一少赢多的例子，兵不厌诈的例子在战争史上并不缺少。

刘伯承在四川讨袁军中担任连长。在一次战斗中，四川讨袁军一开始虽重创了袁军，但后来又因双方的力量的悬殊，惨遭溃败。刘伯承带着仅存下来的一支几十人的队伍，往大足县撤离。没想到，行动很快就被敌人发现了。敌人派了一个营的兵力在后面紧追不舍。

这时，刘伯承心想："一定要尽快摆脱敌人!"于是，他一边行军，一边思考如何才能尽快摆脱敌人的办法。在黄昏的时候，刘伯承带领的部队来到了一片树林中，部队选择原地休息。天黑了，刘伯承也想出了摆脱追击敌人的计策。于是，他命令大家脱下脚上的草鞋，把它倒过来穿在脚上！起初，战士们都不明白这是为什么，但由于军令如山，所以并没有违抗。

然后刘伯承又指挥部队从原路返回，再变换方向朝路旁的另一座山上爬去……当敌人为失去追击刘伯承的部队而感到无计可施之时，他们意外发现了刘伯承部队留下的"特制脚印"。后来，敌人根据脚印所指的方向，又开始马不停蹄的追击。然而敌人与刘伯承的队伍却是背道而驰的，所以他们追赶的速度越快，距离刘伯承的部队也就越远。

战争是对立双方的互动过程，一方的行动定然会引起对方的反应，而"诈"在心理学上就是通过给敌人制造错觉，以假象混淆视听，从而扰乱敌方的心智，达到迷惑敌人，使其上当受骗的目的，让敌方对自己的防备产生松懈心理，而后再抓住有利时机，争取自己行动的成功。就是这样巧妙运用"兵不厌诈"之术，刘伯承顺利地摆脱了敌人的追击，最终化险为夷。

《孙子兵法》的作者孙武，把谋略放在首位，因为战场上要勇气更要有谋略。谋略可以说是人类的智慧之花结出的果实，在人类漫长的历史长河中，从统军作战到治国兴邦，从开办企业到个体经营，无处不闪烁着谋略的光芒。

商场如战场，生意之间的竞争就是智慧的较量。一个拥有大智慧的人能够正确地判断情况，想出克敌制胜的招数，并能随情况变化而灵活变通。所以说，真正的成功人士，不仅仅停留于成功的表层，还能够深入到成功的内核，在实践中丰富和完善自己。

有两家鞋业制造公司分别派出了两个业务员去开拓市场，一个叫阿杰，一个叫阿伟。

先是阿杰到了南太平洋的一个岛国，在到达当日，他惊奇地发现，当地人全都赤足，没有一个人穿鞋。当晚，阿杰便向国内总部老板发了一封邮件："天呐，这里的人竟然都不穿鞋，又有谁还会买鞋子呢？我明天就回去吧！"

之后，阿伟也来到这个地方，他见到此情况后兴奋地向国内公司总部也发了一封邮件："真是好消息，这里的人都不穿鞋子，这个市场可够大的，又没人和我竞争。我决定把家搬过来，长期在这驻扎下去！"

两年后，阿杰还是个普通的业务员。而阿伟已经成了一个大老板，而且南太平洋岛国上的人都穿上了鞋子。

我们生活中有许多事，只要自己肯去做就一定能做得到。有时候克服一些困难和阻力，并不需要钢铁般的意志，而只需要一些小技巧或小谋略就能成功，这就是做生意的大智慧。

任何一个人，在事业的前期都是青涩的，实力弱小，且经验匮乏。有大智慧的人不仅智商高，更在于他们能够在一次次的失败之后，不断吸取教训，总结经验，并将这些经验教训升华为理性的认识和指导。这样，他们就能够在竞争中不断成熟，最终成为人群中的佼佼者。

因此，不管是在商业竞争中还是在战斗中，甚至在做人做事上，兵不厌诈就是一种计策，只有战胜对手才是最终目的，计策本身并没有正邪之分，主要是运用的场合。一个人想要成功，就要学会在适当的时机，采取适合的策略，赢得胜利是我们的最终目标。

7

只有做别人不敢做，才能得常人不可得

成功者是处在社会金字塔顶端的少数人，他们区别于大多数人的就是他们敢于"做别人不愿做的事情，做别人不敢做的事情"！这才得到了常人所得不到的。要想成功，就要与众不同，才能脱颖而出。成功人士陈安之也说过："成功者，只是做了别人不愿做的事情，做了别人不敢做的事

情，做了别人做不到的事情!”

普通人不敢在大街上喊口号，普通人不敢去裸奔，普通人不敢许下空头承诺，但他们敢，他们一直在做别人不敢做的事情，所以说，成功者永远只是少数人。当别人懒惰的时候，他们很勤奋；当别人勤奋的时候，他们比较刻苦；当别人刻苦的时候，他们却在拼命，总是领先别人一步，最终也就比别人站得更高。

有句话说得好，叫：“撑死胆大的，饿死胆小的。”当成功的机会出现时，成功者敢于抓住机会，做第一个吃螃蟹的人，而普通人总是在东张西望，看周围人的反应，当别人都行动的时候，他才开始行动，这时最好的机会已经过去了，缺乏闯劲儿和拼劲儿，所以只能做个普通的人。就好像希望集团的刘氏兄弟五人，他们就凭的是一股“誓死一搏”的理念，做了别人不敢做的事，在机会来临的时候，他们果断卖了手表、自行车凑得区区数百元，用这当时已经是“巨款”的几百元来从事养殖，经历了许多挫折，最后发展成为希望集团公司。

在人生之路上，我们每个人都有自己的路要走，如果只是一味地跟在别人身后，做与别人相同的事，那么永远都不会成功。要想以最快的速度达到自己内心的愿望，就需要独辟蹊径，在这个世界上，没有任何成功者的人生是一样的。因此，不要跟从别人的脚步，当你找到属于自己的路，开始做别人不愿意做、不敢做的事时，你就踏上了成功的捷径。

许多人之所以被生命的阴影包裹，走不出命运的低谷，并不是他们先天条件比别人差多少，而是他们不去做别人不愿意做的事，放弃了走向成功的捷径，而是参与到激烈的竞争中，千军万马过独木桥，结果被挤下了河。

有一个台湾花卉经销商，在某天晚上，他突发奇想，是否能在花卉中提取一种特殊的叶素，经过加工能生产出一种专治痔疮的特效药膏。当时，许多人都嘲笑他，认为他的这种想法是异想天开，从没有人这么做过，他这么做是在浪费时间和金钱。但是，他并没有退缩，而是放弃了自己的公司，只是经营了一个小花店用来方便实施自己的这项计划。

两年时间已经过去了，几乎花光了他所有的积蓄，偶然的情况下他找到了一个提取花卉叶素，配制美容护肤品的方法。于是他通过申请贷款租下了一片土地，专门用来种植花卉，并且从中提取叶素，开始小批量生产这种美容护肤品，然后投入市场。刚开始，根本就没有人相信他的这种护肤品，经过他的反复宣传，亲身试验等等，最后终于获得了大家的认可，销路大开。

当时，尽管护肤品销售情况很不错，但他还是坚持自己最初的想法，不达目的誓不罢休，继续研制提取花卉叶素治痔疮的配方。亲戚及朋友都劝他好好经营自己的护肤品，也会赚钱。可是，他觉得现在护肤品市场的品种比较泛滥，竞争也很激烈，自己的产品又不是最好的，往后的路很难再取得巨大成功。

最后，他不顾亲朋好友的劝说，以及周围人的阻拦，硬把自己辛辛苦苦研制出的护肤品配方和工厂转让给了别人，从此，开始专心致志地研究治疗痔疮的配方，直到成功为止。

机会总是眷顾于勇敢的人，他顶着巨大的压力，经过无数次的试验，终于研制出了一种带有香味的治疗痔疮的奇特配方。让他没想到的是，这个纯植物产品一问世，便受到了各方面的好评，而且销售形势良好，效益也是蒸蒸日上，很快他的公司就发展壮大起来了。

所以说，走别人不愿走的路，做别人不愿做的事，你才能踏上一条成功的捷径。花卉商没有随着大家的意愿走自己的路，而是独辟蹊径做了别人不敢做的事，让自己终于踏上了成功者的金字塔。要知道，上帝总是把最甜美的果实留给那些勇敢的人。所以，只有敢做别人不敢做的事，我们才能得到别人所得不到的成功。

一个人要想获得成功，就必须具有独特的眼光和敏锐的观察力，想别人所不敢想，为前人所不敢为，大胆创新，做他人不愿做的事情。只有不顾别人的阻挠和嘲讽，按照自己的选择走下去，才能够开拓新的领域。在生活中，我们每个人都有着无数个机会，如何去抓住它们，就看我们有没有那个敢于第一个吃螃蟹的勇气。

有很多人很想当老板，说什么只要当上老板就会比现在更有拼劲儿，才能比别人有胆量，敢做平常人所不能做的事，殊不知“成功是一种惯性”，一个人只有在当小人物的时候，形成勇于向前，努力闯的习惯，才有可能某一天当上“老板”。所以说，要想改变现状，从现在起就要敢于做别人所不敢做的事。

真正的智者从不跟随人群，他们总会另辟蹊径，找到一个可以改变自己命运的方式，然后把它们变得不寻常。要知道任何产业一开始都是一种现象，逐渐会形成一种行业，最后才能转变成一种产业。所谓超前一步，领先一路，要敢于做别人不敢想的事、别人看不懂的事，才能得到别人所得不到的。

8

拼搏时刻要“血性”，关键时刻更要冷静

丛林中，野兽捕食需要血性，更需要冷静，否则很容易失去唾手可得的猎物。人在事业上的拼搏，又何尝不是如此呢？风险与机遇永远都是捆绑在一起的，所以古往今来的成功人士无一不是在成与败、输与赢的高风险中寻找获胜的机遇。要想在这种复杂恶劣的环境中求得生存，就必须要有血性，还要具备足够冷静的头脑。

美国的一位旅店大亨希尔顿，他就是靠着一种拼搏的血性，孤注一掷，赢得最终的胜利。在1932年的时候，美国经济出现了经济危机，希尔顿也是背负着巨大的债务，一筹莫展。就在这时候，一个朋友给他带来一个机会——投资石油，这在当时是一场价值11万元的赌博。

在当时，这就是一场彻头彻尾的赌博游戏，如果希尔顿成功了，那么他的投资数目就翻倍；如果投资项目失败了，希尔顿将再次变得一无所有，甚至还会背更多的债务。为了那个好的结果，希尔顿凭着一股血性，

毅然决然在借据上签了字。然而这时，希尔顿口袋里只有8角8分钱，为此他东奔西跑借到了5.5万元。幸好上帝没有辜负他，在随后的3年时间里，这个油矿为希尔顿付清了所有的欠债，居然还有所盈余。

希尔顿面对一个翻身的机会，他没有因为有风险而裹足不前，反而是拼着自己的血性，给自己一个赌一把的机会，最终让自己还清了欠款。所以，人人都可以成功，要有拼搏的血性，一“赌”成名，就能改写人生的命运。尤其是看到有机会来到面前时，我们必须彻底杜绝犹豫不决的弱点，不能因为有风险，就举足不前。在关键时刻孤注一掷通常可以有翻牌的机会，下狠心，出狠手，往往能够赌出一个未来，而失去了血性的人，不会有任何改变命运的时机。

当然，赌一把并非听天由命，拥有拼搏的血性并不代表不顾实际情况而一味地蛮干，在关键时刻更要有冷静的头脑，也就是说人在拼搏中既要“勇”，又得有“谋”，在经过仔细分析行情，权衡利弊基础上做出的英明决断。

人一生中，都有自己的路要走，既然选择了方向就有拼搏的勇气，有敢于冒险的血性，哪怕在黑夜里摸索。但是如果没有冷静的头脑，就放开胆子去拼去闯，这种做法就是冒进，最终可能会撞得头破血流。一个人成功的关键在于善择良机，如果只凭着一股子蛮劲儿，是无法在博弈中取得胜利的。

在生活当中有许多问题不是靠一股勇气、靠一时血性就可以解决的，需要在冷静思考后因势利导才可化解掉，可以说冷静是做人的一种智慧。箭在弦上，在猎物还不到最佳射程的时候，优秀的猎手通常引而不发，这是一种冷静；敌人近在咫尺，但还没进入指定伏击圈，智慧的长官按兵不动，这是一种冷静；别人用手指着自己，但并没有无可挽回的余地，因此自己不急不恼，这也是一种冷静。冷静源自于心理素质，心理素质好的人，表现在行为上就是临阵不乱，遇事冷静，能够做到三思而后行，让事情朝着更好的方向发展。

遇事要冷静，在关键时刻只有冷静救得了你。无论发生什么事，在什么时候，人都要学会应当沉着而不要凭着一时的意气，这不但是成功的秘诀，还是战胜困难的必备技能。

有一个小伙子，因为家庭贫困而辍学，但他的妹妹成绩优秀，如果跟他一样也辍学实在可惜，于是，他到工地去挖隧道努力挣钱供妹妹上学。

谁知道他第一次走进隧道就遇上岩石塌方，里面有四个人被困了，当时的局面十分混乱，有人悲天跄地，有人想自杀……这位小伙子在其他人的影响下，也差点控制不住自己，但在关键时刻，他想了很多，如果自己完了，妹妹必然要辍学，父母也会伤心欲绝，这是他不想看到的局面。

于是他镇静下来，试着去控制整个局面。只见他努力平复自己的声音，变得很沉稳：“你们要不要活命？要活命就听我的！”黑暗中的三个人渐渐安静下来。这时他又向这几个人分析局势：“外面肯定有人在救援咱们，但需要时间。我们要稳定好情绪，好好休息和睡觉，那千斤重的大石头暂时是搬不动的。可隧道里哪里都是水，只要有水就能坚持几十天。”然而他却对大家隐瞒了一件事情，就是他身上还有两个馒头，是进隧道之前带进来的。

就这样，大家静静等了三天，隧道里没有一丝光亮，为了保持体力，他把其中一个馒头分成四份给大家吃，并安抚大家的情绪。当大家坚持到第五天的时候，隧道外隐约传来钻机风镐的声音，大家看到了希望。于是他又拿出最后一个馒头分成四份给大家吃，然后带领四个人拿起工具拼全力往巨石上敲击……

当这四个人劫后余生地躺在病床上时，其他人怎么也想不到，当时那个沉稳威严，组织大家出来的人竟然是一个毛头小伙。事后他说：“在关键时刻，要努力保持冷静，只有冷静救得了你。”然而生活中有许多人，因为在突发情况下无法保持冷静，导致事件发生恶变，向更坏的方向发展。

在社会的拼搏中，每个人难免都会遇到一些意想不到的变故，只要我们能够冷静面对，灵活处理，解决问题并不是不可能的事。否则，就算是成功送到我们的面前，还是有可能在不冷静中失败。所以，一个能成功的人，在拼搏的时候不仅靠一种血性的干劲儿，更有着在关键时刻的冷静头脑，所以才创造出一次次的丰功伟绩。

第六章

DI LIU ZHANG

狠在人脉：认识谁比你是谁更重要，有人脉成功就像坐电梯

在这个世界上，到处可以看见很多有才华的“穷人”。他们才华横溢，能力超群，有的甚至有着“上天入地”的本领，但为何最终却落了个颗粒无收的下场呢？究其原因，就是缺乏人脉！

1

人脉决定命脉，你认识谁比你是谁更重要

人们常说：“有人脉成功就像坐电梯，没人脉成功就像走楼梯。”这句话很形象地反映了人脉对一个人成功的重要性。因此，你是谁不重要，重要的是你认识谁。即便你是偏远山村、贫穷家庭的放羊娃，只要你认识重要的人物，你也可能摇身一变，登上许多人无法企及的巅峰舞台。

大学毕业后，哈维·麦凯开始四处找工作。在那个年代，大学生并不多，哈维·麦凯自以为轻轻松松就能找到好工作，但是结果他却一无所获。幸运的是哈维·麦凯的父亲是一位记者，并且认识一些政商两界的重要人物，其中有个人叫查理·沃德。

查理·沃德是布朗比格罗公司的创始人，他的公司主要制造月历卡片，并且在世界行业内是绝对的老大。不过在4年前，沃德因税务问题而服刑。哈维·麦凯的父亲研究沃德的逃税案件之后，觉得其中有失实的部分，于是专门去监狱采访沃德，并写了一些公正的报道。虽然这些报道并没有帮沃德减轻刑期，但沃德依然十分感激，他几乎流着泪说：“在许多不实的报道之后，哈维·麦凯终于写出了公正的报道。”

出狱之后，沃德为了对哈维·麦凯的父亲表达感激，特意给哈维·麦凯介绍了一份工作。这对哈维·麦凯来说是一个意外的惊喜，要知道，两个月之前，他还无所事事地在大街上闲逛，还在为面试碰壁而懊恼，而现在他却坐在铺着地毯、装饰十分考究的办公室内，不但顷刻间有了一份工作，而且还是“金矿”工作。所谓“金矿”工作，是指薪水和福利都非常好的工作。

而且那不只是一份工作，更是一份事业。在哈维·麦凯从事这份工作的42年中，他熟悉了经营公司的流程，懂得了操作模式，学会了推销的技巧，积累了大量的人脉资源。他结识了行业内很多知名人物，他的见识、阅历和思想发生了翻天覆地的改变。之后他创办了美国著名的信封公司。成功以后的哈维·麦凯说：“真的非常感谢沃德，是他给了我工作，是他创造了我的事业。”

哈维·麦凯只是一个普通的大学毕业生，而且多次找工作失败，可以说，初入社会，过得不如意。哈维·麦凯只是一个平凡的年轻人，也许他并没有突出的能力，没有过人的智慧，但是他的父亲认识大老板查理·沃德，仅仅因为这一点，他就顺利攀上了高枝，实现了“麻雀变凤凰”的人生转变。

你认识的人越有成就，越有名望，你受到的积极影响就越大，你可能获得的帮助就越多，你成功的概率就越大。当然，这里说的“认识”并非一般性的认识，而需要你与这些成功人士有一定的交情或友谊。也许你只是举手之劳帮了他们，但对你来说，就意味着多了一个有可能获得回报的机会。

一个人要强无可厚非，但是在这个社会中，任何一个人都生活在一定的社会关系中，你千万不要说：“我绝不靠别人，我只靠自己。”因为你逃离不了人际交往的圈子，既然如此，那就赶紧去认识一些重要的人物吧。

古人说得好：“物以类聚，人以群分。”你进入什么样的圈子，一段时间后你就会带有那个圈子的特性。如果你进入富人的圈子，结识了一帮富有之人，你和他们经常在一起交流生意，探索致富之道，分享信息、资源，互通有无，取长补短。这样一来，你就很容易从他们身上了解到发家致富的经验和智慧。必要的时候，你还很有可能获得他们的提携与帮助。这对你追求成功来说，是一个无比重要的推动力。可以说，行走于富人圈子中，你想不富都很难。

阿瑟·华卡是一个农村少年。有一天，他在一本杂志上读了一篇关于威廉·亚斯达的成功故事后，非常想知道更详细的成功经历，于是他通过杂志社了解到这位成功人士的公司地址，于是按照地址找到了威廉·亚斯达的公司，只为与他见一面。

高个子的亚斯达见到阿瑟·华卡之后，起初不怎么喜欢这个少年，但是经过一番简短的谈话之后，他改变了对阿瑟·华卡的印象。当阿瑟·华卡问亚斯达“我想知道，我怎样才能赚得百万美元”时，亚斯达的表情便柔和起来，他竟然兴致勃勃地和这个少年谈了一个小时。亚斯达告诉阿瑟·华卡：“你可以去访问其他行业的成功人士，从他们身上你可以收获很多智慧。”

阿瑟·华卡照着亚斯达的建议，遍访了美国一流的商人、总编辑及银行家。虽然这些名人提出的建议不一定都对阿瑟·华卡有帮助，但是阿瑟·华卡能与这些成功人士建立联系，这极大地激发了他的自信心。他开始仿效那些名人成功的做法。

两年之后，刚满 20 岁的阿瑟·华卡把当初在那里当学徒的工厂变成了自己的工厂。4 年后，他创办了一家农业机械厂，不到 5 年的时间，他就赚到了百万美元。后来，这个来自农村的青年成为银行董事会的一员。阿瑟·华卡表示，他之所以成功，就是因为坚持实践年轻时学到的基本信条——要想成功，就要多与成功人士交往。

每个人都想做成功者，都想成为某一领域、某一地域的名人，因为拥有财富、名望、地位对一个人来说，是最有成就感的事情，这也最能体现自身的价值。但是成功除了要靠自己辛勤努力，还需要一定的人脉。没有人脉，光靠埋头苦干，成功之路将会走得异常艰难。有了人脉，成功往往就会成为一件水到渠成的事情。因此，想方设法结识成功者，千方百计打入成功者的圈子十分重要。

2

圈子对了，事就成了

做生意就是与人打交道，这些人或许你认识，或许你不认识，但大部分是你不认识的。不管你是否认识，都要以诚相待，表现出你应有的诚意，这样才能发展良好的关系，一旦关系好了、圈子对了，生意就好做了。

李嘉诚曾经说过："对人诚恳，做事负责，多结善缘，自然多得人的帮助。淡泊明志，随遇而安，不作非分之想，心境安泰，必少许多失意之苦。"在他看来，要成大事，先要学会做人，而会做人，即是善于与人相处，在交往中积累人脉、广结圈子，如果你能做到圆通有术、左右逢源、进退自如，那么你的人脉大树必定会枝叶繁茂，成大事也不在话下。

在香港，李嘉诚的生意遍及电力、电信、交通、零售业等等，他不但拥有雄厚的经济实力，而且人脉资源如同千年大树的树根，盘根错节，延伸到社会各层。在零售行业，一些新的竞争者，很快就会变成他的合作者。在电力产业上，李嘉诚更是主宰了整个香港的电力供应。有人说，在香港你可以不去屈臣氏、百佳购物，但是你却不能不用李嘉诚的电力，不得不住李嘉诚的房子，并按时向他支付租金。

在香港，李嘉诚几乎垄断了各大公共服务行业，他之所以能做到这一点，简而言之在于两点：一是人际关系的处理技巧。李嘉诚之所以能拿到种种产业的垄断权，与他超强的人际关系处理能力关系重大，他能通过自己的人际交往能力，构建出有效而复杂的人脉关系网络；二是他有敏锐的市场嗅觉和过人的商业天赋。

李嘉诚认为，经商、做生意，说到底是建立信用、建立关系的过程，因为这是交易开始的前提条件。如果你能厚道做人，对人诚恳，做事负责，那么你就容易广结善缘，容易赢得合作伙伴和顾客的信赖。

在如今这个尔虞我诈、弄虚作假的商业社会中，经营也是经营商家与客户的关系、商家与合作者、供应商的关系，如果你在与他们相处的过程中，表现出足够的诚恳、厚道、负责，那么你的生意也会做得更大。

李嘉诚的经验是，首先要学会交朋友，与各方面的人打好关系，那么做生意也就水到渠成了。有的人有很高的经商天赋，也有雄厚的资金，但是却做不成生意，这是为什么呢？因为他们没有给别人留下良好的印象，不能成为别人眼里值得信赖的人。

作为商人，必须明白在圈子内如何做人，这有助于更好地结交人脉。在李嘉诚看来，商人不能眼里只有钱而没有人，商人要学会做人。在他看来，做人有以下四种：第一种是，别人帮了你，你也帮了他；第二种是别人帮了你，你不帮他；第三种是，别人没帮你，你帮了他；第四种是，别人帮了你，你不帮人家，还过河拆桥。

李嘉诚说，别人帮了你，你帮了人家，这叫礼尚往来，相互报答，谈不上品德高尚。别人没帮你，而你主动帮助别人，这是有境界的大家风范。别人帮了你，你不但不帮人家，还过河拆桥，这是最差劲的人。这种人缺的不仅是商业道德，简直就是无耻的小人，只需一回，以后别人就不愿意和他玩了。

要知道，每一笔生意的成交，里面都包含了很多人际关系。在有些不容易通过的关口，如果你有人脉，那么你就可以运用人脉去打通关系，攻克难题。人脉就是清除障碍的工具，你的人脉大树越枝繁叶茂，那么你的事业就越有更大的发展空间，你的生意就会畅通无阻。所以，一定要记住钢铁大王卡耐基的一句话：“一个人的事业成就，85% 来自人脉，15% 来自专业知识。”

3

成功人士不会错过任何一次社交的机会

一个人的成功不在于你了解什么，而在于你认识了谁！社交奠定人脉，人脉决定命脉，哪怕你只与一位优秀的人结识，他也会给你带来成功的机会，让你的人生发生翻天覆地的变化。

凡是事业上成功的人，都有一个共同的特点，即来自主观上自己不懈的努力和来自客观上他人的帮助，尤其是成功人士的帮助。所以说，社交是人的根本需要，是一个人成功的基本条件，因为在社会中活动，人若依靠个人的力量，是斗不过狮子的，但依靠外来的能量，却能把狮子关在笼子里。因此，人的一生就是社交的一生。如果你留意生活，就会发现人和人之间的交际无处不在，处处体现着社交的真谛。一个成功的人士是不会错过任何一次社交机会的。

不管你多么聪明，不管你具备多么优越的条件，都需要有一个良好的交际网络，如果没有人帮助你，或者有人故意刁难你，那么，你的成功道路上会充满坎坷，很难成为一个成功人士。一个好的交际网络，就像一个人在冰天雪地的寒冬找到了一缕阳光，在干涸孤寂的沙漠发现一片绿洲，会为你打开成功的大门，在社交中凝聚的友情会比爱情更隽永、更真诚。

因此，只有将自己投身到社交洪流中，开拓一个良好的交际圈，可以帮助你渡过一个又一个难关，才会在残酷的社会竞争态势中立于不败之地。换句话说，拥有了良好的社会关系，就拥有了成功人生的资本。

成功家陈安之经过研究了世界上一百多个成功人士的经历，他得出了这样一个结论：成功 = 知识 30% + 社交 70%。由此可见，社交对于成功的重要性。

不管在哪一家公司，李亦非的主要工作重点都是有关公共关系、政府关系、整合资源的内容。因为她的这种在政府、处于垄断地位的甲方、大财富集团之间游说整合的出色能力，成功推动了MTV在中国落地，并且还帮助英仕曼集团在中国展开对冲基金业务。

而李亦非的每一次华丽转身，几乎都源于不经意间的社交。博雅加盟MTV，源于与MTV母公司维亚康姆集团亚太区高级副总裁的一次谈话；加盟英仕曼集团，源于和时任公司全球总裁的一次晚餐。获任美国洛克菲勒基金会理事，也是在和对方一起晚餐之后，收到的邀约。她也是美国洛克菲勒基金会百年来首位中国理事。

“中国那些成功的人在社交方面都非常厉害，他们的成功都是通过人际关系做出来的，好的人际关系就是一次销售自己的机会，也是销售一个好的价值观，好的产品，好的项目的机会，会销售的人都是一定会成功的。”李亦非这样形容社交的重要性。“不重视社交关系可能是大部分人失败的最主要的原因。”

在李亦非心中，社交不是要当像花瓶一样的交际花，而是在一种深层次商业上的互惠互利，不能靠单纯喝几杯酒就把这个事情办成。她认为，真正的交际，是一种为达到一个共同的商业目标的交往，要在商言商，关键还是一种互相的需求。当然，在这个过程中还是首先要调整好自己的心态，让人家认可你，这样才有继续打交道的可能，要做一个有趣味的人，善于社交的人，说明他很谦虚，不自私，不以自我为中心。

良好的人际关系，则来自于良好的社交，人的一生就是社交的一生，人与人之间的交往都体现着社交的真谛。在美国哈佛大学商学院做了这样一个调查，在事业成功的人士中，有26%靠的是自己的工作能力，5%的人靠的是家庭背景，而有69%的人靠人际关系。所以说个人的能量大小和成功与否，来自于人际关系，社交是事业成功的前提，而且事业成功的概率与社交圈的大小体系也相关。

在社会上总有这些人，他们能力超群，他们满腹经纶，使得他们忽视了社交的能量，总是自负自满，给人一种高不可攀的样子，说话拒人以千里之外，结果空有能力，落得个怀才不遇的下场，这样的人是社交场上的失败者。他们用高高在上的态度在拒绝别人的同时也将自己成功的机会拒之门外，却在抱怨自己生不逢时、命途多舛。如果一个人只想用自己的双手去打拼，那么他终究有一天会被社会所淘汰。

很多人之所以成功，是因为他懂得如何去抓住社交的机会，在社交中积累人脉。这样当你遇到困难，朋友就会来帮助；你为对方打开了方便之门，对方就会以相同的方式给你一个机会。在生活中，要时刻为自己积累人脉做准备，锻炼自己的社交能力，做到与人进行友好的相处，只要人际关系相处得好，就可以把那些对自己有用的人牢牢地聚集在身边。当通过社交关系，把自己的人脉结成一个结结实实、牢不可破的网时，成功也就顺理成章了。所以说，成功人士不会错过任何一场社交的机会，谁掌握了社交的本领，谁就掌握了自己的命运。

4 多结交一些优势互补的朋友

俗话说：“一个篱笆三个桩。”一个女人也需要有“三个帮”，女人不能没有朋友，尤其是不能没有优势互补的朋友。因为优势互补的朋友是一剂“强心剂”，在你郁闷的时候，他会带给你安慰；在你无聊的时候，他会带给你欢乐。优势互补的朋友还是一套无敌于天下的剑法，一长一短，一柔一刚，一阴一阳，两相合一，使你完美地发挥自己的功力，在生活、事业、爱情上所向披靡。

陈菲是一个性格开朗、脾气火暴的女孩，她最好的朋友可韵却性格内向，比较腼腆，不善表达。她们是同一家公司的同事，由于陈菲是第一个主动与可韵说话的人，她的热情让腼腆的可韵很感动，一来二去，两个人就成了要好的朋友。

陈菲喜欢动，可韵喜欢静，她们的性格差了十万八千里。可是她们对事情的看法，以及人生观、价值观却惊人地相似。因此，她们总是那么默契。因为她们的性格互补，比如，陈菲做事积极，讲究速度，但缺少耐心，显得急躁；可韵心思细腻，但是做事优柔寡断。陈菲将可韵引导到一种积极明快的生活中，可韵则将陈菲引导到注重细节、沉稳谨慎的生活中，两人在工作中配合得很好，后来虽然两人都走进了婚姻，但是她们的友谊一直延续着。

在你身边，有没有类似于陈菲和可韵这样优势互补的朋友呢？优势互补的目的是互相影响，提高和完善自己；团结协作，更好地办事。既要在生活中找到共同的兴趣爱好，又要在事业上形成共同进步的法则。

假设一下，如果老实的女人结交了懂心机、会处事的朋友，是不是可以受到对方的影响，从而提高自己对人情世故的认识，提高自己为人处世的能力呢？要知道，社会是现实的，也是残酷的，而结交优势互补的朋友既能帮你进步，又能给你单调的生活添加色彩，让你寂寞的心灵获得更多快乐。这才是最大的共赢。

王欣和朋友刘悦在成都市市中心的商业区租了一个商位。王欣是当地一家电子科技公司产品部的职业经理人，而刘悦则是多年闯荡江湖的销售员，销售渠道畅通。王欣有资金，刘悦有营销技巧，两人一拍即合，取长补短，一个负责资金投入，一个负责拓展业务。

王欣利用自己在公司的人脉，拿到了最优惠的产品价格，而刘悦利用自己丰富的客户关系，快速打开了销售渠道，她们代理了多家公司的产品，比如，爱国者、海尔、明基、松下等品牌的电子产品，销售势头很好，效益也非常好。

工作之余，她们还是感情交流的好搭档，王欣为有刘悦这样的朋友而感到欣慰，她说：“可以与自己优势互补的朋友一起做生意，真的是一件幸福的事情。”

其实，在结交优势互补的朋友时，应该重视“需要的互补性”，言外之意就是“缺什么就补什么”，通过向优秀的朋友学习，弥补自己的不足，提高自己的能力。如果你知道自己某方面的劣势，而你发现有个人在这方面很优秀，不管对方是男是女，你都可以去和他做朋友。这对你是非常有益的。

然而，在生活中，很多女人在选择朋友的时候，过于偏重志趣相投、能聊到一起的朋友。这当然无可厚非，但长此以往，很容易使你的朋友圈急剧缩减，让你的人脉过于单一，这对你个人的发展是极其不利的。要知道，性格相似的人，优势可能差不多，劣势也可能大抵相同，长此以往，你们的优势可能更“优”，但你们的劣势同样会更“劣”。这不利于你全面发展。所以，赶紧改变以往的交友观，从这一刻开始结交优势互补的朋友吧！在此，要注意两点：

第一，采用“横向交叉”的方式交朋友。

什么是“横向交叉”呢？关于这点，我们可以从不同的角度去理解，比如，思想品德上的优势互补、学术专业方面的优势互补、身材长相方面的优势互补、经济实力方面的优势互补、个性特点方面的优势互补等等。除了这些方面的优势互补，你还可以结交不同地域的朋友、不同文化层次的朋友。

为什么这么说呢？其实，是有道理的。举个例子，你觉得某个人的品德很好，你想办法和他成为朋友，那么你在与他交往的过程中，就能从他身上获得很多品德方面的熏陶和影响，还可以通过他结交更多品德好的朋友；你觉得某个人化学、物理非常好，是专业类大学的高材生，你和他结为朋友，说不定哪一天你就需要这方面的人帮忙……

第二，采用“纵向交叉”的方式交朋友。

什么是“纵向交叉”呢？它主要是指年龄层面上的优势互补。我们知道，年轻人充满活力，思想活跃，创新精神强烈；年长者、老年人细心周到，处事稳重。年轻人信息来源广，总能了解最新消息；年长者思想成熟，底蕴深厚。由于有这些差异，因此，我们在交朋友的时候可以采取“纵向交叉”的方式来结交年轻的朋友或年长的朋友。

培根曾经说过这样的话：“青年的性格如同一匹不羁的野马，藐视既往，目空一切，好走极端，勇于改革而不去估量实际的条件和可能性，结果常常因浮躁而改革不成。而老年人正相反。他们思考多于行动，议论多于果断。为了事后不后悔，宁愿事前不冒险。所以，最好的办法是把两者的特点结合起来。”

俗话说得好：“家有一老，如有一宝。”在你的交际圈中，老年人是必不可少的。同样的道理，年轻就是资本，在你的交际圈中也不能没有年轻人。如果你能结交年轻的朋友或年长的朋友，那么你必定能从他们身上获益良多。

5
将有影响力的大人物变成你的“圈里人”

你想结交有影响力的“大人物”吗？如果你想在职场上步步高升，在事业上快速强盛，在经济方面更加富有，那么你就有必要把大人物变成自己的“圈里人”。因为傍个“大款”，穷光蛋能摇身变成“大款”；站在巨人的肩膀上，矮个头也能看得像巨人一样远。所以，成功的最有效捷径就是借用大人物的力量。然而，结交大人物不是容易的事情。要想获得大人物的认可，你就必须找到合适而有效的方法。

邓晓敏是一所名校的高材生，大学毕业那年，当她的同学都在为找工作忙得焦头烂额时，她却不急不躁、非常冷静，她知道要想得到一份好工作，就必须结交贵人。于是，她通过多方调查，找到了一家大型企业老总的邮箱，然后给对方写了几封自荐信。

在信中，邓晓敏剖析了那家企业将要进军欧洲市场的前景，明确地表达了自己的能力和对企业的信心。正是这个分析打动了那家企业的老总，结果邓晓敏顺利地进入了那家大公司。

聪明的邓晓敏利用自荐的方式把"大人物"变成了自己的圈里人，这种做法值得所有女人学习。当你把大人物变成自己的圈里人之后，在对方的影响和帮助下，你就能获得一种向上的动力，这就好像稻谷吸足了水分之后会拼命拔高一样。即使你无法一步登天，也足以从茫茫人海中脱颖而出。

当然，在你和大人物结交的过程中，你可能会遭遇对方的冷眼。你大可不必在意这些，因为这是情理之中的事情。作为一个"小人物"，你要有被大人物冷落的心理准备。同时，你要在与大人物结交之前做好其他方面的准备工作，以便更从容地与大人物打交道。

下面介绍几点与大人物交往的前期准备和注意事项：

第一，充分了解大人物的社会背景。

俗话说："不打无准备之仗。"结交大人物不亚于一场重要的战役，在如此重要的战役打响之前，你怎么能不调查其社会背景呢？正所谓："知己知彼，百战不殆。"其实，说到底大人物也是普通人，他们不仅有复杂的社会关系，也有各种各样的业务，还有五花八门的兴趣爱好。你可以从与之打过交道的人口中去打听对方的信息，了解对方的业务、兴趣爱好等，然后找一个合适的机会，与对方来一次美丽的"邂逅"。

对女人来说，你在初次与大人物打交道之前，有必要把自己打扮一番，让你看起来楚楚动人，让大人物对你一见倾心，只要他对你产生了好印象，那么你就有机会进一步与之交往。

第二，在与大人物碰面时适当寒暄和提问。

初次与大人物见面，你不妨先从寒暄开始，一句温柔而礼貌的寒暄，足以让大人物微笑回应。然后，你可以与大人物随便聊聊。聊什么呢？如果你想激发大人物的表现欲，赢得对方的好感，你就多问问他的成功经历，并表现出对他的崇拜之情。这样会让对方觉得很有面子。

关于和大人物聊天，最关键的是提问，提一些开放性的问题，更有利于大人物介绍自己。下面几个问题非常重要，你可以从中选取。

（1）“您是如何创立您的事业的？”对于这个问题，大人物没有不喜欢讲的，只要你主动倾听，他就会和你分享他们的故事。

（2）“您最喜欢您事业中的哪一点？”用正面的问题激发大人物的自我好感，这样更有利于对方保持兴奋。

（3）“您和您公司与竞争对手的明显区别是什么？”这是一个标榜自我的问题，给大人物自我吹嘘的机会。

（4）“近年来，你觉得你的行业发生了哪些重大的变革？”拥有丰富经历的大人物都喜欢回答这个问题，因为这个问题也表现他们的深度。

（5）“您对您行业的变化趋势有什么看法？”这个问题可以表现大人物的博学多才，让人感觉自己是个行家。

（6）“对于一位刚进入你所在行业的年轻女性，你有什么样的建议呢？”给大人物一个做老师的机会，给他尊重，他一定很乐意“好为人师”一把。

（7）“在你事业发展的过程中，你遇到最难忘的事情是什么呢？”每个成功人物都喜欢跟别人讲自己的奋斗故事，你提这个问题，对方内心一定会欣喜若狂。

（8）“你认为哪些方法能最有效、最快速地成功？”大人物对成功都有自己的心得体会，问问他们，他们一定会乐意谈。

(9)“你希望别人用什么样的话来描述你的成就?”当大人物听到这个问题时，一般会停下来，认真地思考一下。这个问题其实是巧妙的恭维，可能他身边的人从来没提过这个问题。这足以证明你对他的崇拜。

通过这些问题，你可以顺利打开大人物的话匣子，让对方对你产生好感，为你与他进一步交往赢得机会。

第三，在大人物面前适当展示自己的能力。

一般来说，大人物都爱才、惜才，如果你一味地赞同他、恭维他，不敢吐露自己的真实想法，那么他会觉得你在刻意讨好他，只有嘴上功夫，没有真本事。因此，想引起大人物的认可，你就要善于抓住机会适当表现自己，让他领略你的才能。当然，要注意表现的尺度，不要锋芒毕露，否则就喧宾夺主了。

6

建立你的人脉资源数据库，把你的人脉分类管理

有效的人脉信息管理非常重要。如果你的人脉资源十分丰富，建议你进行人脉资源数据管理，如果你有条理、专注、坚持，那没有人会离开你的人脉网。

美国前总统克林顿在回答《纽约时报》记者是如何保持自己的政治关系网时说:“每天晚上睡觉前，我会在一张卡片上列出我当天联系的每一个人，注明重要细节、时间、会晤地点以及与此相关的一些信息，然后输入秘书为我建立的关系网数据库中。这些年来，朋友们帮了我不少忙。”

连总统都在建立“交往档案”，何况一般人呢?

有人用计算机建立交往档案，有人用笔记本，有人则用名片册，这些方法各有长处，但不管用什么方法，都要记住：每个朋友都要保持一定的

联系，不要“用时方恨少”。很多成功人士都有一个“交往档案”，而他们都是善用“交往档案”的人。

建立“人脉信息数据库”可以遵循这样的步骤：

首先，把你在学校时的同学资料整理出来，并记录好。毕业经过数年后，你的同学可能会分散在全国各地，从事各种不同的行业，有的甚至已成为某一行业或某一领域的“重量级”人物。当有需要时，凭着老同学的关系，相信他们会给你某种程度上的帮忙。这种老同学关系，可从大学向下延伸到中学、小学，如能加以掌握，这将是人生中一笔相当大的资源。当然，要建立起这些同学关系，需要时常参加同学会、校友会，并随时注意他们的动态，这样效果才好。

人脉管理：打理人脉，就是打理细节，你的人脉价值百万。其次，把你周围朋友的资料建立起来，对他们的专长也应有详细的记录。例如，他们的住所、工作有变动时，也要在你的数据上修正，以防必要时找不到人。要准确掌握这些变动的情形，则有赖于你平时和他们的联系。

如果你不嫌麻烦，在他们生日时写上一张生日贺卡，或请吃个便饭，保证会使你们的关系突飞猛进。这些关系若能妥善维持，就算他们一时帮不上你的忙，也会介绍他们的朋友来助你一臂之力。

另外，有一种“朋友”也是不能忽略的，那就是在应酬场合认识的，只交换名片，还谈不上交情的“朋友”。这种“朋友”各行各业各种阶层都会有，不应该把这些名片丢掉，应该在名片中尽量记下这个人的特点，以备再见面时能“一眼认出”。名片带回家后，要依姓氏或专长、行业分类保存下来。当然不必刻意去结交他们，但可以借故在电话里向他们请教一两个专业问题，话里自然要提一下你们碰面的场合，或你们共同的朋友，以唤起他对你的印象。有过“请教”，他对你的印象自然会深刻些。当然，这种“朋友”不可能帮你什么大忙，因为你们没有进一步的交情，但为你解决一些小困难应该不会有太大的问题。

建立和善用“交往档案”是一种深刻了解人，并与之保持有效联系的方式。掌握了这样一种方法，并善加利用，自然免去了“人到用时方恨少”的苦恼。

7 一定要记住，人际交往的最高境界是“互利”

人际交往的最高境界是什么呢？在回答这个问题之前，请先看下面这个故事：

在美国乡村，有个老人和儿子相依为命。有一天，有个人找到老人，对他说：“老人家，我把你的儿子带到城里工作好吗？”老人不答应。

这个人说：“如果我给你儿子在城里找个对象，你同意吗？”老人还是不答应。

这个人又说：“如果我给你儿子找的对象是石油大王洛克菲勒的女儿，你答应吗？”老人想了想，终于答应了。

过了几天，这个人找到洛克菲勒，对他说：“尊敬的洛克菲勒先生，我想给你女儿找个对象，可以吗？”

洛克菲勒说：“对不起，我女儿还没到结婚的年龄，再说了这是我应该考虑的事情，你凭什么插手？”

这个人说：“如果我给你女儿找的对象，是世界银行的副总裁呢？”

洛克菲勒想了想，同意了。

又过了几天，这个人找到世界银行的总裁，对他说：“尊敬的总裁先生，我觉得你应该马上任命一个副总裁！”

总裁说：“我这里有很多副总裁，为什么还要任命一个呢，而且必须马上？”

这个人说："因为这个人是洛克菲勒的女婿。"

世界银行总裁马上答应了。

这个故事反应的就是人与人之间的互利关系，这就是人际交往的本质，也是人际交往的最高境界。互利就是利益交换，你在渴望得到别人帮助的同时，你必须为别人做点什么，给别人相应的好处，满足别人的某种需求，这样别人才愿意帮助你。

现实生活中，我们经常看到一些没有血缘关系的人，为了某种目的，结成了合作伙伴，建立了互利关系。虽然他们之间并没有友谊，但是他们仍然能在一起称兄道弟、吃喝玩乐，这就是一种赤裸裸的利益交换。也许你看不起这种人，但有时候这也是现实所需。

在美国最大的公关公司中，有个名叫碧昂的职员，她在那里工作了多年之后，熟悉了业务，也有了很好的人脉。于是她辞职了，创办了自己的公关公司，希望能打入有利可图的娱乐领域。但是让她烦恼的是，公司成立之后，很难与较有名气的演员、歌手、夜总会的表演者合作，她只能接手一些小买卖和零售商店的公关宣传业务。

就在碧昂苦于找不到与重量级明星合作的时候，丹尼——这位青年演员出现了，他长相英俊，很有天赋，演技很好。作为一个新星，他刚在电视上崭露头角，急需一个公关公司为他在各种媒体上做宣传，以增加他的知名度，提升他的名气。不过，要与大的公关公司合作，需要很大一笔宣传推广费，他自己根本负担不起。

一次偶然的机会，他和碧昂结识，两人一拍即合联手干了起来。碧昂为丹尼提供抛头露面所需的经费，丹尼成为了碧昂的代理人。他们的合作可谓优势互补，达到了最佳的境界。丹尼不断出现在电视剧中，其英俊的长相和精湛的演技，使他赢得了无数观众的好评；碧昂利用自己在报纸和杂志方面的人脉，很好地宣传了丹尼。

就这样，丹尼出名了，碧昂也变成了名人，碧昂的公司也名声大振，随之迎来了很多有名望的人的合作，公司获得了很好的收益。而丹尼在没有付出宣传推广费用的情况下，也一样顺利成为了大明星。

从碧昂与丹尼的合作中，我们看到了一种非常明确的互利关系，他们各取所需，使彼此都顺利地迈上了成功的台阶。

每个人的能力都是有限的，要想实现自己的目的，就必须与人合作，互相利用对方的优势。因此，没必要追求没有任何功利色彩的朋友，也不必轻率地埋怨别人利用你。只要你坦率地承认人与人交往的本质是互利共赢，那么你就不会有心理上的失落感。

现实中，很多女人崇尚“君子之交淡如水”，认为谈钱伤感情，忌讳将利益和朋友联系起来。她们不承认利益是友谊的前提，认为这样就会被人贴上“势利”的标签。其实，不管你承不承认，人与人交往的本质就是利益互换，哪怕纯真的友谊，也逃脱不了这种交往的本质——感情上的慰藉也是一种需求，彼此都离不开这种需求，也是一种利益互换，不是吗？

第七章
DI QI ZHANG

狠在行动：没有行动，再伟大的想法都等于零

你也许不知道，果断迅速的行动其实是解决问题的最好办法。每个人都拥有神奇的改变力，只要肯行动，人生永远不嫌晚；只有坚持下去，才能成为人生的赢家。当你靠着坚韧的行动力改变命运后，你就会发现：困难根本就没有想象中那么大。

1

学习唐僧“一生只做一件事”的精神

我们都看过《西游记》，剧中的唐僧，从东土大唐出发，不远万里，来到西方，途中历经坎坷，最后终于取得真经。剧中有着神话的成分，但事件也是事实存在的，历史上的唐玄奘13岁出家，20岁便名扬天下，一生只做了一件事——求取和翻译佛教经典。在研习佛学上，他有着少见的执着求真精神，当他对佛学研究感到有着许多困惑后，决定去天竺求取真经。

他目标明确，不为任何诱惑所动摇，在经历了长途跋涉之后，在印度留学17年，最终取回真经，回到长安。其中玄奘带回的经书共657部，总计1335卷，1000多万字，数量巨大，译文精美，内容完备，超越了前代译师，后更无与伦比。另外，他根据自己的求经经历编写了《大唐西域记》，其中写了民族风情，山川、物产等史迹。因此，可以说唐玄奘不仅是一个伟大的佛教徒，更是伟大的学者，不管是在中外历史文化交流方面，还是在中印两国佛教方面，他都做出了巨大的贡献。

唐僧利用自己的一生只做了这一件事，但这一件事就让他流芳百世，我们要学习的就是他的这种专注的精神。比尔·盖茨说：“如果你想要同时坐两把椅子，就会掉到两把椅子之间的地上，我之所以取得了成功，是因为我一生只选定了一把椅子。”所以，人生要想有所成就，必须做到专一、专心、专注、专业，否则，不可能创造辉煌的成就。因为人的生命是有限的，能力是有限的，然而人的梦想却是无限的。要想用有限的时间和能力去创造出无限的梦想，这是不可能实现的事情。

世界上有名的昆虫学家法布尔，一生也只做了一件事，那就是研究他的昆虫。有一次，一位青年找到法布尔向他诉苦说：“我每天把自己的全部精力都花在我爱好的事业上，从来不浪费一丁点时间，但是结果总是收效甚微，目前我在自己的爱好领域里一点成绩都没有。”法布尔赞许地对他说：“看来你是一位乐于为科学献身的有志青年。”

这位青年听了法布尔的赞许，激动地说：“你说得太对了！我热衷于科学，也爱好文学，对音乐和美术也很感兴趣，我基本把所有的时间都花费在自己这些爱好上了。”这时，法布尔从口袋里拿出一块放大镜，在阳光下，让它在地上聚焦成一个点，然后对青年说：“试着把你的精力集中到一个焦点上，就像这块放大镜一样，你会看到自己的变化。”

法布尔也正是把自己的时间和精力都集中在研究昆虫这个点上，因此才成就了他在昆虫学方面的名誉。

目标就像是灯塔，只能有一个，理想需要的是一步步实现，许多人会失败会半途而废，往往不是因为难度大，而是心中没有一个明确的目标，不能够专注一件事。人活一辈子不容易，有了目标才有专注的精力，只有专注才能专业，只有专注才能造就成功。数学大师陈省身生前曾经对人说过，自己只会做一件事，就是研究数学。并且他要求自己：一生做好一件事，这也是他的唯一信条。

一生只做一件事，需要资本和毅力，也需要运气和胆识。但生活中的困难几乎不在，困难可以毁掉一个人，也可以历练一个人，我们要学会用智慧和勇气扫荡一切苦难，“一生做好一件事”，不成功，便失败。因为这个社会的能人太多，不管你进入哪个领域，都会面临强大的竞争对手，面对困难，只有聚智者所有之智，勇者所有之勇，坚持到底才能让你获得胜利，只有专注才能让你做得比竞争对手更好。

一生只专注做好一件事，才能有所建树，专注是对于专业精益求精的追求，正是由于专注，才让托马斯·爱迪生发明了灯泡，让他成为这个美国历史上最伟大的发明家；正是由于专注，沃尔特·迪斯尼才能让风靡全球的动画明星“唐老鸭”诞生，成为享誉世界的动画片之父；正是由于专注，才让詹姆斯·布朗在音乐领域至于顶尖，成为美国的灵魂乐教父。所以只要你专注做好自己喜欢的事情，在自己喜欢的领域里奋斗一生，用百分之百的努力迎接百分之一的机会，一定会有所成就。

专注于一件事，看似简单，其实是对毅力与恒心的考量。列文·虎克用了60年时间去打磨镜片，也可以说，他在打磨他的人生，在不停地探寻更清晰的前进之路。然而我们却经常抱怨成功很遥远，又往往被小小收获带来的名利所迷惑，看不清自己应该继续走的路。常常刚开始做了一件事，没几天就想着放弃，又被别的事情转移了目光，缺少一种专注。

在成功学上有个著名的“两万小时理论”，主要是讲“只要经过两万小时锻炼，任何人都能从平凡变成卓越”。两万小时的锻炼，我们可以想象得到，这是多么的漫长、枯燥、无趣，甚至绝望。但如果我们换个角度想，把责任、兴趣为动力，将这两万小时分解到活着的每一天，其实也就是每天要花费半小时、一小时而已。这是凡人皆能做到的，可见成功距离我们并非遥不可及。所以，我们应该静下心来，好好规划一下自己的人生，专注一件事情，这样，才能走向成功！

2

在思考中行动，不如在行动中思考

萧伯纳说：“百分之二的人思考；百分之三的人认为自己在思考；百分之九十五的人宁愿去死也不思考。”古今中外的各类决策者和管理者看起来似乎都具有未雨绸缪、料事如神、深思熟虑的能力，可他们做事都是兵马未动，计划先行。先在事先进行分析思考，然后再行动，而事情的发展和他们事先想的往往一样。这就是所谓“运筹帷幄，决胜千里”。

然而，并不是每一件事情都能按照我们事先想的那样发展，具体到实际行动中的际遇与细节，则可能远非任何人之事前思考和谋划所能料定或解决的。如果一旦陷入日常实务的运行与操作中，往往就没有时间和精力去针对实际问题进行全面系统的思考。所以与其在做每一件事情前都特别缜密的思考，倒不如制定一个大体的计划，然后就去行动，在行动中思考。

社会心理学家卡尔·威克教授，在其经典著作《管理行中思》中这样定义“思考”：“思考”并不是非常独立的动词，它更像是名状副词，用来修饰动词，或者辅助其他动词，恰如“匆忙”、“尝试”等等。具体来说，一个人不可能脱离具体的行动而单纯的去思考，思考需要通过我们的某种行动来获得相关联的素材与境况。另一方面，一个人在行动时，如果他对这一行动很熟练，那么他就可以“不假思索”地行动，也可以“思虑紧张”地行动。

是的，人们是可以在做某些事情的同时进行思考的，但是前提是它能够熟练的行动。电商巨头亚马逊的老板贝佐斯在一次接受采访时被问到“你每天要用十来个小时处理那么多繁杂的公务，那么你在什么时候思考问题呢?”贝佐斯开玩笑地说道：“我在冲淋浴的时候思考问题。由此可见，我是如此的缺乏时间进行思考，以至于我常想我是否应该每天冲两次淋浴!”

其实，贝佐斯的回答透露了他的思考习惯——在行动中思考。既然他能够在淋浴中思考问题，那么他同样也可以在处理日常工作中思考问题，这很可能就是亚马逊如今在电商领域成功的原因。

曾经有人对成功人士，包括奥运会金牌得主、企业大亨、政界大腕、影视明星等做过多年的调查研究发现：他们成功的关键在于有成功的胆量，敢于去想，不会因为他们在行动就停止思考，而是在行动中思考，然后再通过思考改变行动。

研究者还指出，在成功者和其他人之间有一条明显的界线，不妨称其为成功的边缘。这个边缘并不是所处环境或是智商差异的结果，也并非教育优劣或天赋有无的产物，跨越边缘的关键是敢想敢做的态度。那些志向远大、敢想敢做的人，所取得的成就必定远远超出别人；一个理想高、目标大的人，即使没有实现最终的理想，但是只要他敢于行动，那么他达到的成就，都要比那些空有理想，却只知思考不敢行动的人的成就大得多。

想挣大钱，成大事，就要敢想，敢往深了想，敢往远了想，在想的同时还要敢做，敢把自己想的变成现实。敢闯敢干是成大事者的良好品质，除了敢想，还要善于把设想变成现实。也就是说，要敢想，同时还要拿出行动，思考和行动是两个方面，不仅要在思考后行动，最好还要在行动中思考。

在行动中思考是很多人在日常生活中所欠缺的能力，生活中很多人都敢于去行动，但却忘记了思考，只是一味地埋头苦干，这样就不是敢想敢做，只能说是鲁莽。有一个这样的比喻很好地说出了鲁莽和敢想敢做的区别，一个人要进一个山洞里面取一块金砖，如果那山洞里面全是野狗，这个人如果进去了，那他就是敢想敢做；如果那山洞里面全是老虎，要是再进去的话，就是鲁莽了；如果那山洞里虽然没有任何动物，但也没有金砖，要是再进去的话，就是不动脑筋。

是的，能不能在行动中思考就是敢想敢做与鲁莽的最大区别。今天很多大老板都想公司取得高额利润，能够健康、平稳的发展，那他们一定要分清敢闯敢干与鲁莽乱闯的关系，要区分清楚什么是勇敢的尝试，什么是无知的冒进。无知的冒进，只会使事情变得更糟，无知的行为最终将变得毫无意义，只能惹人耻笑。

生活中很多例子告诉我们：富人有钱绝不是偶然，而穷人就算偶然有了钱，也难得长久。背后的逻辑就是，富人获得财富是通过他的一系列的行动，和在行动中不断地思考、总结和改正，从而使他能够源源不断地获得财富。而穷人很可能是一夜暴富，他不知道如何保存财富，只知道漫无目的的花钱，而不能够在花钱的同时思考让财富不断的积累，所以穷人的财富往往无法长久。

一个成功的人士是很难找到规律的，许多时候他都与机遇有关。但失败是有规律的，那就是超越了自己的能力。要在自己能力范围之内吃螃蟹，好比瓮中捉鳖。这样的人，既有胆识、有眼光，却又很稳妥，踏踏实实的做事，那他哪有不成功的道理？敢闯，但绝对不要乱闯，这是一个很简单的道理。人应该以自身知识与经验为后盾，凭着高屋建瓴的远见卓识、果敢迅猛的冒险精神，当机立断地做出决策并付诸实施。只要能够不断的做，不断的思考改正，那成功一定会离你不远。

3

困难没有想象中的大，行动越简单越好

生活中，想要成功的人不知凡几，但是最后真正成功的只有寥寥无几。成功的道路上没有坦途，它肯定会充满了很多的困难，而大多渴望成功的人们都是在困难面前被打倒的，虽然很多时候困难并不是如同他们想象的那样艰难，但他们还是在困难面前退缩了，觉得难以完成，最终离成功越来越远。

在狠者的字典里，这个世界上不存在“不可能完成的事情”。不断挑战极限是他们的乐趣，只有超乎常人的困境才会让他们从中得到锻炼。没有这股狠劲儿，又怎么可能成功呢？

布鲁金斯学会以培养世界上最杰出的推销员而闻名。它有一个不成文的传统。在每期学员毕业时，学会都要设计一道最能表现推销员能力的实习题，让学生去完成。在克林顿当政期间，他们出了这样一个题目：请把

一条三角裤推销给现任总统。八年间，有无数个学员为此绞尽脑汁，费尽心思，但是最终都无功而返。

克林顿卸任后，布鲁金斯学会把题目换成：请把一柄斧子推销给小布什总统。但是由于在克林顿时期有大量的人在这道题目面前无功而返，所以人们在潜意识中认为这道题是一个不可能完成的困难，很多学生知难而退，放弃去做这道题。

然而，一个名叫乔治·赫伯特的学生并且没有花多少工夫，却做到了。时间是2001年5月20日，他成功地将一把斧子推销给了小布什总统。布鲁金斯学会得知这一消息，把刻有"最伟大的推销员"的一只金靴子赠予他。这是自1975年该学会的一名学员成功地把一台微型录音机卖给尼克松总统后，又一位学员登上如此高的门槛。

那么，乔治·赫伯特是如何做到这一点的呢？后来，他说出了自己的想法和做法："我认为，把一柄斧子推销给小布什总统是完全可能的，因为布什总统在得克萨斯州有一个农场，里面长着许多树。"

接着，他给布什总统写了一封信，运用了简单的推销手段写道："有一次，我有幸参观您的农场，发现里面长着许多矢车菊树，有些已经死掉，木质变得松软。我想，您一定需要一把小斧头。但是从您现在的体质来看，一些新小斧头显然太轻，因此您仍然需要一把锋利的大斧头。现在我这儿正好有一把这样的斧头，很适合砍伐枯树。假若您有兴趣的话，请按这封信所留的信箱，给予回复……"后来，小布什总统真的就给乔治·赫伯特汇来了15美元。

在赫伯特之前，金靴子奖已经空置了26年。26年间，布鲁金斯学会培养了数以万计的推销员，造就了数以百计的百万富翁。而布鲁金斯教给他们最重要的就是不怕困难，他们当中没有一个人不因有人说某一目标不能实现而放弃，不因某件事情难以办到而失去自信。一个人不够狠，就无法把不可能化作可能，对自己够狠，不知难而退，这才是最难做到的。

在我们身边，总是有一些颇有才学的人，却无法成功。他们具备种种获得赏识的能力，但是却有个致命弱点——缺乏挑战的勇气，只愿做自己有把握做好的事情，不敢去挑战困难。对不时出现的那些异常困难的工作，不敢主动去承担，而是不断地躲避，而如果必须去承担这些，也恨不得避到天涯海角，直到工作结束。

他们认为现在的生活就是他们想要的，他们希望保住现在的生活，所以他们要保持熟悉的一切，不去做改变和挑战，对于那些颇有难度的事情，他们选择躲远一些，否则，就有可能被撞得头破血流，失去现在的一切。结果，终其一生，也只能从事一些虽然没有风险却平庸的工作。

狠者之所以成功，得到大家青睐，很大程度上取决于他们敢于挑战困难，对于别人敬而远之的“不可能完成的事情”，他们敢于承担，而且能够很好地完成这些事情。正是秉持这一原则，他们磨砺生存的能力，不断力争上游，在激烈的竞争中脱颖而出。

这个世界最需要有奋斗进取精神，敢于挑战困难的人最有自信，给人感觉就没有他们解决不了的事情。而女人最需要的，就是这样的男人，这样的男人能给女人一个依靠；老板同样也需要这样的男人，这样的男人是团队的主心骨，能够增强团队战斗力。

很多时候，在有的人那里，一切都迎刃而解，很多时候这不是他们更聪明，而是他们更自信。相信自己，用信心支撑自己完成很多在别人眼中不可能完成的工作，而完成这些工作后你的自信就又会增加，同时，你还能获得百倍于平常的能力和智慧。

当然，在挑战困难的同时，你必须了解那些被誉为“不可能完成”的工作，针对工作中的种种困难，结合自己自身能力，看看自己是否具有一定挑战力。如果没有，先把自身功夫做足做硬，再去挑战。因为，挑战“不可能完成”的工作只会有两种结果——成功或失败。而这两者往往只有一线之差，决定性因素就是你自己的能力，对此你不可不慎。

4

砍掉拖延的毛病，绝不浪费一分一秒

拖延是一个人人都有的毛病。在生活中，人们在做事时总习惯往后拖延一步，总愿意让自己享受一下行动之前最后的安逸。享受之后，又想继续享受，觉得时间还多，一点都不急，这样下去，可能直到期限已满，行动也还未开始。而事实就是，这直接导致你人生的失败。

现实中，有一个我们都很熟悉的场景，你下定决心要克服爱睡懒觉的坏毛病，于是在前一天晚上计划第二天早上六点半起床。第二天，你定好的闹钟准时响了，但是你根本就没有精神起床，于是你就安慰自己说："今天就当是最后一次吧，从明天开始早起，今天再多睡 10 分钟，明天绝对不再这样。"接着，你按掉闹钟，转身继续睡觉。直到忽然醒来，发现马上就要迟到，匆匆忙忙地爬起床，然后心里想着第二天一定要早起。

其实这就是拖延。拖延往往会使你定好的计划都成为泡影。谁都知道制定计划的好处和拖延的习惯会带来不利影响。可是一旦付诸行动，人们总是习惯地为自己找各种借口好让自己拖延一下，比如说条件还不齐备。很多墨守成规、做事死板呆滞的人，临到做事时总要以条件还不具备为借口，好拖延一下。

可是，在很多时候，如果一定要等到全部条件具备齐全以后才开始行动，那很可能会丧失机遇。比如，某一企业准备生产一批紧缺商品，但是各种材料数额有限，需要不停从外地加运。难道老板会等到材料全部凑足才开始生产吗？显然不会，老板会利用已有的材料生产，一边生产一边运输材料。如果等到材料全部凑足才动工，可能紧缺商品已成为滞销商品，市场已经饱和。

难道说拖延真的不能被战胜吗？很多时候，人们觉得拖延是自己的天性，觉得拖延是不可能避免的。其实，拖延的产生，从本质上来说就是人们不喜欢做不感兴趣的事情，所以心里想要不断的逃避去做这件事情；另一方面，我们做的事情可能需要很长时间才能看到成果，导致我们对这件事情的结果不放心，于是迟迟不愿意去做。与拖延的战斗，其实就是与自身懒惰的习性和爱逃避的软弱相抗衡，我们要养成立即行动的习惯，才能克服拖延的困扰，让好习惯代替坏习惯。所以我们可以采用以下的办法战胜拖延：

第一，通过比较，让自己从心理上接受。

当人们深入思考为什么会产生拖延的问题之后，就会认识到拖延其实就是自己对自己进行的自我欺骗。人都是懒惰的，如果有一个舒服温暖的被窝，那么潜意识里就不会愿意起身去寒冷的户外。从远古以来，人类就进化了一个自我保护的功能，趋利避害成为了人的一个本能。而这种本能可以使人们能够更好地存活在恶劣的环境中，这是我们大脑的一个固有机制。那么，拖延的产生本质也与这个有关，人们更希望去做简单的快乐的事情，而不是令自己痛苦的工作。

所以很多时候我们可以进行比较，通过比较让我们的大脑接受。例如，某人可能为了买一个在 A 商店 30 元的钢笔而打车去 B 商店买同样的售价 20 元的钢笔，结果坐车花了 15 元。

这种方法就是，在你的任务列表里再挑一个比你此时你不想做的任务 A 更容易的任务 B，然后告诉自己，A 和 B 此时必须完成一个，你可以自己挑选。那么，作为大脑，肯定觉得 B 比较容易，所以就去做 B 吧。这样，我们就成功的欺骗了自己，让自己在心理上感到自己选择了容易的那一个，这样就不再畏惧，就能立即去行动。那么，我们可以找一个比 A 更难的任务 S，这样，我们也就有理由去做 A 了。这虽然是一个自欺欺人的方法，但是很有效果。

第二，不被外物干扰，让自己更加专注。

在我们的生活中有很多东西能够干扰我们，例如手机、电脑、网络等，当我们想要专心做一件事情的时候，尤其是这件事即使拖延到明天做也没有关系的时候，这种情况下，一个他人的短信也许就可以让我们转移注意力，去干其他事情，甚至很难再回到我们想要的专心的状态。所以，我们要做的就是简化周围所有的干扰源，把所有有可能会干扰我们专注状态的东西全部通通切断。

比如在写文章的时候，就断开网络连接，把手机调到静音，找一个独处的环境开始写作，直到写完为止。这种保持专注的状态很重要，本来磨磨蹭蹭要两个小时做完的事情，很可能不到一个小时就搞定了。那么节省的时间就可以用来彻底的放松。这样即完成了任务，又可以好好的休息。

第三，不进行多任务操作，让事情变得简单高效。

虽然说我们的大脑是多任务操作系统，我们可以一边唱歌一边洗澡，一边听音乐一边做饭。但很多时候，单纯的工作可以让我们保持更加高度的注意力，让我们更快地完成任务，从而减少拖延的次数，培养立即完成的好习惯。

其实拖延并不是我们想的那样难以战胜，相信只要我们采取好的方法，一定可以战胜拖延，提高自己的效率，不浪费一分一秒。

5

关键时刻，要有快刀斩乱麻的魄力

在社会中充满着各种机会，但是机会都是稍纵即逝，因此在机会来时，要当机立断，及时把握。然而有些人的性格是比较优柔寡断，碰到事情总是举棋不定、犹豫不决，在处理事情时，进行适当的考虑，谨慎行事是有必要的。但太过于犹豫不决、优柔寡断就容易错失时机，所谓犹豫者错失机会，观望者丧失机会，等待者永无机会，强者抓住机会，智者创造机会。所以说，在关键时刻，就要有快刀斩乱麻的魄力。做事果断，是一个人能否更快成功的关键，看到机会，果断决策，勇敢地去行动，至少你就能接近成功。

历史上的西楚霸王项羽，可以说是家喻户晓、妇孺皆知。他的那种力拔山兮气盖世的豪情被世人所仰慕，然而就是这样的英雄由于自身性格上的优柔寡断，当断不断，才反受其乱，最终兵败于刘邦，被迫自刎在乌江边上。

当初破秦入关时，项羽的谋士范增劝说他趁此机会去攻打刘邦，但项羽却犹豫不决，不能果断行事。就在项羽得知刘邦掠夺了大量财富，想要称王时，终于下决心消灭刘邦，然而还是不能果断的下决定，没有坚持自己的主张，让别人的一番花言巧语轻易改变了自己的想法，白白浪费了大好机会。

在那次的鸿门宴上，项羽是完全有机会杀掉刘邦，但始于他的优柔寡断性格，迟迟拿不定主意。甚至在刺客刺杀刘邦时，面对他的部下竟暗中保护刘邦，这样的情景，他还是无法狠心去处决刘邦，最后在自己的举棋不定下让刘邦安然离开，逃之夭夭，而后被做好准备的刘邦掉头攻打，让自己成为一个彻头彻尾的失败者。

人的一生，经常在一些关键时刻要做出一些艰难的决定，当我们面对那些难以取舍的问题时，思考、犹豫是必然的，但如果一个人过于优柔寡断，就是浪费成大事的机会，就好像项羽一样，优柔寡断者注定要被灭亡的。做什么事时都总是瞻前顾后、畏首畏尾、前怕狼后怕虎，总是患得患失，该断不断，该做不做，其结果往往会浪费掉本来属于自己的机遇，让刘邦夺得了原本属于自己的江山，并被他最终逼迫自杀而亡。一个绝佳机会不会一直存在的，当你在再三考虑时，当你真的准备好时，机会可能已经溜走了，最终你会与成功擦肩而过。

因此，在有限的生命和有限的精力和才智下，在想事做事时必须要到当机立断，不可犹豫不决。经常迟疑不决的人，通常抓不住最好的机会，注定是个失败者。当我们遇到一点小事，就要去和他人商量，这样自己往往会根据他人的意见而改变自己的想法，结果反而适得其反。

或许有人会说，决策果断、雷厉风行的处世不保险，可能会犯错误，但这总比只说不做，做事处处犹豫、时时小心的人更有成功机会。如果你在这十字路口，不能果断地选择适合自己的，犹豫不决或是一味地纠缠那些毫无结果的东西上、拼命地追求本该放弃的，到头来只得是竹篮打水一场空。

有一位妇人，在性格上同样有无主意、无决断的毛病。如果她需要购置一件货物，那么她几乎就要跑遍城中所有出售那种货品的店铺。而且她还会把同一类型的各件货物都放在店柜上，反复审视，反复比较，然而还是无法决定到底要买哪一件。

因为她自己都不知道，究竟哪一件货物才是适合她的。如果她需要买一顶帽子或一件衣服，她就会把店铺中所有的帽子衣服都试戴、试穿过，并且还要多次向店员询问，直到对方出现不耐烦的情绪，但结果还是买不到她满意的，最终又空手回来！或许她所需要的衣帽，首先要温暖，但同时又不可过于温暖，或过于沉重。另外她所需要的衣帽，还要是那种晴雨咸宜，冬暖夏凉，水陆皆适宜，影戏馆、礼拜堂都能搭配的衣帽。

万一她真的就买成了一件货物，她还是存在疑虑，这次她究竟是买对了还是错了？而且她还会犹豫着是不是需要将货物退回更换。她经常购买一件东西后，还会更换两三次以上，但结果还是不能完全使她满意。

这种思想上的不坚定，对于一个人的品格锻炼是一个致命的打击，有这样弱点的人，不会是一个有毅力的人，而且由于自身的这种弱点，会失去他人对自己的信赖。人的一生中，总会面临着不断的选择，在事件面前，需要做决定的，则要必须做到能在今天决定，就不要留到明天。要经常练习去做敏捷而坚毅的决定。不管事情是大还是小，不管是帽子颜色的选择，还是衣服式样的决定，你要抛弃犹豫的思想，做到果断下决定。如果你没有敏捷、坚毅的决断的习惯或能力，则你的一生，将如一叶海中漂泊的孤舟，漂浮不定，甚至会遭受更多暴风猛浪的袭击。

站在河的此岸，呆立不动的人，永远不会渡登彼岸！所以说做人做事都要干脆，不仅要努力去争取，而且对自己多余的、次要的，得不到的和不属于自己的该放弃都要果断放弃。就像当老帅被将、无路可退时，必须果断“弃车保帅”，挽回败局、稳住阵脚，这样我们才有机会反败为胜。

取舍有当，是一种智慧的人生。在人生的关键时刻，我们必须审时度势，学会放弃，这样你才能够利用更多的精力去争取真正属于自己的东西，因此我们在做人做事方面要斩钉截铁、干脆利落！有快刀斩乱麻的魄力，不能拖泥带水。

6

当机遇来临的时候：立即出击，精准且迅速

在现实生活中，我们会经常听到有些人说，某某的运气特别好，每次机遇都被他们抓住了，所以才取得了成功。其实，人生中的机遇是客观存在的，它对每个人都是公平的，不是你缺少机会，而是需要用积极的思想去发现机会，并主动出击去把握机会。优秀的人不会等待机会的到来，而是寻找并抓住机会，立即出击，精准而迅速，让机会成为服务于他的奴仆。

然而我们却常常会看到这种情况，有些人面对机遇视而不见，有些人虽然看见了机遇却抓不住，还有些人抓住了机遇却很少能取得效果。要知道机会永远只属于面对机遇果断出击的人，只属于勤奋执着、不怕艰苦、

苦苦追求的人。善于抓住机遇的人，他们具有敏锐的目光，坚定的目标，和不屈不挠的精神，以及为求成功，即使刀山火海也在所不惜的意志，这样做下去，自然会获得成功。所以积极主动，永远是成功者不变的法则。思想上积极，行动上主动，这就是掌控人生命运的法则。

在最初马自达选择与海南的合作中，采取的是一种谨慎的姿态，因为马自达还不太清楚中国的市场，不敢贸然行动。所以虽然马自达与海南已经进行了十多年的合作，但一直没有在市场上有很大的名声，它在等待着一个机会。

一开始，马自达与海南合作生产的第一个产品是 929 两厢车和轻型皮卡，在进行了两年的试探后，又开始上马 323。929 两厢车，轻型皮卡，323，成为马自达与海南合作的开始，但由于受当时政策的影响，马自达和海南合作多年后，也没有选择大量生产，所以在市场上这些产品的知名度也没有多大提高。

直到 1998 年，这个局势才有所改变，这时，海南马自达并入一汽集团，实力的提升，让马自达看到了这个机会，苦等多年，终于可以大刀阔斧地开始正式进入中国市场。

在 2001 年 5 月马自达向市场迅速投放了普利马，然后在次年 7 月又投放了新 323。而且在这个时候，这些产品也开始光明正大地使用马自达这个品牌。随着，马自达将普利马及新 323 在全国范围内大量销售，打开了中国的市场大门，马自达品牌的知名度也得到迅速提高，并开始渐渐被中国消费者认识。

“新 323”和“普利马”的成功让马自达在中国的市场销售增加了更多的信心。但此时的马自达公司经历多年的隐忍，刚刚才将公司的营利扭亏为盈，自身经济实力不够与中国企业进行资本上合作，于是马自达公司转变策略，采取了技术合作的方式。所以在 2002 年，马自达公司选择和一汽轿车进行了技术上的合作，将其平台技术处于世界领先地位的最新主打车型 Mazda6 轿车技术引进到中国。

经过一段时间的技术上的支持，在 2003 年 1 月，马自达与一汽轿车技术合作生产的 Mazda6 缓缓驶下了生产线，并在 4 月份正式开始上市。凭借着先进的技术，Mazda6 正式进入中国市场，迅速得到消费者的认可，出现了持续旺销的局面，最后 Mazda6 创造了当年单一品牌车型的最好销售纪录，并且一举跻身中高级轿车主流品牌行列。

通过马自达公司的发展策略，我们可以了解到：采取积极主动的措施，是一个公司发展的重要环节。一个公司要想成功站稳市场，只有主动发现机会，并及时抓住时机迅速出击，才会不断地发展。

有时候，当我们面对一些事情的时候，是没有第二次选择的机会，却可以珍惜每一个机会，把握住每一次机会。那么，当面对选择时，要珍惜每一个机会。也许你已经练就了一身绝顶的好功夫，但若总是远离竞技的圈子，远观比赛的擂台，你武林高手的称谓似乎永远只是虚名或是自封。该出手时就出手，抓住机会，主动出击，在决定你命运的面前适时地抖出你的绝活是人生永不过时的铁杆定律。

这是一个快速变化的世界，机会稍纵即逝，所以要把握住适当的分寸和尺度，所谓该出手时就出手，只要有任何机会，就要马上行动。美国一位非常成功的石油商人怀特·菲利浦说过，如果我们在超过某种限度之后，还是不停地去思考问题，那就会造成一定的混乱和忧虑。当调查和多加思考后发现问题开始变得对我们有害的时候，也就到了我们下定决心，付诸行动的时候了。所以，面对机遇，一定要做到“该出手时就出手”，切不可左顾右盼，举棋不定。在生活中不论干什么，一旦错过了最好的时机，你可能一无所得。

人生中不是没有机会，而是你需要用积极的思想去发现机会，并主动出击去把握机会。在竞争异常激烈的时代，被动就会挨打，主动就可以占据优势地位。我们的事业、我们的人生不是上天安排的，是我们主动去争取的。主动是为了给自己增加机会，增加锻炼自己的机会，增加实现自己价值的机会。社会、企业只能给你提供道具，而舞台需要自己搭建，演出需要自己排练，能演出什么精彩的节目，有什么样的收视率决定权在你自己。所以，在面对机遇的时候，不要犹豫不前，而是要在经过认真思考之后，果断地采取行动，把握机遇！

世界上所有成功人士都懂得创造机遇的奥秘，那就是——敢于行动，一个真正成功的人，是敢于行动的人。然而，机遇不是等待会得到的，而需要我们去创造，不断努力创造机遇是我们行动的一个主要力量。而且想法决定所需，行动决定所得，机会永远都垂青那些敢于行动的人们，无论你想什么，如果没有行动，它就是空想。一个人若想成功，就不能只停在想的阶段，而是应该去行动，立即行动！

7

不必向任何人宣誓，现在就要开始行动

现实生活中有这样一类人：他们往往还没有行动，就会做到“誓言”先行。在他们看来，把自己的行动计划和目标公之于众，可以借助周围舆论的压力迫使自己去立即行动，但这种做法真的可行有效吗？从哲学的内因与外因理论来看，这完全是在自欺欺人，外因所起的作用并非是决定性的，用舆论逼迫自己行动的做法根本就是一个伪命题。实际上，我们完全不必向任何人宣誓，立即开始行动才是最为关键的事。

世界上的所有东西，大到高楼，小到针线都是由一个个想法付诸行动后所得到的。所以说，既然想到，就要开始行动，成功就好比一把梯子，那些把双手插在口袋里的人，是永远也爬不上成功的阶梯的。对于那些只会说而不去做的人，最终只能是徒劳无功。

周亮每个月的工资只有三千元，他的妻子一个月也就两千元，这样加起来才五千块，可是他们还有房贷要还，还有孩子的学费要交，这样算下来，每个月的开销基本上是收支相等。一旦，碰到家里需要钱的地方，都会显得比较拮据。虽然，周亮夫妻俩都想攒点儿钱，留作急用，但总是无法存下钱，不是这事就是那事，甚至有的时候俩人的工资还不够用。

就这样，对于存钱的想法，他们一直说了好几年，比如“加薪以后立马开始存钱”；“分期付款还清以后就要存钱”；“渡过这次难关以后就必须存钱”；“下个月就要开始存钱”；“明年开始就要存钱”……

到最后，妻子实在是不想再拖了，她就对周亮说：“我们还能不能存下钱，孩子也越来越大了，父母也都老了，就我们俩人的工资怎么够花啊?”周亮也是一筹莫展地说：“我们一直在计划存钱啊，可是你也看到了现在根本就省不下来呀!”

妻子决定必须要行动起来，于是她接着说：我们想要存钱的这个想法已经说了好几年了，就是认为省不下，才一直没有储蓄。前两天我看到一个理财广告说：“如果每个月存1000元，那么在一年后就会存到12000元，如果我们选择一个适当的理财产品，效益还会更客观。而且广告上还说：‘先存钱，再花钱’比‘先花钱，再存钱’要容易得多。若你真想储蓄，我们就把薪水的20%存起来，不要再移作他用。虽然我们可能要靠方便面撑到月底，但只要我们真的那么做，相信我们一定能够办到的。”

后来周亮夫妇为了存钱，在开头的几个月自然吃尽了苦头，然而他们克服了所有困难尽量节省，保证每一个月都留有这笔预算。随着时间的推移，现在，他们已经有了可观的储蓄。

可见，对于自己想做的事马上去做，就可以做到。不要只是喋喋不休的说，不断给自己找借口，一切都是由自己决定的，不要被任何事物阻碍，成为一个被动者，一定要把握机会成为一个主动的人。只说不做，缺乏果断的行动力度，这样做的结果只有一个，那就是失去成功的机会，不会有所收获。

只有立即行动，才能真正地获得机遇，我们才能在人生的道路上驾驭机遇，进一步取得人生中的成功，达到实现自己理想与抱负的目的。因此，将想法转换成立即行动的习惯——是成功者必不可少的习惯。有 7 个方法帮你养成立即行动的习惯：

第一，不要等到时机成熟才行动。如果一味的等待，你可能永远都等不到时机成熟的那天。在现实世界里，永远没有完美的时机，你必须立即行动，出现问题就立马去解决。

第二，努力做到有念头就要立即去做而不是反复想。想法在你脑子里考虑的时间越长，细节就会变得越弱越模糊，也许一周过去，你已经完全忘记它了。你想开始锻炼身体吗？你有好的想法要告诉你的老板吗？让想法变成行动，今天就去做它！

第三，只想象不会成功。如果你有一个好想法，就立即行动让它成为现实，一个付诸实际的普通想法要比那些不去实现的完美想法要实际得多。因为想法虽然重要，但只有在实现了以后才会有价值。

第四，用行动战胜恐惧。最难开始行动的时间就是刚开始的时候，比如演讲最难熬的是等待轮到自己的时间，就算有经验的演讲家或是演员也会感到一些焦急，然而行动却是治愈恐惧的最好良药，一旦行动开始了，恐惧就会消失。

第五，让行动开启你的创造引擎。创造并不是说只在有想法的时候才会出现灵感，其实在行动中也会出现新的灵感。如果你一直等待灵感来敲门，那么你的作品会少得可怜。所以，我们应该学会用行动去开启创造引擎。如果你想写作，那就坐下来提笔去写，灵感会随着行动而迸发。

第六，关注目前你能做什么。对于以前的事或者未来的事不要过分地去回忆或想象，你唯一能支配的时间就是现在。如果你对过去或者未来猜测太多，就会对行动形成羁绊，不会完成任何事情。

第七，立即行动，高效率工作。在真正行动之前，我们经常会左顾右盼，不肯立即行动，这样就会降低了效率。比如在开始真正工作前许多人都会查看 E－mail 或者订阅或者娱乐，这些干扰会花费我们大量的时间，如果绕过它们，立即开始工作，那么我们就会成为一个高效的人。

行动会让你实现梦想，行动也会让你在平凡中脱颖而出，所以，当你有一个好的想法，立即去实现它。积极行动可以抓住成功的机遇，所以一百次的心动不如一次的行动，只有大胆行动，才会创造价值，只有行动才有可能成功。在现实生活中，我们要用敏锐的目光去发现机遇，用果敢的行动去抓住机遇，最后坚持不懈的努力去把机遇变成真正的成功。所以，不必对任何人宣誓，不必告诉任何人你想如何如何，有了想法就要立即行动，只有行动才能让理想变成现实。

第八章

DI BA ZHANG

狠在说话：三寸之舌强于百万之师，成功离不开口才

把话说正确，是一个人应该穷尽一生去学习的艺术。三国时期，诸葛亮凭借自己的三寸不烂之舌挡住了百万曹军。真正的强者，从来不需要巧舌如簧，关键要说得够狠、够有力、够聪明，不但把话说进人的心里，还要征服人心，获取人心。

1

舌头比拳头更有力量

纵观人类发展的历史，战争是人类用武力解决问题的最常见形式，但真正善于用兵的将帅并非将敌军置于死地，而是通过智慧、谋略，兵不血刃地战胜对方。孙子将此称为“上兵伐谋”，他曾说：“故善用兵者，屈人之兵而非战也，拔人之城而非攻也，毁人之国而非久也，必以全争于天下，故兵不顿而利可全，此谋攻之法也。”他认为，不战而使敌人屈服，这是最高超的谋略，而舌头是智慧的代言。从某种程度上说，要想达到不战而屈人之兵的目的，说话的水平起着非常重要的作用。

会说话的人，三言两语，就能化干戈为玉帛，使大家冰释前嫌，重归于好，从而避免矛盾愈演愈烈，甚至可以直接避免战争发生的可能。即便大战在即，双方已经摆开了阵势，会说话的人也能将敌军劝退，或激励自己的军队一鼓作气，战胜敌军。这一点在很多谋略家身上都有典型表现，战国时期秦国的谋略家张仪就是这样的人，他的伶牙俐齿曾帮秦国通过外交手段避免了很多战争，屡次在六国联合抗秦的紧要关头，帮秦国转危为安。

张仪是战国时期魏国人，他和苏秦一道跟从鬼谷子先生学游说之术。张仪乃旷世之才，苏秦曾自认为自己的才学比不上张仪。张仪学成出师后，就去了楚国游说。有一次，他在楚相令尹那里赴宴饮酒。席散后，令尹发现身上的玉璧不见了，结果大家都认为张仪偷了，因为张仪是个穷汉，品德也不见得有多好。于是，众人把张仪暴打一顿。

回到家里，张仪的老婆见张仪那般受辱，叹了口气说：“唉，你如果不去读书游说，又怎会遭到这般侮辱呢?”张仪笑着对妻子说：“你看看我的舌头还在吗？”妻子禁不住笑着回答：“舌头还在啊。”张仪说：“这就够了。”这个故事足以证明，张仪对自己的口才多么自信，他相信只要舌头还在，将来就会成就一番大事业。

后来，张仪成为秦国的相国，他曾照会楚相提及当年受辱的事情，他表示：“当年我根本没有偷你的玉璧，可你却打了我。你给我记住，我回头真的要盗取你的城池云云。”自此，张仪开始逐一拆散合纵国，推行秦国的连横政策。

连横的目的，就是为了拆散六国间的抗秦联盟，张仪第一个目标是拆散齐楚联盟。因为按照当时的局势，能够与秦国争夺天下的只有齐国和楚国。一旦齐楚合纵，秦国就难以对抗，称霸就很难了。公元前313年，张仪出使楚国，见到楚王后，张仪说：“大王如果能够关闭边关与齐国断绝来往，我愿献上商於地区600里的地方给楚国。秦王也将把自己的女儿许配给大王，秦、楚两国永远成为亲如兄弟的国家。这样一来，北面削弱齐国，西面有利于秦国，您看怎么样？”

楚王非常高兴，心想：“我不费一兵一卒便得到六百里土地，这么大的喜事，你哭丧着脸干什么？”群臣也纷纷恭喜楚王。于是，张仪带着楚国的使臣回到秦国，办理了600里地交割手续，但是到达秦国之后，张仪假装上车时不小心从车上摔下来，在家里躺了3个月没有上朝。

楚王得知此事后，以为张仪嫌他与齐国绝交不够坚决，于是派勇士前往齐国大骂齐王。齐王非常生气，心想：你不跟我好也就罢了，也犯不着这么绝吧，于是转而投靠秦国。当秦国与齐国恢复邦交之后，张仪才上朝，对楚国使臣说：“我有6里封地，愿意献给你们大王。”

使臣说：“我受楚王之命，来接受商於之地600里，怎么是6里呢？”使臣回国把这件事报告给楚王，楚王勃然大怒，一气之下发兵攻秦，结果遭到秦齐联军的攻打，大败而回。自此，齐楚联盟彻底破裂。

试想一下，如果秦国不是派张仪通过舌头破齐楚合纵，而是率军攻打齐楚，迫使齐楚终止联盟，那么结果损兵折将不说，还会使齐楚联盟更加紧密，而达不到分裂齐楚的目的。但张仪一出马，动动嘴皮子，就能分裂齐楚联盟，而且还使楚国军队遭受重创，元气大伤。由此可见，舌头比武力更为有效。

很多时候，武力解决问题并非最好的选择，因为那样的代价太大，兵折将不说，还无法从根源上解决问题。要知道，武力带去的是伤害、是仇恨，是永远消除不掉的仇恨，所以，该用舌头的地方，用拳头并不能解决问题。因此，在做一件事情之前，如果舌头可以巧妙解决的，又何必非得动用拳头呢？

三国时期，诸葛亮可以算得上是最善于用舌头打仗的人，有很多关于他口才制胜的故事，他甚至还曾凭三寸不烂之舌，将曹军中的司徒王朗骂死于马上。故事是这样的：

诸葛亮率师北伐，在渭河边遇到了魏国大都督曹真的军队。王朗是曹军中一位以舌辩著称的司徒，他主动请命去劝降诸葛亮。在两军对峙的阵前，王朗引经据典，口若悬河，以为诸葛亮会“倒戈卸甲，以礼来降”。

没想到，诸葛亮不为所动，他说明了蜀军北伐的原因，分析了天下的形势，然后话锋一转，直接骂起王朗：“吾素知汝所行；世居东海之滨，初举孝廉入仕；理合匡君辅国，安汉兴刘；何期反助逆贼，同谋篡位！罪恶深重，天地不容！天下之人，愿食汝肉……皓首匹夫！苍髯老贼！汝即日？归于九泉之下，何面目见二十四帝乎？”王朗听了这番话，估计是心脏病发作了，顿时气满胸膛，大叫一声，吐血而亡。曹军大震，不战而屈。

对于这段典故，后人有诗赞誉诸葛亮：“兵马出西秦，雄才敌万人。轻摇三寸舌，骂死老奸臣。”舌头的威力是无穷的，它可以让对手乖乖退兵，又如：春秋时，秦晋两军联合进攻弱小的郑国，在兵临城下时，郑大夫烛之武一人来到城下面见秦穆公，他以卓越的说话水平分析形势，陈说利害，最后使秦穆公甘心退兵。烛之武以一舌救一国，这再次证明舌头的威力。

意大利有一句谚语说：“舌头虽小，却可以拯救一座城市。”的确，刀枪剑棍等武力固然可以使人屈服，但真正能够使人发自内心认同和屈服的，不是武力而是智慧，如果你有高明的智慧，有高超的口才，你就可以使对方心悦诚服。

2

控制你的愤怒，小心祸从口出

人与人之间经常会发生一些小误会或小摩擦，本是再正常不过的事情。胸怀宽广的人一般都会选择控制自己的愤怒情绪，一过则忘，但并不是所有人都有这般胸怀。在人际交往中，我们经常能看到一些人的争吵只因某一件鸡毛蒜皮的事，但由于对方逞一时口舌之快，口不择言的话语，让另一方的自尊心深受打击，导致勃然大怒、反唇相讥，甚至还会出现大打出手的现象，最终小事变成了大事。

其实，人在愤怒的那一个瞬间，智商是零，经常说出一些违背意愿或感人至深的话语。俗话说：蚊虫遭扇打，只为嘴伤人。在愤怒的时候，以尖酸刻薄之言讽刺别人，只图自己嘴巴一时痛快，殊不知会引来意想不到的灾祸，而且愤怒还会让一个美丽的面孔，瞬间变得丑陋。

人的优雅关键在于控制自己的情绪。不管你是什么身份地位，不管你年龄是大是小，在生活中，我们都会有发怒的时候。面对这让我们不能自己的情绪，我们会觉得莫名的狂躁和抓狂，觉得自己好像变了一个人，经常口不择言。人越是控制不住自己的愤怒情绪，说出蠢话或危险话的概率就越大，甚至会为此付出惨痛的代价。

在一个水池里，住着一只坏脾气的乌龟，有两只大雁每天都会来这里喝水，时间久了，他就和来这里喝水的两只大雁成了好朋友。

有一年，天气比较干旱，导致池水干涸了，于是乌龟就决定搬家，它想要跟大雁一起去南方生活。可它不会飞，于是这两只大雁合作用嘴咬着一跟树枝，叫乌龟咬着中间，大雁又一再嘱咐乌龟途中千万不要说话。

就这样，他们飞过了绿色的田野，飞过了蔚蓝的湖泊。这时地上的孩子们看见了，觉得这个组合很有趣，大家拍手喊道："你们看呀，好有趣的组合，多么滑稽的乌龟。"本来乌龟飞得很兴奋，听到嘲笑后变得无比的愤怒，就开口责骂他们。它忘了此时自己正在半空中，当乌龟的口一张开，就掉了下来，不幸的是正好落在石头上，死去了。这两只大雁叹气说："早告诉过你不要张口了，怎么就控制不住自己的坏脾气。"

乌龟的教训告诉我们，不管发生什么事，有多么值得让我们愤怒的事情，都要学会控制自己的情绪，尽量不要开口说话。如果非说不可，那么，你一定要冷静下来，注意所说的内容、意义、声调和姿态，避免因为自己的愤怒而说出不得体的话语，为自己引来祸端。

尤其是在工作中，任何情况都可能发生，任何奇葩的事情都可能遇到，所以在处理工作和事务时，要学会保护自己免受伤害，首先要学会控制自己的情绪，不要轻易地把自己的情绪表露出来，以免伤害自己也得罪了别人，给彼此造成很深的伤害。

曾经有个男孩，很任性，经常对别人发脾气。在某天，他父亲给了他一袋钉子，跟他说："孩子，你每发一次脾气，就钉一颗钉子在后院的围墙上。"

然而在第一天，这个男孩就发了 37 次脾气，于是他在围墙上钉下了 37 颗钉子，后来男孩发现控制自己的脾气要比钉钉子要容易些，所以，他尽量控制每天发脾气的次数，随着时间的推移，他发脾气的次数一点点地减少了。终于有一天，这个男孩已经能够很好地控制自己的情绪，不再乱发脾气了。后来父亲又告诉他："从今天起，每次你忍住不发脾气的时候，就可以拔出一颗钉子"，没过多久，男孩便将所有的钉子都拔了出来。

这时，父亲拉着他的手，来到后院的围墙前，对他说："宝贝，你做得不错，可现在你看看这布满小洞的围墙，它再也不能回复到以前的样子了。这就像你以前生气时说的伤害别人的话，也会像这些钉子一样在别人心里留下伤口，无论你在事后说了多少对不起，那些伤痕都会永远存在别人心中。”

这个故事告诉我们，控制自己愤怒的情绪是很重要的，在失去理智的情况下，我们无法预见自己能说出什么话，给别人带来大伤害，当我们清醒后，后悔不已却又无法弥补了。这些话语就像一根刺一样深深地扎在了别人的心中，我们做再多努力，也很难消除这些伤害。

人是一种感性的动物，情绪会复杂多变，所以人们经常遇到高兴的事时，眉飞色舞；遇到伤心事时，愁眉苦脸；遇到愤怒的事情，暴跳如雷。但是在公共场所尤其是在一些重要场合，这种情况一定要控制，不管遇到什么事情，都要冷静下来理智思考，千万不要意气用事。因为人在愤怒或是激动的时候说话做事容易偏激，对事物没有正确的分析，通常会只看别人的短处多，这样常常让自己做出违背常规的事情，惹出不必要的麻烦。

事实上，愤怒的原因是无足轻重，哪怕是因为他人真的做错了，但我们这样愤怒的情绪不会使事情能往好的方向发展，愤怒不会纠正错误，也不会把错误点指出和给出正确方法的指示，使做错者不重犯错误。所以，与其发脾气，还不如想办法怎么去挽回错误的事情。因为世界上没有十全十美的人，不可能让事情都件件完美，首先要明白，别人的事你知道的不一定全面，也许还有你不知道的隐衷。你若因愤怒而失去理智，难免会颠倒是非，混淆黑白。这时你一定要耐心，冷静对待，认真处理，不可意气用事。

最后，做人应当有提高自己控制愤怒情绪的能力，要经常提醒自己，控制自己的情绪波动，并且努力让自己成为一个容易接受别人和被人接受、性格随和的人，避免出现祸从口出的灾难。

3 说话看对象——见什么人说什么话

俗话说："看人下菜碟。"说话一定要看对象，因为一千个人眼里有一千个哈姆雷特，同样一句话，你说给张三听，张三会笑眯眯地和你握手，帮你办事。你说给李四听，李四可能勃然大怒，赶你出门。因此，坚持因人而异的说话原则是非常有必要的，有的放矢又措辞准确，才能更好地打动人心。

见什么人说什么话，这不是逢场作戏，也不是曲意谄媚，更不是虚伪狡诈，而是一种说话的艺术，其目的是让别人对你产生好感，与他人进行有效地交流，从而达到顺利办事的目的。

要想针对不同的对象说对方爱听的话，你在说话之前，就应该大概了解对方是什么样的人。这包括了解对方的身份、地位、角色，还包括了解对方的脾气秉性，以及对方和你关系的亲近程度等等。

和领导说话时，应该言辞谨慎，绵里藏针。这对领导是一种尊重，能让领导感到有面子，有助于赢得领导的好感。否则，一旦语言过激，措辞不当，就容易惹恼上司，这对你没什么好处。

小徐参加工作不久，有一天，他冲到领导办公室抱怨："总经理，我工作努力，短时间给公司创造了很好的业绩，大家有目共睹。你为什么不提拔我？不给我加薪？"

领导先是一惊，大怒："工作努力就了不起了？给公司创造业绩了就了不起了？就冲你这态度，我不但不提拔你，而且不会给你加薪，你爱干不干……"

大多数领导都是好面子的，如果你不顾对方的面子，火急火燎地与之来硬的，无疑是鸡蛋碰石头，事情没办成，反而碰得头破血流。如果小徐懂得委婉、谦虚地说话，暗示他想获得提拔，想获得加薪，或许更有效果。

和同事说话时，应该多一点谦虚，多一点赞美。同事之间，表面上“你好我好大家好”，实际上暗中相互较劲，都希望自己比别人强，因此，如果你与同事说话时谦虚一点，对别人多一点赞美，那么就更容易赢得大家的好感，获得大家的帮助。

和女朋友或妻子说话时，应该多一点理解，多一点鼓励。女人需要被肯定，特别是需要男朋友或老公的夸奖，而且夸奖要有针对性、要适度，忌讳过分渲染，否则会显得虚伪。有个男人就很会说话，她的老婆是一位临时工收入不稳定，但他经常对老婆说：“你在家里把后勤管得那么好，你的功劳是最大的，我在外面打仗充满了动力。所以，我很知足，因为你已经很好了。”这句话让女人感到非常欣慰。

和长辈说话时，应该多一点尊重、尊敬，应该做到尊重老人，关心老人，体贴老人，这样才能让老人感受到晚辈的孝顺，大家相处才会愉快。

和不同职业的人说话，应该考虑他们不同的知识水平。如果不考虑这一点，沟通就会出现障碍。比如，有一个笑话是这么讲的。有位数学老师在食堂吃饭时，对窗口的工作人员说：“请给我一又二分之一个馒头。”工作人员只给他一个馒头，他说：“还有二分之一个馒头呢?”工作人员不明白，问：“你要两个啊?”于是又给他一个馒头，他急了：“我要的是一又二分之一个馒头。”工作人员更急了：“你到底要几个？没事瞎捣乱什么啊?”

这位数学老师并不是成心捣乱，而是不会说话，他在说话的时候没有考虑听话者的知识水平，过于迂腐，言语不通俗，难怪食堂的工作人员听不懂，也确实让人感到厌烦。此外，说话时还要考虑别人的脾气秉性，针对对方的性格特点来组织语言，这样才能搞好人际关系。

与沉默寡言的人打交道时，你最好采取直截了当的方式与之对话，比如，你直接问他：“我有两种办法，第一种是……第二种是……你觉得哪个好？”

与傲慢无理的人打交道，你的语言应该简洁有力，切忌啰唆，因为多说无益，再者，与这种人打交道要小心为上，不要得罪他们，免得吃亏上当。

与优柔寡断的人打交道，你应牢牢抓住主动权，用自信的口气与他说话，多用一些肯定性的语言，多做出回报性的承诺。如此，才能赢得他们的帮助。

与知识渊博的人打交道，你应该多听少说，同时还要适时给予真诚的赞许。说话要抓住要点，不宜废话连篇，这样更容易达到办事目的。

与性格急躁的人说话，要保持饱满的精神，清楚、准确而又有效地回答对方的提问，不宜拖泥带水，否则他们可能失去耐心。

与猜疑心重的人打交道，你要表现出足够的诚意，对他的疑惑和担忧表达足够的重视，比如：“你的担心是有必要的，我也考虑过这个问题……”等等。这样一来，他会更加信任你，从而给你提供帮助。

4 话不在多，关键要说到对方心里去

墨子是春秋末期战国初期的大思想家、教育家，他的学生曾经问他：“话是说得多好，还是说得少好？”墨子用一个恰当的比喻阐述了自己的见解：“你看田里的青蛙，整天叫个不停，却没有人理会它，而公鸡每天只在天快要亮的时候才叫一两下，人们却都很注意它。可见，话不在说得多，而在说得有用。”

说话不在于多，也不在于少，关键在于说得有用。所谓“有用”即有效果，要想让你说的话有效果，关键要把话说到别人的心坎里。这就要求抓住听话者的心理，有针对性地表达自己的观点，这样才能赢得别人的认同。

话要说到别人的心坎里，才能触动别人的内心，赢得别人的认同。就像射击一样，枪法准才是硬道理，如果枪法不准，胡乱射击，不仅浪费了子弹，还会打伤无辜者，而击不中目标。说话也是这个道理，巧舌如簧不在于话多，而在于准、在于精，在于把话说到关键之处，说到点子上，这样才有说服力。

曾仕强教授曾说：“人不能总是说老实话，话要说到人的心坎上。”他还举例说，在钓鱼的时候，必须用鱼最爱吃的蚯蚓、虾肉、螺肉作为鱼饵，这样鱼才容易上钩。反之，如果你用鱼不爱吃的东西做鱼饵，那么鱼儿肯定不会上钩。

生活中，有些人说话时只顾自己滔滔不绝，而不顾别人的心理，不思考对方想听什么。这样是很难实现有效说服的。作为聪明人，无论在什么时候，都应该聪明地说话，把话说到对方的心坎里。为此，你有必要注意下面几点：

（1）针对听话者的兴趣爱好来说话

不同的人有不同的兴趣爱好，比如，有些人对服装感兴趣，有些人对电子产品感兴趣，有些人对汽车感兴趣，有些人对下棋感兴趣。如果你知道对方的兴趣爱好，可以在交往时先和对方谈论他们的兴趣爱好。这样就很容易打开对方的话匣子，使对方乐于与你交谈。

比如，有个年轻人向一位老医生求教针灸技术。在登门拜访之前，他特意做了一番调查，得知这位老医生对书法特别感兴趣，于是，他精心选购了几本书法方面的书籍，送给老医生。老医生十分高兴，马上和青年人聊起了书法。当年轻人看到老医生的桌子上的字幅时，欣赏道：“老先生，这幅墨宝雄浑挺拔，真是好书法啊！”在年轻人的赞扬之下，老医生开心地收年轻人为徒。

（2）针对听话者的性格特点来说话

不同的人有不同的性格特点，有些人性格急躁，喜欢有话直说。有些人自尊心较强，不喜欢听真话、实话，而喜欢听委婉的话。因此，说话之前，一定要大致了解听话者的性格特点。否则，就很容易碰壁。

有个推销员想把自己的产品推销给一位企业老板，可是他拐弯抹角，半天不切题。他先说："老板，你们这儿的环境不错。"老板点了点头。接着，他又说："现在高学历的人才是越来越多了，你们公司的员工都是大学生吧？"老板还是点了点头。而后，他又说："你们公司的经营状况不错吧？"老板是个急性子，喜欢干脆利落地说话，可推销员半天没说出来意，最后被老板轰走了。

（3）根据听话者的身份、地位来说话

与不同身份、地位的人说话，应选择不同的话题，采用不同的说法。比如，当你遇到一位农民时，如果你跟他谈论服装的流行款式，那就"驴唇不对马嘴"了。如果你跟他说："大叔，今年的收成咋样啊？每亩地的苞谷能收多少？"这样，就很容易激起农民与你谈话的兴致了。

再比如，你想借用一下一位长辈的笔，你对他说："喂，把笔给我用一下。"对方觉得你对他不敬，可能会生气。如果你礼貌地说："请问老先生，把您的笔借我用一下行吗？"对方可能会很高兴地把笔借给你。

（4）换位思考，搞清楚对方在想什么

要想把话说到别人的心坎里，最重要的是知道别人在想什么。因此，在交往中你不妨多换位思考一下：如果我是他，我希望听到什么话，别人说什么话我乐于接受，对方说什么话我会反感？把这些问题想清楚了，你与人沟通起来就会顺利很多。

5 逢人只说三分话，未可全抛一片心

在《增广贤文》中有句话叫"逢人只说三分话，未可全抛一片心"，主要是提醒世人，在待人处世中，千万不要轻易把自己的老底交给对方，

不论在任何情况下，都要话留七分。

西方有位哲学家说过：“我宁愿什么也不说，也不愿暴露自己的愚蠢!”所以说，在公共场合上的人说话要有分寸，分寸拿捏得好，即使是很普通的一句话，也会给自己平添几许分量。然而对于一些不必说、不该说的话，我们要做到闭嘴，避免言多有失。另外在说话中必须要了解对方是什么人，如果对方不是可以尽言的人，那么你即使说三分真话，已嫌过多了。

现在许多刚踏入社会的年轻人，思想都比较单纯，在与别人交谈时，通常口不择言，想到什么一股脑儿的全都说了出来，本来想表达自己对对方的一番诚意。殊不知，对方本来就居心不良、意图不轨，那么你的那些话语，就会被对方加以利用，最后为此付出惨痛的代价。

晓宁毕业后进了一家广告公司当职员，在公司里她结识了一个名叫彤彤的同事，她们成为了非常好的同事兼朋友。而且晓宁有什么话也都喜欢对彤彤说，每到周末，日她们还经常相约出来玩，彼此关系相处的也是特别融洽。

有一次，晓宁跟另一个老员工一起接待了一个客户，中途客户悄悄塞给了这个同事一个纸包，说是“辛苦费”。晓宁的同事当时没有说要，但也没说不要，在最后走的时候顺便把那包东西也收到了自己的包里。当这位同事和晓宁一起出来后，还暗示她不要声张，因为这在公司里是禁止的。

但是，有一天晓宁和彤彤在外玩儿时，彤彤突然问她，上次一起和晓宁办事的那个同事是不是收了贿赂？因为彤彤看见那个同事从办公室出来后，神色比较紧张。晓宁一开始还想着那位同事的叮嘱不想说，毕竟公司有明文规定，私下收取客户礼金，绝对是要被开除的，而且自己也答应了那个同事要保密的。可彤彤一直在深究，终于晓宁禁不住好姐妹的软磨硬泡，就把那次的事情都说了出来。最后，她还反复对彤彤说不要再告诉其他人。

然而，就在上班的第二天，那个同事被经理叫了过去，原来彤彤为了能够博得经理的信赖与提拔，就把晓宁说的话全部告诉了经理。最后，那个同事走的时候，恶狠狠地说晓宁真是一个卑鄙小人，公司里其他的人知道了后，也远离了晓宁，害怕自己的隐私什么时候也被她发现，惹的人尽皆知。

在生活和工作中，最重要的就是说话的分寸，该说的说，不该说的坚决不能说，晓宁就是犯了原则性的错误，对社会上的人情世故不太了解，在人际关系的处理上比较单纯，所以最后让自己陷入了一种尴尬的境地。其实只要我们留心的话，可以发现同事之间很少有真正能够交心的朋友，因为大家之间涉及到的不仅仅是利益，还有上司的赏识，职位的高低等等，都会让同事之间产生私心。

无论是在人生的战场，情场或是商场和职场，任何人都很难期望大家推心置腹。别看许多人平时嘴上说得非常好，可一旦公司有了“肥”缺，大家免不了为这个职位弄得钩心斗角，有的时候也会为了一些公司的蝇头小利挤的头破血流。所以，人际关系在运行时，多少有点保留，总比什么都照直说好，平时在跟同事相处时，要怀有戒心，不要将同事们怀有某种企图的说话太当真。

古人云：“谦受益，满招损。”话太多往往容易失控，头脑发热，忘了什么能说什么不能说，导致祸从口出。其实，不论对别人说自己的秘密，还是去听别人的秘密，都没有什么好处。社会上唯恐天下不乱的人很多，我们一定要学会谨言慎行，这样才不会给自己招惹一些不必要的麻烦。

所以，年轻人一定要明白“言多必失”的道理。给自己保留一份说话的空间，这并不是什么所谓的狡猾和心机，只是保护自己的一种方法而已。轻易相信别人，反而容易上当，因此我们要学会逢人只说三分话，不可全抛一片心，这样可以给自己留一些后退的空间，让自己在人际关系中游刃有余。

6 幽默风趣，为舌头“镀”上一层金

幽默风趣代表着一种智慧，代表一种乐观积极的生活态度。在谈话艺术中，幽默风趣是运用意味深长的语言，再现现实生活中戏剧性的特征和现象，并且是用来传递某种特殊信息的一种表达技巧。因此懂得谈话艺术的人，其实就是那些既擅长引导话题，同时又擅长将无聊的谈话变得风趣幽默的人。一般这种人在社交场上就像如鱼得水，左右逢源，可算做社交活动中的幽默大师。

而且有的时候，幽默就好像润滑剂一样，能有效降低人与人之间的摩擦，以一种很自然的方式去化解冲突和矛盾，并且还能拉近人与人之间的距离，使人们的交往更加顺畅、融洽。其实在日常生活中，我们经常会遭遇尴尬、争吵，面临这种情况，有很多人都不知道该怎么去处理。这时，如果能反应迅速，及时运用幽默风趣的语言，这样不仅能帮你化解这些紧张，还可能消除一场误会，甚至带来一些意想不到的奇特效果。

有一天，英国著名文学家萧伯纳在路上散步，不小心被一个骑自行车的冒失鬼撞倒在地上，万幸的是他并没有受伤，虚惊一场。那个骑车的人急忙扶起他，连连道歉，然而萧伯纳却带着惋惜地语气说：“这位先生，看来你的运气不怎么好啊，如果你把我撞死了，那你就可以名扬四海了！”

就这样萧伯纳用这一句妙语，表达出了自己的友爱和宽容，把他和肇事者双方从不愉快的、紧张的窘境中解放出来，使这件事故得到了完美的处理。

还有一次，萧伯纳的脊椎骨出现了问题，他去医院检查。然而医生却对萧伯纳说：“目前只有一个办法来解决这个问题，就是需要从你身上其他部位取下一块骨头来代替那块坏了的脊椎骨。”而且还说，“这种手术很

困难，我们也从来没有做过。”当时，医生主要表达的意思是，这次手术所要收取的费用并不是小数目。

对于医生的说法，萧伯纳没有选择与他争论，也没有表示不满、失望，而是幽默地说：“可以！但请告诉我，你们能付给我多少手术试验费？”

本来一个很棘手的问题，被萧伯纳用幽默风趣的语言巧妙处理了，进而也避免了一场不愉快的争执。由此可见在关键时刻，适当的幽默风趣可以避免出现正面冲突，用积极向上的态度，乐观的情绪，以及迂回的方式去面对困境，可以让我们更好地化解这一切。而且幽默也是智慧、爱心与灵感的结晶，表现出了说话者的良好素质和较高修养，恩格斯曾经说过：“幽默是具有智慧、教养和道德的优越感的表现。”

幽默能表事理于机智，寓深刻于轻松，给周围的人以欢笑和愉快。幽默运用得当时，能为谈话锦上添花，叫人轻松之余又深觉难忘。尤其是当一个人要表达内心的不满时，如果能使用幽默风趣的语言，听起来会顺耳一些，不会引起别人过激的反应。如果当一个人需要把别人的态度从肯定改变到否定时，巧妙的说话方式会让语言具有很强的说服力。如果当一个人和他人关系紧张时，哪怕是在一触即发的关键时刻，利用幽默风趣的语言也可以及时地摆脱不愉快的窘境或消除矛盾。

曾经有一位绅士在一家餐馆里进餐，在进行到一半的时候，他忽然发现菜汤里居然有一只苍蝇。于是愤怒地扬手招来侍者，冷冷地讽刺道：“请问，它这是在我的汤里做什么呢？”面对这种情况，不管侍者怎么解释、道歉，换来的都是顾客尖锐的批评，还会出现更坏的结局，引起顾客的愤怒，闹得餐厅人尽皆知。

但这位侍者巧妙地运用幽默风趣的语言把自己从困境中解救出来，使气氛得以缓和。只见侍者弯下腰，仔细看了半天，小心翼翼地回答道：“先生，它是在仰泳！”顿时，餐馆里的顾客被逗得捧腹大笑，这位绅士的怒气也消失了一半，事情就以很简单的方式解决了。

还有一位顾客走进另一家有名的饭店，点了一只油余龙虾。但是菜上来后，他发现菜盘中的龙虾居然少了一只虾螯。于是他就询问侍者，侍者无法回答，就去把老板找了来。老板出来后，对这顾客抱歉地说："对不起，先生，我们都知道龙虾是一种残忍的动物。您的龙虾很有可能是和它的同类打架时被咬掉了一只螯。"只听这个顾客回答到："好吧，那么请老板调换一下，把那只打胜的给我。"

一场紧张的语言争斗，就在幽默风趣之下消失于无形之中。案例中的老板和顾客双方都用俏皮的表达方式来委婉地指出双方存在的分歧。这种方式既没有不取笑的意思，也不涉及批评，既没有伤及他人的自尊，也保护了餐馆的声誉，还维护了顾客的利益。可见，幽默能使人急中生智，化解困境，使人在忍俊不禁之中从危险的境地脱身，创造性地、完善地解决问题。

所以，要想在工作中给人留下良好的印象，我们可以运用幽默力量，学会用幽默的语言来缓解紧张的气氛，不仅能够消除人与人之间的陌生感，还可以为说者增添魅力。而且在生活遇到的各种令人烦恼的问题，我们都能以轻松诙谐的幽默语言表达出来。幽默风趣的语言，可以为我们的舌头"镀"上一层金，让我们在生活、工作、社交中可以做到谈笑风生。

7

用知识"武装"自己的口才

如果说嘴巴是枪口，那么肚子里的知识就是弹药，如果只有枪而没有弹药，这把枪也是废弃之物。所以，要想有良好的口才，还需积累更多的知识，积攒更多的弹药。

苏东坡是宋朝著名的文学家。有一次，他到莫干山游玩，玩了一整天，又累又渴，看见远远有一座小寺庙，就想要讨杯水喝，顺道休息一下。没想到，庙里的老僧看到苏东坡穿着破旧，对他爱理不理。为了想喝水，苏东坡只好报上姓名。老僧一听，马上两眼放光，脸色瞬间就变了个样。他不仅亲自为苏东坡端来好茶，还请苏东坡到客房休息。

当苏东坡离去时，老僧谄媚地说了一连串好话，请求苏东坡题字留念。苏东坡没有摆架子，非常爽快地拿起笔，写了一副对联："日落香残，免去凡心一点。火尽炉寒，务把意马牢拴。"

老僧得到这幅手墨后，非常兴奋，把它挂到大堂之上，经常对来客炫耀。一天，一位文人来到寺庙，看到这副对联后，忍不住捧腹大笑。老僧感到不解，就问文人为何发笑，文人解释道："这副字写得真妙，骂人不带脏字啊，想必老僧没有看出来。"

老僧赶忙求解，文人说："日落香残是个'禾'字，凡字去了一点就是'几'字，合起来就是个秃字。炉去火是为'户'，再加上马就是'驴'。所以苏大学士是在骂你为秃驴哪！哈哈，你居然那么得意，真是笑死人了。"

苏东坡文采飞扬，学识丰富，骂人如此隐晦，不带一个脏字，让老僧自取其辱，还浑然不知。如果你有苏东坡那般渊博的学识和文采，你也可以畅所欲言，大大提升自己的表达能力和口才。当然，我们积累知识不是为了写对联骂人，而是为了更好地服务于口才。只有心中有知识，才能妙语连珠。

可以想象一下，一个胸无点墨的人，在与人交谈时，怎么能做到应对自如、侃侃而谈呢？所谓："工欲善其事，必先利其器。"这句话告诉我们，如果你想口吐莲花，就必须有丰富的知识做基础，而阅读书籍是增长知识的重要途径，许多伟大的口才大师，都十分重视通过阅读来武装自己的口才。

著名演说家福克斯每天都会高声朗诵莎士比亚的著作，为的是让自己的演讲风格更加完善；古希腊著名演说家狄摩西尼斯曾经 8 次抄写修西迪斯的历史著作，为的就是丰富自己的知识；大文豪托尔斯泰把《新约福音》读了一遍又一遍，最后都可以背诵下来；英国桂冠诗人丹尼生每天都研读《圣经》……

美国总统林肯也是十分优秀的演说家，他在说服千百万听众时，能做到旁征博引，显示出极为丰富的学识修养，这在很大程度上得益于阅读，他在白宫时曾经常翻看莎士比亚的名著，他能把布朗特、拜伦恩的诗集倒背如流。

林肯曾经以尼亚加拉大瀑布为题材，进行了一次精彩绝伦的演说：“……在远古以前，当哥伦布最初发现这一块大陆时，当耶稣基督被钉在十字架上时，当摩西率领了以色列人渡过红海时，啊，甚至亚当从救世主的手里出来时，一直到现在，瀑布都一直在这里怒吼。古代人和我们现代人一样，他们曾见过尼亚加拉瀑布，比人类第一个始祖还老的尼亚加拉瀑布和现在同样新鲜有力。前世纪庞大的巨象和爬虫也曾见过尼亚加拉瀑布……”

在这段演讲中，林肯把历史与传说有机结合起来，把在世界发展史上有影响力的人——比如，哥伦比亚、耶稣、摩西、亚当等人引出来，让这没有生命的瀑布瞬间变得生机盎然。

古人说得好：“熟读唐诗三百首，不会作诗也会吟。”如果你能饱读各类书籍，积累丰富的知识，那么你也可以做到谈笑自如。知识的积累在于厚积而薄发，如果你有渊博的知识，讲起话来自然底气十足、成竹在胸。所以，无需羡慕别人的口才，只要你愿意多读书，多积累知识和学问，你也可以拥有伶牙俐齿。

一般来说，积累知识可以从这几个方面下手：

（1）积累必要的文化知识

所谓文化知识，上包括天文，下包括地理，遥远的包括历史，还有深刻的文学，抽象的艺术，伟大的哲学，复杂的经济学等等，这些五花八门的知识如果你都懂一些，你的视野就会开阔，你的言辞就会更有感染力、吸引力。如果你才疏学浅，孤陋寡闻，与人交谈时，就会感到言辞浅薄，知识捉襟见肘，甚至还会闹出笑话。

（2）积累一定的处世知识

所谓处世知识，就是指人情世故，即如何与人交往、与人打交道。因为在人类社会中，人与人有着千丝万缕的联系，不懂得基本的为人处世之道，是很难在社会上立足的。要想达到沟通的目的，就必须掌握起码的应酬知识，比如，访友、求职、待客、赴宴、送礼、赠物、寒暄、探病、致歉、打招呼等等。所有这些，都有一些成文或不成文的规则，在日常生活中耳濡目染就能得知。

（3）积累一定的世事知识

所谓世事知识，指的是社会方方面面的常识、经验、教训、风土人情、习俗、典故等等。所谓："世事洞明皆学问，人情练达皆文章。"如果你想丰富自己的语言修养，就要多了解一些世事，否则，很难做到侃侃而谈，甚至还容易造成不必要的误会。

李鸿章有一次出访美国，在一家饭店宴请美方人士，开席前，他按中国人的惯例讲了一些客套话："这里条件差，没有什么可口的东西招待各位，粗茶淡饭，谨表寸心。"没想到店老板火冒三丈，认为李鸿章在诋毁饭店的名声，要求李鸿章公开赔礼道歉。

如果在中国，李鸿章说这些话没有什么不妥，但是在美国，这番话却不符合当地的习俗，所以造成了误会。由此可见，了解不同地方的习俗，丰富世事知识是很有必要的。

8

别让"不好意思"害了你，必要的时候要学会说"不"

初次交女朋友，你觉得对方的长相让你爱不起来，但是由于她是上司介绍的，于是你不好意思开口拒绝。就这样，你装模作样地约会，让女孩误以为你对他一见倾心，时间越久，女孩陷得越深。到最后，你想拒绝时，却感到更加为难。

在服装店买衣服时，你挑选了一件款式和做工都不错的衬衫，但在价钱上，你却觉得不够实惠。你犹豫了很久，原本决定不买了，但是当你看到热情的售货员时，马上心软了，觉得不好意思拒绝。于是，你最后咬咬牙，打开了钱包，买下了这件衬衫。

几个同事下班之后，拉着你去喝酒、唱歌，你本来有事要忙，但见同事们热情相邀，便不好意思拒绝，只好硬着头皮、装作高兴地去了。有了第一次，便有了第二次。今天这位同事请客，到了明天，你也得表示表示。可是你本意真的不喜欢这种活动，你感到很不自在。

……

不好意思说拒绝，觉得开不了口，但又表现得言不由衷，吞吞吐吐，欲言又止，欲藏又露。在这种情况下，明眼人一下就看出了你的内心，让你显得非常被动和尴尬。更重要的是，由于勉为其难，内心始终不畅快，你的表现可能有失妥当，甚至会引起别人的不快，这对你的人际关系也会造成影响。因此，不懂得说“不”的人往往不会快乐，也往往得不到别人的理解和好感。

老张平时爱说大话，有一次，他对朋友说：“我有亲戚在铁路局，春节买票有困难尽管找我，我一句话就帮你办了。”原本他只是吹牛逗乐，没想到朋友把这话传出去了。到了春节，同事老陈找到老张，让他帮忙买火车票。老张不好意思拒绝，硬着头皮答应了。结果，他凌晨两点起床排队，裹着军大衣站了六七个小时，最后却只给别人买了张站票。

没想到，当那位求助者拿到站票时，表情非常不悦：“你不是说有亲戚在铁路局吗？怎么连一张座位票都买不到呢？”言语中，充满了怨言，这让老张打掉牙往肚里吞，有苦说不出来。

为什么不好意思呢？有什么不好意思的呢？国外研究机构有专家表示，每个人都应该建立这样一种意识：“我有权利说‘不’，千万不要觉得拒绝别人是不好意思的事情。”有了这种意识，你在拒绝别人时才能心情坦荡，举止大方，态度明朗，避免被误解和猜疑。

当你说出“不”字时，也许对方一开始会觉得失望和遗憾，但由于你的态度和表情已经表达了你的坦诚，对方也会受到感染，从而淡化内心的不快。相反，如果你犹豫不定，不知道该不该拒绝，不知道该怎样拒绝，心里发虚、迟疑不决，会使对方觉得你不坦诚，误以为你的拒绝是找借口。

有些人可能觉得，为人就应该有风度，就应该大气，就应该给别人面子。因此，面对别人的要求时，做不到他们也不好意思拒绝，哪怕托人帮忙，也要帮别人把事给办成。这种心情是可以理解的，但这种做法却有失理智。要知道，风度是风度，面子是面子，为了风度做好人，为了面子当白痴，这是愚蠢的行为。

真正聪明的人既懂得什么时候该拒绝，又善于巧妙地说出“不”字，赢得别人的宽容和体谅，丝毫不损害大家之间的关系。当然，这里头是有艺术的，下面我们就来介绍几种实用的拒绝技巧。

拒绝技巧1：诱导法

所谓诱导法，指的是一种幽默的，以其人之道，还治其人之身的拒绝术。这种拒绝法一般用于拒绝别人不合理的要求，比如，有个人向你打听公司的机密，你可以故作神秘地对他说：“如果我告诉你，你可以替我保密吗？”对方说：“我能。”你可以顺势说：“那我也能。”

拒绝技巧2：推托法

别人请你帮忙，而这件事你做不到时，你可以采取推托法拒绝。比如，顾客要求去你公司仓库看看，你可以说：“前几天经理刚宣布过，不准任何顾客进仓库，我怎能带你去呢？”再比如，有人要你帮忙给他找工作，你可以说：“这件事不是我一个人能做主的，而要好几个人商量决定。我把你的要求传达过去，让人事部讨论一下，你看怎么样？”

拒绝技巧3：委婉法

委婉拒绝法是为了避免伤害别人的自尊心，打击别人的信心，也是为了避免别人对你产生不好的印象而使用的。一般来说，委婉拒绝法用来拒绝那些自尊心比较强的人，委婉拒绝是为了不伤害对方的面子，避免产生尴尬。比如，下属向你提了一个建议，你不想采用，可以对他说：“这个设想不错，只是目前条件不成熟。”“这倒是个好办法，但是老板可能不接受。”

拒绝技巧4：隐晦法

隐晦法拒绝比委婉法拒绝更加委婉，例如，公司老板想辞退一位员工，他对员工说：“小伙子，我真难以想象公司少了你会怎么样，不过我从下星期一开始想试试看。”再比如，某公司的领导不想承办某次活动，面对别人的劝说，他说：“我们公司的环境不太好，场地也有限，我看某某公司适合举办这种活动。”

总而言之，拒绝的方法多种多样，关键要针对不同的人、不同的事情来运用。另外，在拒绝的时候，为了避免造成不愉快，你一定要保持诚恳的态度，使用得体的语言，这样更容易得到对方的谅解。

第九章
DI JIU ZHANG

狠在气场：
在事业上确立自己的“江湖地位”

气场，是一呼百应的号召力，是由内到外透出来的一种权威，是一把改变局势的万能钥匙。全世界都在讨论气场，但只有微乎其微的人能拥有它、运用它。要知道，一个人只有具备了强大的气场，才会拥有万人难敌的“江湖地位”。

∠1

气场是你独一无二的精神名片

在每个人的周围都有一种力量叫气场，它是我们戴在身上的无形的精神符号。它不需要说话，也不需要特地说明，就能为你打开与人交往的第一扇大门，气场就是你自内而外散发出来的力量。简言之，你的气场就是在他人看来你所带有的气势。

社会上的人是物质与精神的结合体。说是物质是因为我们的肉体、穿着、佩服、居所都是看得见也能摸得着的；说是精神的，是因为我们人还具有心情、态度、信念、勇气、气势等摸不着看不见，也无法具体衡量的精神类的特性。

什么东西都可以复制，但唯独个人的气场是无法复制的，因而气场可以算是我们的一种精神名片。我们通过感受一个人的气场，就能知道这张名片上写的到底是什么，比如有的人拥有着名车、豪宅、锦衣玉食，却愁容满面，时常担心现在的一切会消失；还有的人生意失败身处困顿，却能够精神十足、充满干劲儿，相信成功会再次眷顾，这就代表了我们每个人的精神名片。所以，气场作为我们的精神名片是具有独特效果的，与人交往时，与其送出一张印刷精美、堆砌众多华丽头衔的名片，不如强大自己的内心力量，壮大气场，打造一张属于自己的精神名片。

优秀的人都具备着天然的气场，通过感受他们的气场，我们就能知道他处于哪个层次，具有强大气场的人，不论出现在哪里都会是众人的焦点，集万千宠爱于一身。

在 20 世纪 60 年代，皮克菲尔还不到十岁，就跟随着父亲去参加一场豪华酒会。谈起那场酒会，皮克菲尔一直感叹，那是一个摩登的时代，酒会上有很多好莱坞明星，有漂亮的女明星，还有衣冠楚楚的商人和政客等等，与会者皆是财富与权利的宠儿，而且会场到处都是奢侈的装饰品，华丽得让他目不暇接。

然而当有一个女人进入会场时，所有的富贵堂皇瞬间都变得黯然无光，她光芒四射，仿佛身上散发出一种独特的气韵，会场上的每个人都被她吸引了，目光再也转移不了视线，这个人就是玛丽莲·梦露。一个不论出现在哪里都立刻吸引所有人的女人！她夺走了所有人的目光，集万千宠爱于一身。这就是一种气场，任何华美的饰品都无法媲美它，它就是一个人头顶的光环。

虽然全世界只有一个玛丽莲·梦露，但是我们也可以像她那样光彩照人，因为只要努力过，我们都可以拥有这样的潜力。我们看到身边的那些交际明星、职场红人，他们活跃极了，而且事业又春风得意，公司里有上司欣赏他们，客户喜欢他们，同事佩服他们；在朋友中他们也能做到一呼百应，左右逢源，不管做任何事都能成功，就像上帝特别眷顾他们一样。我们对于这种人总是充满了羡慕，然而，却不知怎么才能让自己也成为那种人，皮克菲尔告诉我们，从现在起你应该首先让自己拥有期待，然后通过修行最终成为那种气度非凡、内外兼修的气场强人。我们可以通过一定的技巧和方式来打造自己的精神名片，强大自己的气场。

尽管容貌对于我们的生活来说并不是最重要的因素，但这并不代表我们可以忽视自己的容貌对气场的影响。要想修炼强大的气场，首先要从重视自己的外貌、热爱自己的样子开始。重视外貌并不意味着要去浓妆艳抹，甚至整容造型，而是指要做到喜欢自己本来的样子。不管我们是否拥有社会意义上的美貌，我们都要喜欢自己，因为我们的外貌是独一无二的。如果一个人不喜欢自己的容貌，那他又怎么会拥有自信？一个不自信的人，更何谈有气场。自信的男女都是最美的，气场都是比较强大的。做到喜欢自己，可以适当每天给自己以鼓励，对着镜子里的自己为自己打气说；“你是最棒的，我喜欢你。”

外表与外貌只有一字之差，但其内涵却有着本质区别，外表主要体现的是你的审美取向和水平。外貌是天生的，而外表是可以通过后天来打造的，我们可以根据自己的特点打造最佳的审美特色，这才是属于我们自己的外表。我们可以每天为自己的服装搭配或色彩搭配做一个小记录，然后再观察或者询问别人的反应，进行一段时间后，就能够找到最适合自己的特色。如果当你实在是不知道该如何去更好地完善自己的外表的时候，别忘了有一种装饰对任何人都适合，那就是微笑，让自己的脸庞时刻充满微笑就永远不会出色。

性格也是影响气场的重要因素之一，一般说来，越外向其气场也就越强大。说到外向，大多数人想到的是滔滔不绝的话语，其实在这里外向指的是主动积极的态度，我们需要放弃坐等成功的懒惰，主动出击，寻找自己的目标，并为此付出努力。比如我们可以在每天睡前都要回想一下今天完成了哪些目标，明天还有哪些目标没有完成，并准备好为此付出心血。当你能积极地去追求成功，身边的人就会被你的气场所感染、带动，主动为你提供帮助。强大的气场，会让别人为你的目标而行动。

人属于社会性群居动物，在群体生活中可以通过相互交流来影响和改变他人，从专业角度来说，对他人的影响力越强其气场也就越强大。因此，要想修炼强大的气场，就要有意识地加强自己与他人的交往，在与人交往的时候，要善于观察和总结不同人所喜欢的不同交往方式，不能说自己想说什么就说什么，不去在乎别人爱不爱听，因为我们与人交往的目的最终是让对方接受自己，信服自己。

我们不妨通过分析自己的朋友、同学，给每类人专门制定一个开场白，并且在尝试中慢慢调整，如果掌握了这些与人交往的技巧，往往就能轻易掌控全局，使得自身的气场变得既无形又有形，从而影响甚至改变某些事务。只有这样才能练成“超级气场”。

2 打造气场要做的第一件事：挺胸、收腹、提臀

一个长得漂亮的人不一定比长得丑陋的人气场更强大，因为气场并不是来自于一个人的外表，气场是一个人精神状态的外在表现，是精神能量的释放，在一般情况下，一个人的精神世界决定了他的气场。但是有一点毋庸置疑：很多时候，我们的站姿也能影响自己的气场。因为在深入了解一个人的内心世界之前，我们首先看到的，就是他的站姿。

很多时候，站姿塑造了一个人的外在气场。气场看不见摸不着，但是你的站姿却是用眼就能看到的，而你的气场之所以能带给他人直观的感受，在很大程度上来自于你站立或者坐卧的姿势，所以你的站姿，传递出了你的气场的强弱。可以说，控制自己的姿势，就可以改变他人对自己的直观感受，进而改变自己的气场。

在小品《主角与配角》中，配角的扮演者陈佩斯不管是演好人还是演坏人，只要他往那儿一站，就是一副十足的叛徒造型，用当时朱时茂的台词说：“像你这样的形象吧，小偷小摸啊、不法商贩啊、地痞流氓啊，不用演，往那儿一戳，就可以了。”而陈佩斯在这部小品中表现出来的“坏蛋气场”，与他“往那儿一戳”的站姿有着不可分开的关系。

所以说，不同的站姿可以体现出不同的气场，因为每个人的站姿都是对其精神和心态的集中外在表现。

蒙娅习惯了跟随身体的本能去生活，当听到站姿对她的气场也很关键时，曾经问皮克·菲尔“站姿，真的很重要吗?”

“如果一个人弓着身体，眼睛下视地站在你面前，还一副漫不经心的样子，这让你有什么感觉?”

蒙娅不假思索地说：“一定要远离这个猥琐的家伙。”

“所以说，不一样的站姿就会散发出不同的气场，哪怕是一个微小的细节也很重要。奥斯卡颁奖典礼上的妮可·基德曼你看见过吗？她最大魅力是什么？”

蒙娅脑海里立刻闪现出妮可·基德曼挺胸收腹的姿态，无论何时，妮可·基德曼都能做到挺胸翘臀，自然地突出优势，用最闪亮的部位去征服公众的眼球。所以说，妮可·基德曼能够成为气场最强大的女星，除了她的演技与内在气质，还与她走路及站立的姿势有着不可或缺的关系。如果妮可·基德曼和蒙娅一样，用身体本能去生活，那么即使她再美丽也没有人去过多的关注。

所以，我们在生活或工作中如果能做到挺胸、收腹、提臀，那么它所展现出来的气场是真诚而高贵的！要知道有时候气场仅仅依靠事业的成就是不能做到的，无论是什么交际姿势和气场，它最终体现的是内心的修为和对生活独特的领悟。

美国心理学家经过反复研究分析，证明了每个人的气场不同，体现出来站姿也千姿百态。人们常说“坐有坐相，站有站相”，不同的姿态往往会表现出不同的精神状态，而人的精神风貌则会直接影响到他人对你的看法以及认可程度等。

阿兰是某时尚杂志的一名文字编辑，初入职场的阿兰和所有的大学毕业生一样，浑身都透着青涩，不懂得怎样变身“职场丽人”，所以依旧穿着学生气浓厚的运动休闲服，由于缺乏工作经验，所以处处小心谨慎，只要见到老员工都会低头谦卑的请教问题。

回想起那段青涩的岁月，阿兰坦言，“我那时候就从没昂首挺胸的自信过，同事们的装扮一个比一个时尚，只有自己是土老帽，所以走路也是低着头。工作经验不足，不管是开会还是被领导问话，不敢自信的表露自己的看法，最多的就是沉默。”没人会喜欢一个凡事畏畏缩缩的人，在那段时间，不管是在同事关系上，还是在工作业绩中，阿兰全部都不顺利。诚然，这种结果与阿兰初入职场不无关系，但与其自身气场也有着斩不断的联系。

从气场影响力的角度来看，行为举止越自信的人，其气场就越强大，对周围人的影响力也就越大，因此也就越容易获得他人的接受与认可。在职场中屡次受挫的阿兰为了改善自己的窘境进行了极具针对性的咨询。

咨询结果显示，阿兰存在的最主要问题就是不自信，而这种不自信又通过"低头"、"沉默"等行为表现出来。要想改善这种负面气场，就必须从纠正站姿以及行为举止开始。

在此后的日子中，阿兰告别了低头走路的行为习惯，不管遇到了怎样的难题，犯了怎样的错误，她都始终保持着昂首挺胸的标准站姿。很快同事们对阿兰的印象便有了改观，大家的评价也从"阿兰是一个总是低头走路的姑娘"？转变成了"阿兰是个自信又精神的姑娘，工作能力也不错"。

如果你认为站姿不过是一件无关紧要的事情，那么就大错特错了，站姿与气场之间有着十分微妙的关系。不同的站姿往往会释放出不同的气场信息，因此要想打造出积极向上的正气场，就必须要注重自己的站姿。

一般来说，人的站姿可以基本分为：双腿交叉而立，靠墙壁而站立，两手叉腰而立，背手站立，将双手插入口袋而立，弯腰曲背略现佝偻状，背脊挺直、胸部挺起、双目平视等七种。双腿交叉多是因为拘束和缺乏自信，往往会暴露出气场的薄弱之处；靠墙壁而站是缺乏安全感的表现，气场相对比较薄弱；叉腰姿势的攻击性较强，背手则官僚气息严重，都不适合在社交场合使用。

阿兰起初的站姿就属于"弯腰曲背略现佝偻状"，这种站姿往往说明其承担的压力很大，缺乏自信，表现出的自我防卫意识过重，反映在职场中，则表现为很难找到主角的感觉，多事扮演着可多可少的跟随者角色。这种站姿对于一个人的职业发展来说是非常不利的，要想成为"主角"就必须改变气场，改变站姿。

挺胸、收腹、提臀，人就会像一棵松树般挺拔。如果不是刻意的伪装，一般采用这种站姿的人大多自信且有魄力，给人以"气宇轩昂"、"心情乐观愉快”的印象，做事雷厉风行，并且往往很有正义感、责任感，而且愿意与你交流任何问题。通常拥有这种站姿的人气场都相当强大，而且很受职场欢迎。

通过以上的分析，我们可以看出要打造一个人的气场，赢得他人的好感，首先就要摆好自己的站姿，让自己在别人面前处于一种自信，不卑不亢，且没有攻击力的状态。显然，第七种的挺胸、收腹、提臀更能表现自己，让我们在人际交往中更顺利。

⊻3

双眼是气场命门，顾盼间释放能量

眼睛是心灵的窗户，是气场的指针。在身体的所有部位中，眼睛对于我们的释放气场起着非常重要的作用。在社会交往中，双眼在交流中体现出的作用比我们想象得要大得多，如果一个人不敢与我们对视，我们就会感觉到他的气场比较弱小，进而可以通过我们的双眼打乱他的气场，那他就很容易溃败。

在古文中曾有人记述过唐太宗用双眼建立的强势气场，其他人见到太宗双眼都会被他的气场所影响，只要他一出场，强大气场顿时充斥在周围，不用说话，会让周边的人都为之一震，气氛为之肃然。所以说，双眼是决定气场至关重要的因素，我们要想通过双眼来传达自己的气场，那么要有明亮、有神的目光。

如果一个人的双眼没有神采，黑眼圈呈现在眼周围，那么他的气场就会直线减弱！那些有社交恐惧症的人，通常都不敢直视对方的眼神，在交谈过程中目光和眼神的游离，从而使自己在社交中气场走弱。有一个公司的老板，说他挑选某个工作岗位的合适人选时，重点观察的是对方的眼神，他说：“从应聘者的眼神中，我可以看到他们的气场和性格，比如诚实或欺骗、智慧或愚钝、勇气或畏缩。如果一个人的眼神游移不定，我不会去信任这个人，哪怕这个人在其他条件上非常优秀，也还是不会让他从事某项重要工作。因为一个坚定的眼神可以有着强大的气场，而眼神的清澈诚恳则表明的是脚踏实地、勤勤恳恳，这种气场和性格对销售人员来说是必备的素质，他们会影响很多顾客的选择，从而达成我们的成交目标。"

另外，一个人无论是大眼睛、小眼睛、单眼皮、双眼皮，都不会对自身气场有影响，因为气场的关键点是目光！耶鲁大学的研究学者经过调查指出："目光比较亲切柔和，比其他眼神更具有吸引力和聚合力，他会让人不自觉地向你靠近；而那些犀利冷漠孤傲的眼神则会传递排斥对方的气场信息。"

由此可见，眼神的变化对自身的气场有很大影响，而且眼神的强弱还会对气场能量的强弱有影响，因为对于眼神的运用是一种将注意力集中在自身的方式，这种方式会让我们的心灵产生更多的气场能量。如眼神犀利的人，会将气场的注意力集中到一点，一般被这种眼神及气场能量注视的人会多少感到不自在；如眼神柔和的人，则会让人感到舒适，毫无压力。

薇儿和迈克尔在探讨目光对气场的影响，令薇儿困惑的是，迈克尔似乎很少运用这种目光的能量，就此疑问，薇儿向迈克尔表示了不理解之处。

迈克尔这样回答说："双眼可以释放一个人的气场能量，而犀利的目光可以增强气场能量，提升一个人的气场操纵力。"

薇儿问到："既然这么厉害，那我感觉不到你用犀利的目光注视我呢?"

迈克尔顿时一笑，说："我不会通过这种方式操纵你，或者说我在用另外一种方式操纵你。"

"是哪一种方式?"薇儿对此感到很神奇。

"你可以仔细观察我的双眼，有没有发现我的目光很柔和?"迈克尔顿了一下后说，"这种柔和的目光可以让我们的气场接触更融洽，不会导致你的反感。”

薇儿低头想了想，发现的确像迈克尔所说的那样，他一直用柔和的目光注视自己，与自己的气场接触也很融洽。所以，自己会不自觉地把心里的一些想法、难题讲给迈克尔听，甚至还有一些自己觉得绝对不会跟任何人说的事情。

一个人的双眼可以释放出气场能量，而这种气场又因目光的不同而产生不同的变化，迈克尔用柔和的目光影响了薇儿的思想，让她对自己毫无防备。如果迈克尔一直用犀利的目光去注视薇儿的话，可以增强自身的气场能量，让自己以强大的气场能量压倒薇儿，但容易引起薇儿的反感，所以说，柔和有时比犀利收到的效果更好。

如果你想要打开一把锁，那么只有接触到锁芯才能有打开的机会。因此，我们可以利用柔和的目光，让自身气场与他人气场更融洽地接触，让自身的气场能量能够接近他人的内心。成功之后，这时，不管你是想用锤子砸碎对方的“芯”，还是选择用钥匙来揭开对方的“芯”，都会变得很容易。

有一个南风和北风的寓言故事也很好地表达了这种犀利和柔和目光的区别。说南风和北风在争论到底是谁更强大，一直没有结果，后来北风想了一个办法说：“不然咱们就来比试比试吧。那里有个穿大衣的老先生，我们用他当例子，比一比，到底谁能让他更快地脱下大衣，赢了的就是最强大的。我先来。”

于是，信心十足的北风猛烈地朝着那老人呼呼地吹起来。然而风越吹越大，可老人却把大衣裹得更紧了。试了好久，老人还是没有脱下大衣，后来北风放弃了，只见它渐渐停下来，垂头丧气地看着南风。此时，南风就用温暖的微笑看着老人，然后一股暖风轻轻吹过，没过多长时间，老人就感觉到很热，最后不得不脱掉了大衣。就这样南风用柔和赢了北风的犀利。

一个人柔和的目光所产生的气场能量就像是南风散发的能力，会让他人感觉内心很舒服，气场的接触也就很融洽，从而让他人放松地向我们敞开心扉；而犀利目光所产生的气场能量就好比是北风所散发出的能量，让他人感觉很冷、很痛苦，那么他人的气场就会出于保护自己进而加强警惕，使得他人把自己裹得越来越紧，对于他的内心就更难去接近了。

所以说，一个人的气场可以通过双眼来释放，而双眼的目光又决定了他所释放出的能量类型，从而决定了一个人的气场强弱，以及对别人的影响。

4 信念的强弱决定气场的结果

信念，是一种来自心灵的巨大力量，也是开启成功大门的"金钥匙"。一个人拥有什么样的气场，就看他信念是强还是弱。因为气场力量的发挥需要强大的信念做支撑，只有拥有积极强大的信念才会聚集气场的力量，你才不会被更多的消极事物所累，最后你才能让自己的健康、环境、事业和财富朝有利的方向发展。

每一个人都有自己的气场，气场的大小以及对他人的影响力却是不尽相同的。在生活中，有些人对自己的能力有疑虑，不敢确定自己到底行不行，总把希望寄托在别人的身上，以为别人总比自己强。这种不自信的表现，让他的气场逐渐减弱，无法会聚成强大的力量，所以容易导致失败。要知道，别人是最靠不住的，唯一靠得住的就是你自己，是你强大的信念，只有强大的信念才能让自己气场充足，才能有成功的希望。

如果一个人表现出强大的信念，气场就会变得有魅力，物以类聚，也会吸引一些积极的人和事到自己身边来。你的信念越强大就越会吸引周围的人来鼓励你，帮助你。相反，如果你信念比较弱，对自己没有肯定和坚定的信心，那么自己积极的气场变得不堪一击，吸引的也都是些消极意识的人或事，而来扶助你的人也会很少，可能还会被人嘲笑是个弱者。所以，你必须学会用坚定的信念壮大自己的气场，使自己变强。

在语文课本上，我们学过一篇《愚公移山》的文章，至今人们还津津乐道并崇尚它那具有坚定信念的愚公精神。这个故事里主要讲的是一个叫愚公的老翁，为了打开家门口的通道，排除险阻，用坚定自己一定会成功的信念率领全家人搬走太行、王屋两座大山的事迹。即使在现在，很多人面对如此巨大而艰巨的工程都会望而却步，没有勇气去完成它，然而当时的愚公没有被困难吓倒，他抱着坚定的信念，敢想敢说敢做，最终感动了山神帮助他把两座大山搬走。

通过这个故事告诉我们：一个人一旦下定了决心，坚定了信念，就会拥有无比的勇气，也就没有克服不了的困难，而且这种坚定的信念还会在无形中吸引成功所需要的条件以及别人的支持。所以说，我们并不缺少干好工作的能力，而是缺少敢想敢干的信心和勇气。只要拥有信心，就能激发出前进的动力和开拓创新的潜力。相反，如果一个人做事情畏首畏尾，总认为自己不行，总是自我否定，不敢去尝试，那么他永远也不会有进步的机会。

只有信念强大的人，才能拥有强大的气场。而相信自己行，就是一种坚强的信念。唯有那些自信之人，才有那种一往无前的勇气和必胜的信心，才能壮大自己的气场，吸引更多人的靠近。人生犹如一个大舞台，只有信念强大的人，才能使他人信服，让自己的人生大放光彩。若是你也想要取得成功，那就应当让自己敢于拥有自信心，让自己的信念变得强大。

树有根，水有源，信念的强弱与成功的概率往往成正比例关系。要清楚，但凡一个伟人的丰功伟业都始于一个坚定成功的信念，与其人相比，愚公正是由于拥有强大的信念，才激发出他前进的斗志和勇气，也正是由于这种信念，才使他不断努力，终于搬走了王屋和太行。

焦恩在一家广告策划公司工作，由于没有足够的经验，在第一次参加的公司策划会上，当其他人都在激烈辩论时，焦恩对自己设计的策划方案没有信心，他没有参与大家的讨论。

在大家讨论的时候，焦恩不断地思考着：托尼的想法比自己的策划案更加完善，自己的策划案有很多缺陷，不会得到大家的肯定，若是拿出来跟大家讨论恐怕会成为他人的笑柄……在会议快要结束的时候，总经理皱着眉头看了焦恩一眼，便转过脸去，而其他同事则更是用一种别样的眼神看着焦恩，焦恩看到从他们的眼神中流露出的深意：这个家伙是个草包。

其实焦恩在学校的时候，是一位能力出众的男孩，是佼佼者。他有着很大的创见性，时常与朋友在一起时谈吐幽默，有着非常好的人缘。然而，在工作场合，焦恩缺乏足够的信心，他总在不断地怀疑自己的创造能力，不敢将自己内心的想法大声地表达出来，尤其是在需要他表达自己的重要场合，他却失去了应有的风采。

每个人要以充分发挥个人的长处来制胜，而不是一味贬低自己，从而走向极端，让问题成为束缚自己的枷锁，最后变成一个信念比较弱的人。焦恩由于缺乏坚定的信念，自己不够肯定，总是想着最坏的结局，所以他在同事眼中的气场就显得比较弱小，进而开始怀疑他的能力。要知道，懦弱者是永远没有资格去谈论成功与理想的。

有些人渴望成功，但是他们又总觉得自己能力不如别人，觉得运气不会在自己这边，没有一个坚定成功的信念。在这种心态下，无论他付出多大努力，仍然是离成功最遥远的那个人。因为他的态度是消极的，所以他的气场一直都是消极的，一个人对失败的恐惧将扼杀他的成功。

如果你希望拥有强大的气场，那么请丢掉那些不自信，并尽可能在任何时候都保持着坚定的成功信念和破釜沉舟的勇气，只要集中精力于你的梦想，使梦想与自己成功的定义、目标相一致，就一定会取得好的结果。只要我们不有意识地给自己设限，气场就会越来越积极，力量也会越来越强大。

5

做大事、成大器，一定要有火一般的激情

在这个世界上，有一种东西可以激发一个人为了完成一个任务，可以几天几夜彻夜不眠；可以使人承受几年乃至更长时间的辛苦，只为追求卓越；可以使人在无数次失败后，依然不达目的誓不罢休。这个东西是什么呢？它就是“激情”。

唐纳德·基奥美国可口可乐公司的前总裁，他曾在艾默里大学的毕业典礼上说过这样一段话：“几年前，剧作家尼尔·西蒙说他在想，怎样才能确切表达出他一生的主题。他的结论是，有一个词可以最恰当地描述，那就是‘激情’。他说，热情是主宰和激励我一切才能的力量，如果没有激情，生命会显得苍白和凄凉。当然，他是搞艺术的，但是请相信我，朴素的真理是适用于一切活动领域的。它一直是我生活的核心。”

唐纳德·基奥还说：“无论你们从事商业，从事科学还是法律、宗教或教育；无论你们是绝顶聪明，还是和我们常人一样资质平平；无论你们是高矮胖瘦贫富——你们是怎样的人并不重要，如果你希望生活得有成就感，希望生活得充实，有一样必不可少的东西，那就是：激情。”

是的，人生不能没有激情，尤其是对男人而言，如果没有激情，你很难想象他会沦落到怎样的人生境遇之中。一个人可以遭受挫折，可以失败，可以忍受孤独和不幸，但唯一不能失去的就是激情。任何一个缺乏激情的生命，都不可能实现有质量的人生。

微软创始人比尔·盖茨有一句名言：“每天早晨醒来，一想到所从事的工作和所开发的技术将会给人类生活带来的巨大影响和变化，我就会无比兴奋和激动。”这句话很好地体现了比尔·盖茨对工作的激情，在他看来，激情是一个优秀员工最重要的素质。正因为坚持这样的理念，微软公

司才能在 IT 界傲视群雄。

比尔·盖茨表示，一个对工作充满激情的人，永远都是企业最欢迎的人。李开复曾在微软亚洲研究院担任院长，他谈到微软员工的工作激情时，讲了这样一件事：微软一位员工经常周末开车出门，说去见"女朋友"。一次偶然的机会，李开复看见这位员工在办公室，就问他："你不是见女朋友了吗？她人呢？"那位员工笑着指着电脑说："就是它呀。"

微软每次召开公司内部会议时，员工都会踊跃地参加，他们的脸上洋溢着对技术近乎痴迷的狂热和对客户发自内心的热情。一位微软员工表示，"如果没有这种激情，你在和客户交流时，就很难打动他们。这种热情来源于内在的情感，在微软，激情与聪明同等重要。"

激情对企业的发展十分重要，对个人成功的重要性更是不言而喻。一个人，只有具有激情，才会有所成就。激情是一种洋溢的情绪，是一种积极向上的人生态度，是一种高尚珍贵的精神状态，是对事业的热衷、执着和喜爱。激情能给人力量，使人更深入地思考问题、解决问题。激情是一种推动力，可以推着人前进。激情是一种感染力，可以带动周围的人怀着热情投入到工作中去。可以说，有激情的人是充满魅力的。

通用公司的前 CEO 杰克·韦尔奇在自传中写道："对我来说，极大的热情能做到一美遮百丑。如果有哪一种品质是成功者共有的，那就是他们比其他人更在乎。没有什么细节因细小而不值得去挥汗，也没有什么大到不可能办到的事。多年来，我一直在我们选择的领导中挖掘工作热情，热情并不是浮夸张扬的表现，而是某种发自内心深处的东西。"正是凭借这种激情，杰克·韦尔奇才变成了有魅力的领袖，也带动了通用的全体员工充满激情地去工作。

激情造就卓越，美国伟大的思想家爱默生曾经说过："没有激情，就没有任何事业可言。"这一点在沃尔玛创始人山姆·沃尔顿身上，有非常典型的表现。他在 80 多岁的时候，还对事业充满激情，每天都在全世界各个连锁分店巡视。有一次，在南美洲考察时，他在超市里爬上爬下地测量货架之间的距离，被超市人员误认为是滋事者，结果超市人员报警，警察把他带到了公安局。由此可见，山姆·沃尔顿是一个多么有激情的人。

激情不是凭空产生的，而是来自于你对工作的态度。如果你无法在工作中找到激情和动力，那么，你应该思考一下：你所从事的工作的伟大与神圣。

首先，你要明确工作的目的。很多人在工作中忙忙碌碌，却不知道自己从事这项工作究竟为了什么。如果仅仅是为了薪水，那么你就很容易疲惫。如果你为了理想，为了实现自己的价值，为了得到别人的需要和认可，那么你就很容易感到快乐。当你快乐的情绪多了，那么你工作中就会有更多的激情。

其次，你需要不断给自己制定目标。在爬坡的时候，人们往往感到干劲十足，当爬上山顶时，有一种征服大山的感觉。但随之而来的是一种迷茫，不知道下一个目标在哪里。一旦没有了目标，人就会迷茫。所以，我们需要不断给自己制定新的目标，这样工作起来才会有方向、有奔头、有动力，才能继续保持高涨的激情。

再次，思考一下自己的兴趣所在，如果你对当下从事的工作真的没有兴趣，那么你最好去寻找自己的兴趣。有了兴趣，你自然就会充满激情。爱因斯坦为什么能成就卓越？爱迪生为什么能创造不凡人生？因为他们对所从事的工作充满激情。

6

创造出自己的“不可被替代性”

当你还在呼呼大睡的时候，也许你的很多工作已经被移交给他人了，你的客户也把业务交给其他人去做了。在这个竞争激烈的社会，你未来的饭碗随时都有可能被别人抢走。面对这样的局面，创造出自己的“不可被取代性”就成了我们不得不考虑的问题了。

有一个工程师被请去修理设备，收费是10 000美元。很快他发现是机器上的一个小螺丝松了。只拧了几下，机器就恢复了正常。主管见此觉得付10 000美元实在太多了，“拧一个螺丝居然收费10 000美元?”工程师笑着说：“拧紧螺丝收费一元，但找到这个松动的螺丝，收费9 999美元。”

不可替代并非就是指你有多么高超的技巧，事实上，只要你有一点做得比别人好，无人能超过你，那么，你就拥有了不可替代性。有一个保险推销员并没有特别的口才，但是他有非常完美的微笑，每个看到他的人，都会感到特别愉快。这不可替代的微笑就成了这个保险推销员的“金饭碗”。

如果你可以在某一行业，甚至只是锤子敲得比别人好，你也可以成为那个行业中不可替代的一员，而永远立于不败之地。正因为如此，无需你去寻找人脉，人脉会主动来找你的。虽然我们常说，千里马常有，而伯乐不常有，但是如果你是那匹世上少有的汗血宝马，就不愁伯乐一眼相不中你。

《世界是平的》的作者曾说：“只有很特殊、很专业、很会调适、很深耕的人，才不会被别人所取代。”世界是平的，现代社会的我们可以通过网络，坐在家里就能同全球联系起来，相对而言，人脉网越来越密，但机会同样也越来越均等。如果不创造出你的不可替代性，你的位置很快就会被别人取代。如果你可以在某个领域做到不可被取代的地位，那么，你的人脉网会像蜘蛛织网一样，四通八达的线会主动连到你身上。

有的人“宁愿做乡下第一人，也不愿意做罗马第二人”，这也很有道理。根据“马太效应”，资源、光荣都会归于第一人。人生在世，有时候就像参加竞选，冠军得到了一切，而亚军却几乎一无所获。不要想什么都精通，什么都会的人就是什么都不会。任何一件事，只要做到第一，你就会梦想成真。

篮球巨星乔丹的运动鞋需要自己买吗？不用！耐克会提供，而且还要付他巨额广告费。为什么？因为他是最伟大的篮球巨星。成龙拍电影的时候，各个汽车厂商争相免费提供汽车给他用来表演特技。为什么呢？因为成龙是最棒的！成龙在马来西亚拍电影的时候，意外将“万宝路香烟”的招牌撞坏，万宝路公司不但不要求赔偿，还决定不将招牌修好，因为那是成龙撞的！开餐厅成为麦当劳会不会赚钱？当演员当到成龙会不会赚钱？打篮球成为乔丹会不会赚钱？不要研究别的，要研究你在你的优势领域中到底排名第几。

所谓不被取代的工作，必须是技术含量高，一般人无法涉猎的领域，因为它能凸显出个人的价值。拥有一技之长和雄厚实力固然是优点，但是若能同时掌握与人相处的诀窍，更能创造出不可替代性。

如果你想扩大自己的人脉圈，就要不断地强化自己能力上的不可替代性。看到这里，你可能觉得这难度要求实在太高。的确，现代社会给我们提出了更高的要求，这也使我们的生活变得比以往更精致、更完美。如果你觉得对现在的你来说，制造不可替代性的难度太大，可以先从小事做起。

向身边的朋友和你的客户展示你的不可替代性，你就会赢得他们的合作。当你和朋友在一起时，你是那个最善解人意的。如果在和客户打交道时，你是那个最守信用的，即使你有其他缺点，别人也会忽略的。

7

从容淡定才是强者风范

什么是强者风范？真正的强者应该是泰山崩于前而面不改色，这是一种从容淡定、内心强大的大家风范。北宋文学家苏洵曾说：“为将之道，当先治心。泰山崩于前而色不变，麋鹿兴于左而目不瞬，然后可以制利害，可以待敌。”作为一名将领，首先要控制自己的“心”，即使泰山在面前崩塌，即使麋鹿突然从旁边跃出，也要保持从容镇定，这样才可能控制战场的局面，取得最后的胜利。关于这一点，有这样一个故事：

公元383年，前秦皇帝苻坚为了统一天下，率领百万大军攻打东晋。东晋得知秦军来犯，顿时一片恐慌，因为当时东晋军队数量远不如前秦。只有丞相谢安镇定自若，他认为敌我兵力虽然悬殊，但是敌人孤军深入，内部矛盾重重，战斗力不一定强，东晋完全有可能以少胜多。于是，东晋君王派谢安负责抵抗秦军。

谢安派了谢石、谢玄、谢琰和桓伊等人率兵8万前去抵御。临行前，谢玄心中十分忐忑，他问谢安有什么对策，谢安只说了一句：“我已经安排好了。”然后绝口不谈军事。谢玄心中还是没底，又让张玄去打听，谢安依然闭口不谈对策，而是拖着张玄和他下围棋。原本张玄的棋艺远在谢安之上，但此时秦军兵临城下，他沉不住气，结果张玄输给了谢安。

后来，东晋军队果然抓住了前秦军队军心不稳的弱点，在淝水之战中以少胜多、痛击秦军。当捷报传来时，谢安正在与客人下棋。当他看完捷报，便把捷报放在一旁，然后继续下棋。客人憋不住问他，他只是淡淡地说：“小儿辈（因为谢玄等是谢安的子侄辈）大破贼。”直到下完了棋，客人告辞了，谢安才表现出心头压抑已久的喜悦。

谢安真是沉得住气，面对秦军大举进犯，他表现镇定自若；面对下属追问作战对策，他表现得成竹在胸；面对传来的捷报，他表现得喜不形于色。这等从容淡定才是强者风范，有了这种从容淡定，谢安才能冷静地做出军事部署，才能打破秦军，保家卫国。

其实，不但是在战场上，在任何场合都应该从容淡定，不管遇到什么情况，都不能自乱阵脚。有个成语叫“方寸已乱”，其实“方寸”指的就是心，保持内心沉稳不乱，就是苏洵说的“治心”。

在足球运动场上，强大的运动员面对对方球员的带球突破时，面对对方以多打少时，他们也能做到镇定自若，从容防守。在橄榄球比赛中，强大的球手即使传球失误，也不会慌乱，而是从容地反抢。在人生的道路上，内心强大的人不管遇到什么情况，都会保持镇定。

一位资深的商人曾告诫别人：“随时都要把你自己看成是一个在湖中翻了船的人，如果你能保持镇静，你就可以游到岸边，至少在漂浮时有人来救起你。假如你失去冷静，你就完蛋啦。”每个人都如同一叶扁舟航行在人生的汪洋上，假如突然遭遇了风暴，你沉入了海中，这个时候一定要保持镇静，只有这样你才有可能自救。

王兵是一家服装设计公司的设计师，曾凭借独特的设计灵感和商业眼光，将很多陈旧、平淡的款式改装成时髦的流行款式，产品一经推出，让消费者眼前一亮。只不过，这些设计都是在老师的指导下完成的，他从来没有独自设计产品。

有一次，公司的一位大客户要参加一个重要的造型设计比赛，老板让王兵和他的老师为这个客户设计一款独特的服装。但当时王兵的老师因为家里有重要的事情，不得不请假回去，无法领导这次服装设计。因此，老板把这次设计任务交给了王兵全权负责。

接到这个任务后，王兵一开始非常兴奋，但很快他就感到焦虑和压力重重，他想：以往都是老师带着我们一起做设计，现在我们是主要设计人，万一我没设计好怎么办呢？那样会辜负老师的期望，还会让老板对我失望，更会让客户对公司失去信任……”想到这里，王兵压力越来越大。

在为那位客户设计服装的日子里，王兵每次听到同事说关于比赛的事时，他就会不自觉地心中紧张，渐渐地，他变得寝食难安，脾气异常烦躁，有时候特别想找个理由向老板推掉这个设计任务。

这期间，王兵给老师打电话，把自己的压力告诉老师，老师虽然忙于处理家中的事情，但依然抽时间引导和鼓励他：“有什么大不了的，不就是一次平常的设计吗？你没必要太在意，放轻松吧，你会有出色的设计的。”渐渐地，他的心态放松起来，开始带着平常心去做设计。后来，他为客户设计了一款非常好的服装，并且间接促成客户在那次造型比赛中获得了第1名。

面对有难度的挑战，有压力是正常的。真正的强者会快速调整心态，变压力为动力，表现出一种自信和沉着。因为如果不调整内心，压力可能越来越大，心情也会越来越糟，这样就很难圆满完成任务。王学兵的故事告诉我们，只有卸下心头的压力，放下心头的包袱，才能更好地迎接挑战。

于丹曾说：“淡定从容来源于内心的强大。”淡定从容是一种理智，淡定从容才能保持清醒的头脑。当我们面对突发状况感到紧张时，我们可以有意放慢动作节奏，并在心里对自己说：“不要慌！保持平常心。”通过动作和语言的暗示，可以让我们慢慢镇定起来，我们的大脑也会恢复正常的思考，以便应付周围发生的事情。

8

塑造气场的根本，在于塑造你的内心

一个成功的人，他的气场之所以能够强大，关键是他的内心比较强大。因为一个人的强大力量依靠的不完全是外部的东西，而是他的内心，通过内心产生力量，从而发挥出正面或负面的作用，最终决定气场力量的强弱和质量。一个面对障碍挫折可以临危不乱的人，一个不管经历多少磨难痛苦始终淡定自若的人，他的气场也是稳定强大的。所以说气场能量来自心灵，心灵决定人生走向。因此，塑造气场的根本，在于塑造自己的内心，只要有信心就有力量。

对于世间的一切，我们可以有两种观念去看待它：一种属于正面的、积极的；一种属于负面的、消极。这一正一反表现出的是一个人的想法，它完全取决于内心。然而内心的态度对我们的气场有很大的影响，因为气场会不断从内心中汲取力量，反作用于内心，进而让我们自身的气场受到干扰。

有位教授在做一个科研课题，他找来十几名学生做实验。然而实验的过程很简单，教授告诉这些学生只要听从自己的指挥，走过一座弯弯曲曲的小桥就可以了。教授还刻意提醒他们说：“你们要注意脚下，别掉下去，不过掉下去也没多大事，下面只是一点水而已。”

这十几名学生听完要求后，没有一丝犹豫个个迅速走上小桥。当他们全部走过去后，只见教授打开了一盏蓝灯。借着微弱的灯光，十几名学生被吓了一跳。原来桥底下哪里只是有一点水，里面居然还晃动着几条鳄鱼。这时，教授向他们喊道：“现在你们还要走回来。”十几名学生顿时脸色变白，你推我让，谁也不敢向前迈出一步。过了好久还是没人动，教授诱导他们说：“你们可以用心理暗示自己，想象自己走在坚固、宽阔的大桥上……”

经过教授鼓舞，最后有三名学生挺身而出。然而第一个学生只走了三步就吓趴下了；第二个学生上桥后也是战战兢兢、哆哆嗦嗦，走了一半却再也走不了；轮到第三个学生时他颤颤巍巍的在桥上蜗行，虽然最终走了回来，但花费的时间比走过去还要多三倍。

这时，教授又打开了所有的灯。大家这才发现，原来在桥与鳄鱼之间还有着一层保护网。由于网是蓝色的，所以在蓝灯下没有看到。“现在安全了，大家不用再怕了，快走回来吧！”教授对学生们说道。当大家纷纷走上桥时，还是剩下了一个学生不敢走。教授问他为什么，他一脸惶恐地说：“我怕这个保护网不结实。”

教授通过这个实验得到的原理就是一个人的内心影响到他的气场，进而影响他的能力、他的行为。当没有开灯的时候，大家看不到危险，心态都很良好，在积极气场的影响下，所有学生都能顺利地走过去。然而在打开蓝灯，大家看到桥下鳄鱼的时候，内心产生恐惧，气场也随之改变，周围充满了消极的气场，让所有人都胆战心惊，止步不前。最后在所有灯都打开，看到保护网，大家又重新调整了内心活动，积极的气场又洋溢在中间，于是都大步流星地走了回来。不过最后一个学生之所以没有勇气走回来，主要还是他的内心充满了太多负面和消极的情绪。

由此可见，正面、积极的内心情绪会让你产生积极的气场，进而产生强大的力量，可以吸引更多强大的力量到你身边；而负面、消极的心态会让你产生消极的气场，牵绊了你前进脚步，还会吸收更多昏暗、倒霉的事情，让你的气场变弱。这一切是由内心来决定的，所有的奥妙都在你的内心世界，它决定着你的人生坐标。

所以，只有塑造出强大的内心才能塑造你的强大气场，只有内心强大才能壮大你的气场，进而才能让气场改变你的人生。你有什么样的内心活动，就会产生什么样的行动，然后获得什么样的气场。如果你不努力去改变内心世界，就无法提升自己的气场，你的人生永远只能在成功的大门外徘徊。

比如，早晨上班的时候，你一走进公司就发现同事的眼睛里都充满着沮丧，做事也是慢半拍，这种不同寻常的“味道”会让你的内心变得不安。如果这时你再听见几个同事讨论说：“听说了没，公司股票昨天大跌，现在公司损失惨重。”“听说咱们的老板卷款潜逃了!”“现在，我们已经是失业者啦!”诸如此类的坏消息，能在一瞬间让整个公司的人意志消沉，成为一个消极的团队，毫无战斗意志。你可以深切地感受到这种有着传染性的低沉气氛，大家消极的心态让公司的整个气场变得消极。

当然，如果大家的内心情绪不同，气场也会不同。比如，在听说公司要倒闭后，你懒洋洋地走进公司，趴在桌上静静等待人事部门下达走人的命令。环顾周围，却发现同事们都在拼命工作。“小刘，干吗戳在那里，赶紧过来看一下这图纸!”“大家努力，公司的成败就靠我们了!”“齐心协力，相信我们一定能共渡难关的!”在这种气氛下的你还能继续保持那种消极的气场吗？当然不会，你会被他们传染，马上变得有激情，迅速投入到紧张的工作，加入团队的积极气场!

因此，一些成功的人经常说，公司人员的内心情绪对企业的发展有着重要的影响，积极的内心情绪会带动企业的活力，而消极的内心则让企业陷入死气沉沉的境地。所以，一个人的内心对气场有着重要影响。要想塑造一个强大的气场，那么我们不妨从调整内心开始，以正面、积极的内心情绪带动积极的气场，从而借助气场的力量去改变命运、改写人生、去面对人生的种种艰难困苦，喜怒哀乐。

第十章
DI SHI ZHANG

做耐心的狼，让所有的猎物胆寒

在狼的眼睛里，永远看不到失败的气馁，因为它们知道，只要耐住性子，就不会让到嘴的猎物逃脱。做人也一样，就是不懈的努力加上一点点机会，努力是加法，机会是乘法，两者兼备才会收获最好的结果。

⟀1
事业成功的秘诀无非“坚持”二字

古人说过：水滴石穿，绳锯木断。一滴水的力量看似微不足道，然而若能坚持不断地冲击石头，最终就能把石头冲穿。一根普通的绳子能把木头锯断，同样也在于坚持。

持之以恒看似是件简单的事，要坚持到最后绝非易事。很多人之所以失败，往往是因为在最后时刻未能坚持，所以与成功失之交臂。而多数的胜利都是在失败后才会出现，所以要想取得成功，就必须坚持不懈地努力。只要你比别人多一份坚持，就一定会得到命运女神的垂青，因为事业成功的秘诀无非“坚持”二字而已。就如著名作家池田大作所说：人生恰恰像马拉松赛跑一样，只有坚持到最后的人，才能称为胜利者。

也许在通向成功的大道上，我们会遇到很多的阻碍与困难，但只要再坚持一下，就能收获成功的喜悦。古往今来，许多的名人不都是靠坚持而获得成功的吗？科学家爱迪生，在经历 2000 多次的实验失败后并没放弃，最终发明了电灯，把人类带向了光明；盲人海伦·凯勒，以惊人的毅力学习知识，创造了生命的奇迹；失聪音乐家贝多芬，凭着坚持不懈的精神，创作了《命运交响曲》。

事实证明，无论多么艰难的事情，只要有坚持不懈的精神，最后就一定能走出困境，收获成功的硕果。这也是成功者与失败者之间的最大区别，他们不在于运气或智商，而在于成功者能够把手头的事情坚持下去。可能是几年，可能是几天，也可能是几分钟，但最后的命运将会截然不同。

有两兄弟，在山里砍柴时遇到一个道人，道人传授他们酿酒之法。具体步骤为：选取端阳节最成熟、最饱满的大米，冰雪初融时的河水，然后倒入用紫砂土烧制成的陶瓮，念上一句咒语，最后密闭七七四十九天，直到凌晨鸡叫三遍后方可启封。

兄弟俩牢牢记住神仙的秘方，回到家后费劲了心思和时间，终于把所需的材料给找齐了，然后一起调和密封，等待着那激动人心的一刻。

时间一天天过去，两兄弟都迫不及待地想打开尝一尝，到了第四十九天的时候，两兄弟简直兴奋得不能入睡，翻来覆去，等着他们的公鸡打鸣。等待的时间总是这么漫长，许久，窗外终于传来了第一声鸡啼，高亢而又响亮。又过了许久，第二声鸡叫才缓缓响起，低沉而又缓慢。兄弟竖起耳朵等着第三遍鸡叫，可是许久都没听到。两兄弟已经按捺不住了，手都伸向了陶瓮。但是哥哥最终把手伸了回来，他认为应该坚持下去，而弟弟则忍不住掀开了陶瓮，他看到的仅是一汪混浊、发黄的苦水。漫长的等待，第三声鸡啼终于响起，洪亮激昂。哥哥打开陶瓮，眼前是一罐清澈甘甜、沁人心脾的琼浆玉液！

一旦开始，就要坚持到底，不要轻易结束。做事情要有始有终，我们的人生何尝不是如此？剧作家萧伯纳曾说过：多走一步，就可以缩短一步接近成功的距离。胜利就在前方，你的任务就是坚持，就是再多走一步。

一件事如果不能坚持下去的话，那就等于一文不值。成功商人沃纳梅克说过，成功的要素有三：第一是坚持，第二是坚持，第三还是坚持。他用这种夸张的方式无非是想告诉我们，必须拿出毅力，坚持到底。因为有太多的人有很多好想法、好开始，却没能在关键的时候坚持下来，结果前功尽弃，以失败告终。

人们都说，歌德之所以能成为一个伟大的作家，和他父亲有很大的关系。歌德的父亲从小教育他：“无论什么事情，一旦开始，希望你把它做完，无论需要付出什么样的代价。”着手做一件事并不难，难的是永不言弃，一直坚持下去。

其实成功与失败仅有一步之遥，很多时候我们迈不出最后一步，往往是因为前面的困难已经使我们疲惫不堪，这时候的心智是最脆弱的，因此最容易放弃。但只要咬紧牙关坚持下去，胜利就在眼前了。

有个年轻人到微软公司应聘，而那时公司并没打算招人。于是年轻人用蹩脚的英语简单介绍了自己，并告诉经理自己一直想来这里工作，所以来试一下。经理觉得小伙子很有趣，便让他试一试。可年轻人连初试都没有通过，面试的结果不是一般的糟糕，他对经理说："我可能有些紧张了!"经理认为这只是借口，便随口应付道："那等你准备好了再来吧!"

半个月后，年轻人果然又来到微软公司，经理没想到他还会回来，于是又给了他一次机会。结果，年轻人还是没有成功，但相比第一次，他的表现明显有进步，经理最后给他的回答依然是："你准备好了再来!"

就这样，这个年轻人先后5次踏进微软的大门，他的坚持最终有了回报，他被公司录取，而且后来成了公司的重点培养对象。

我们是否也和这个年轻人一样，有自己的梦想，便开始努力去追？但太多人稍微遇到一点挫折便放弃了，于是始终在路上行走，却难以到达终点。而例子中的年轻人，虽然被拒绝了4次，但他依然坚持不懈。像这样，对自己的梦想能够执着地坚持下来的人，一定能够到达成功的彼岸。

事业成功的奥秘就在于此，不轻言放弃，不气馁。就如作家塞缪尔·约翰生所说：成大事不在于力量的大小，而在于能坚持多久。四大名著里的《西游记》，就体现了"坚持"二字。唐三藏为弘扬佛法去西天取经，虽磨难重重，诱惑多多，但在唐三藏义无反顾的坚持下，最终取回真经，为万民造福。

有太多的年轻人有理想，充满勇气和激情，但是最后却不一定都能成功。因为成功不仅需要往前冲的勇气，更需要有坚持到底的信念。对此，约翰逊就曾经说过：伟大的作品不是靠力量，而是靠坚持来完成的。

人生之路不可能总是平坦的大道，路上总会有各种各样的荆棘和阻碍。但每一位成功到达终点的人都知道，要想成功，就要有坚持不懈、不达目的誓不罢休的精神。只要能坚持下去，路上的荆棘、阻碍，将通通为我们让道。

2 像狼一样紧盯目标，锲而不舍

成功需要的就是一种锲而不舍的精神。草原上的狼在伏击猎物极有耐心，它们为了选择合适的时机及猎物可以跟踪羊群数个小时，或者数十公里，甚至还可以由早上一直等到傍晚，正因为如此精心的等待，狼的猎杀成功率才能达到很高。而且在《荀子·劝学》中也有这么一句话：“锲而不舍，朽木不折；锲而不舍，金石可镂。”意思是成功需要有持之以恒的精神，坚持不懈，持之以恒成功总会属于自己！因为，在大多数的时候，一件事情的成败，完全掌握在自己的手中，只要我们向着既定目标锲而不舍，成功最终会属于我们。锲而不舍，是打开成功之门的钥匙。

有一位青年，在初中毕业后就来到一个小镇找工作，后来他获得了一份在镇政府看门的工作。就这样，他一直就没有换过工作，在这个门卫的岗位上工作了 60 多年，一生也没有离开过这个小镇。然而这个工作很清闲，年轻的他为了打发无聊的时间，就选择了费时又费工的打磨镜片作为自己的业余爱好。

对于打磨镜片，他是那样的专注和细致，锲而不舍，一磨就是 60 年。经过几十年的打磨，他的技术超过了许多专业技师，而且他磨出复合镜片的放大倍数，甚至比很多专业技师都要高。借着自己研磨的镜片，他意外地发现了另一个广阔的世界——微生物世界，这个重大发现让他名扬天下。

最后，初中文化的他被授予了巴黎科学院院士，曾经的英国女王也去了小镇拜会他。这就是科学史上鼎鼎大名、活了 90 岁高龄的荷兰科学家万·列文虎克，一个小人物创造了奇迹后一跃成为科学界的奇谈。

万·列文虎克的成功之道在于，锲而不舍地把手头上的每一个玻璃片磨好，用尽一生的心血，致力于每一个平淡无奇的细节的完善。凭借着这种态度和做事的方法，万·列文虎克最终获得了骄人的社会地位和科研成就。其实，我们大多数人也和万·列文虎克一样有着自己的目标、自己的梦想和自己的业余爱好，但和他不同的是，大多数人都是在树立目标的起初信誓旦旦，然而没几天，当初的热情和信心就已经开始消退，最后彻底失去兴趣。这就是我们难以成功的原因，没有锲而不舍的精神，没有坚持不懈的毅力，成功也不会眷顾。

因为，每一个的成功都是与坚持不懈、锲而不舍的精神密不可分的，没有一个人可以在没有通过坚持而获得成功，也没有任何一个人的成就不是来自于锲而不舍的努力。锲而不舍，是一种可贵的精神，是一种宝贵的资源；锲而不舍，也是取得成功最好的良药，同时也是实现理想的前提。

曾经有一位哲人说过：能登上金字塔的生物只有两种：一种是鹰，一种是蜗牛。然而不管是天资奇佳的鹰，还是资质平庸的蜗牛，它们能登上塔尖，极目四望，俯视万里，都离不开锲而不舍的精神。一个人的成功，与环境、机遇、天赋、学识等有着重要的关系，但更重要的是依赖于自身锲而不舍的努力。

年轻时出身贫寒的松下幸之助，到一家电器工厂去应聘，人事主管看他衣衫不整，肮脏不堪，身子又瘦小，就推辞说："我们这里暂时不缺人，或许以后可能会缺人，你一个月后再来看看吧。"当时那位主管只是随便说说，没想到一个月后松下幸之助真的来了。

再次看到他，主管有些言辞闪烁，于是又推辞说："我现在还有重要的事，你再等几天过来吧。"然而，隔了几天松下幸之助果然真来了，后来主管又找出各种借口如此反复了多次，没有办法的主管只好直接说出自己的态度："我们的工厂需要的是穿戴整齐的员工，你这样是进不了我们这的。"松下幸之助立即回去借钱去买了一身整齐的衣服，然后又来面试。那位主管看他如此实在，又告诉他："我们需要的是熟知电器知识的工人，你了解得太少了。"

主管以为这下能让他死心了，没想到在两个月后，他又一次出现在主管面前："这两个月我已经学会了不少有关电器方面的知识，您看我哪方面还有差距，我还会努力的。"这位主管看着态度诚恳的松下幸之助，半天才说："我工作几十年了，头一次遇到你这样来找工作的。你的耐心和韧性让我折服，你可以来试试。"就这样松下幸之助用这种锲而不舍的精神打动了主管，他得到了这份工作。最后，他又通过自己不断努力逐渐成为了电器行业的非凡人物，获得了事业上的成功。

经历过一次次的拒绝，一次次的搪塞，相信对于任何一位年轻稚嫩，怀抱激情理想的年轻人来说，都是一种沉重的打击。这种打击让许多年轻人退缩，然而松下幸之助却没有气馁，他怀着一颗真诚的谦虚之心，一直在坚持，他通过不断地完善和改变自己，最终用坚韧的态度赢得了雇主的另眼相看。

松下幸之助通过自身的成功告诉我们，正是由于他的不放弃和顽强的精髓，最终成就了一个成功的人物。所以，我们面对任何困难都要盯准自己的目标，坚持锲而不舍的追求，只有拥有锲而不舍的精神，才能靠近成功，失败了不要放弃，可以把它当成一种机会，只要坚持不懈地努力，成功早晚会降临。

⟀3

时机未到千万不要扣动扳机

一个好的狙击手面对自己的目标善于忍耐与坚持，善于等待时机，在不到绝佳的时机绝不会扣动扳机。会忍耐的人多是成功的人，他们凭借着忍耐和坚持这两个特点，找到自己的目标，然后以常人所不能忍的毅力坚持在最好的时机出击。他们在孤独寂寞中完成使命，并领略到真孤独与寂寞的真正滋味。

可见忍耐，不仅是一种做人的分寸，也是一种坚强意志品质的体现。忍耐，成就了许多杰出的历史人物。唐代诗人白居易曾经这样说过："孔子之忍饥，颜子之忍贫，闵子之忍寒，淮阴之忍辱，张公之忍居，娄公之忍侮；古之为圣为贤，建功树业，立身处世，未有不得力于忍也。凡遇不顺之境者其法诸。"从这里我们可以看出，白居易视忍为处遇不顺之事，甚至于万事万物的法宝。成功的路充满艰辛和坎坷，所以说，如果一个人能够用自己的力量去战胜孤独寂寞，去忍受磨难和挑战，就能找出自己的路，做出自己的创造与成就。

当你坚持了很久却还看不到成功的希望的时候，你能不能忍耐就成为一种关键。要想成就一番事业就必须要学会忍耐，这是成功的前提条件。

有一位女孩儿，她并不漂亮，但她却有着一个伟大的梦想：站在自己的舞台上唱自己的歌。她带着这样的梦想不停的前行，希望自己将来能梦想成真。

然而，成功之路上的艰难，让她难以想象。曾经在一名著名音乐人的制作室里，就有人向她泼了一盆冷水："你的嗓音和你的相貌一样不漂亮，这样平凡的你很难在歌坛有所发展。"听到这句话，女孩儿并没有放弃，而是选择继续留下来，她端茶、倒水，她制作演出时间表，替歌手拿演出服装……一直默默做着这一切。后来，有人问她为什么不离开，而是继续留在这里，她说，不为什么，只因这里是离我的梦想最近的地方。

长久的忍耐，终于让她等到了自己的机会，那天她微笑着站在了属于自己的舞台上，用并不惊艳但十分温暖的嗓音感动了所有在场的人。这个女孩就是曾被评为“最具真实感的歌手”——刘若英。

刘若英为了自己的梦想，她一直在忍耐着，不管遇到多少困难，不管受到多少嘲弄，为了那个目标她目不转睛，等待着最佳的时机，等待自己一鸣惊人的时刻。她最终成功了，她扭转了自己的命运，实现了自己的梦想。在生活中，我们每个人都有受到命运之神捉弄的时候，当我们不甘心受命运的摆布却又无法掌握命运的时候，我们必须懂得忍耐，学会享受寂寞，学会让所有的痛苦在忍耐中淡化，学会让所有的眼泪在忍耐中化为泡影，学会在忍耐中拼搏，在忍耐中坚持不懈地追求，在逆境中绝不轻言放弃。

小说家福楼拜曾经说过，天才，无非是长久地忍耐。一个人只有学会了忍耐，才能保存实力，积蓄力量，把握好时机，成就一番事业。“罗马不是一天建成的”，事物的变化、发展也需要时间，量的改变有了才有质的飞跃，如果时机不成熟勉强去做，就无法避免碰钉子，失败也就不足为怪了。所以如果不能忍耐，则进退失据，金玉满堂，莫之能守！人生的一半智慧就在于忍耐之中。

杰佛理，是某名牌大学中文系的高材生，在毕业后被分配到一家出版公司工作。然而一心想干一番大事业的他，进公司后，却被分配为校对文稿的工作。对于这种安排，也许是公司有意想锻炼他的耐心与毅力，让他以后在这个公司里有所作为。但是杰佛理却总是唉声叹气，抱怨命运，对工作毫不认真，经他之手校对的文稿也经常是错误百出。他以后的情况，我们也就可想而知了。

与杰佛理有着相同遭遇的是他的一个朋友，在硕士毕业后被分配到一个政策理论研究机构工作。也是在公司，一开始上司就让她整理一些内部刊物的排版、校对工作，甚至还干些杂七杂八的事情。

熟悉她的人都觉得公司这是浪费人才，杰佛理也经常替她抱怨不平，但他这位朋友每天却带着极大的热情去工作。她认为搞排版也是一种学问，甚至校对文稿也不是一件容易的事。有的时候，她为了赶刊物出版时间，连星期天都不休息，加班加点的工作。甚至还主动分担了其他人一些理论研究工作，很快她就得到了上司的认可与好评。在短短一年多的时间，她就已经被选为单位的骨干，最后提升为该刊物的实际负责人。

杰佛理和这位朋友的遭遇相同，但结局却是天壤之别，主要原因就在于杰佛理不能忍耐平凡，不能在普通工作中很好地完善自己，没有很好地掌握学习的时机，失去了成功的机会。成功需要人们忍受平淡，甚至枯燥，只有经过了这个阶段的磨砺和洗礼，才能获得自己想要的。

所以说，探索新的途径，开创新的局面，不仅需要敢闯敢干的精神，更需要理性的忍耐。要学会忍受艰难困苦，忍受风风雨雨的考验，忍受生活的煎熬。忍耐是强者的美德，是一个人对理想、目标追求的具体表现。

4
胜利就是比别人多坚持 5 分钟

在这个世界上，很少有人能够轻易就取得成功。在成功的路上总是危机四伏、困难重重，想要克服这些困难就要有坚持下去的精神，只有坚持下去才能想出解决问题的办法。然而生活中，有太多的人在别人一次次的拒绝中，一次次的挫折下，摧毁了自己的意志，放弃了成功的希望，他们不再坚持自己的梦想，最终与成功擦肩而过。

其实成功并不是遥不可及的，或许只要我们再坚持五分钟，就能想出解决问题的办法，或许我们只要再坚持五分钟，我们就能跨过那条分水岭……要知道很多人的成功都源自与“多坚持了五分钟”。

艾·罗塞尼奥之所以能成为第七届国际马拉松赛的冠军，缘于他中学时候的一次失败的经历。在他上中学的时候，有一次他参加了学校举办的10千米越野赛。在比赛刚开始时，他跑得很轻松，可是随着时间的推移，他发现自己已经汗流浃背，脚底发虚，感觉有些跑不动了，这时的他非常渴望能够停下来歇一歇，喝口水。此时，也有一辆巴士即将路过他身边，这些巴士是学校专门安排在赛跑路线上接送那些跑不动的学生的。艾·罗塞尼奥很想跳上车，好好休息一会儿，但他不想做一个失败者，于是他忍住了。

当他又跑了一段时间后，艾·罗塞尼奥感觉两腿像灌了铅似的沉重，一种想停下来休息的愿望又强烈地袭了上来。这时，又一辆巴士开了过来，艾·罗塞尼奥迟疑了一下，但是当他看到车上退出比赛的人脸上的落寞神情，他又选择了坚持。

后来，不知又跑了多久，艾·罗塞尼奥终于到了一个小山坡前，这时他感到眼前已经在冒着金星，全身快要虚脱。虽然这只是一座小山坡，但在他看来爬上他的难度绝不亚于攀登珠穆朗玛峰。于是，他决定放弃了，在学校巴士开过来后，他没有犹豫就上去了。

然而让他没想到的是，当巴士开过那个小山坡后只拐了一个弯儿就到达了终点。艾·罗塞尼奥看着别人冲过终点后的幸福笑容，他心里充满了懊悔。

这一次十千米越野赛，让艾·罗塞尼奥明白自己是完全有能力跑完全程的，自己要是能再坚持五分钟，那么他就能越过小山坡，跑到终点！自己也会是一个成功者。自己所缺乏的就是再坚持五分钟的耐力，也正是由于这样才让自己与成功失之交臂。于是从那以后，无论艾·罗塞尼奥参加什么比赛，每当他感到自己要坚持不下去、快要泄气的时候，他就鼓励自己说："忘了以前的失败了吗？只要再坚持五分钟，胜利就是你的！"就这样，他最终成了世界冠军。一直跑上了世界冠军的领奖台！

成功需要多坚持五分钟，如果不坚持，那么五分钟后会发生什么情况，我们永远也不知道。所以只有坚持五分钟，只有多坚持一会儿我们才能知道奇迹会不会发生，在这五分钟的时间里，或许就会找到失败的转机，在这五分钟里，也许我们就可以轻松站在成功的殿堂里，享受到成功的滋味。其实，成功就是坚持做一件事情，但是能够坚持下来的人却很少，而坚持下来的人成了我们羡慕的成功者。

滴水石穿之所以能够变成现实，不是因为滴水的力量有多大，而是因为滴水长久不停歇的坚持。在生活中，每个人都应需要多坚持五分钟，我们之所以不能创造奇迹，只能说明坚持得不够长久。如果在所有事情上我们都能够多坚持五分钟，那么就会给自己的成功多争取五分钟的时间，结局也许就会不一样。

明朝有位著名的作家叫杨梦衮，他曾说过："作之不止，可以胜天。止之不作，犹如画地。"意思是世上的事，只要不断努力去做，就能战胜一切，取得成功。但如果停下来不做，那就会和画饼充饥一样，永远达不到目的。这是一个很通俗的道理，但在生活中，我们却常常不能贯彻，当一切都尘埃落定后，经常又发出"为山九仞，功亏一篑"的遗憾，半途而废几乎成了大部分人失败的最主要原因。

其实，有时，只要我们多努力一点儿，在成功就距我们一步之遥时，如果能够再多坚持五分钟，奇迹就会像变魔术一样出现在我们的面前，并能够做到我们所认为的自己所不能做到的事情。

5

最大的本事是忍常人所不能忍

古人说：“忍人之所不能忍，才能为人所不能为。”那些能够忍耐者之所以成就大事，就是其默默的忍耐之下蕴含着无限的力量。忍耐就是人们由于对成功的强烈渴望而产生的一种坚韧的力量，是对努力的另一种解释。而那些无法忍受困难的人则永远不能有所成就，只有愿意为成功付出代价，愿意为成功承受痛苦的人才能获得成功，走出困境。小不忍则乱大谋，凡成就大业者莫不如此，所以，学会忍耐是很重要的。

在战国时期有位著名的纵横家苏秦，从小就家境贫寒，吃饭都成困难，读书自然是很奢侈的一件事，家里人也不支持他读书。但苏秦为了改变命运，坚持读书。为了读书，没钱的他靠到处帮人打短工，甚至离乡背井到齐国跟着鬼谷子学习纵横之术。后来，觉得已经学业有成的苏秦，就告别了师友，开始游历天下，以求能谋取功名利禄。

然而，在各国周游了一年后，苏秦却是一无所获，在他支撑不下去的时候，只好选择了回家。就这样苏秦穿着破衣草鞋回到了家乡，到家后，妻子看到骨瘦如柴、全身破烂肮脏不堪的苏秦，只是摇头叹息，继续织布；嫂子看到他后也是扭头就走；甚至家里的父母、兄弟、妹妹不但不理他，还暗自讥笑他。看到家人对自己的态度，苏秦既惭愧又伤心。

在家里，苏秦把自己关在房间里，不愿见人，并对自己作了深刻的反省。在认识到自己的不足之后，他又重振精神，发愤继续读书。苏秦搬出了家里所有的书籍，每天研读至深夜，好多时候都不知不觉地就伏在书案上睡着了。

有一天，苏秦实在困倦难当，他又睡着了，可猛然又被惊醒，他的手臂好像被什么东西刺了一下。四周一看，原来是书案上放着的一把锥子扎到了自己，此时，苏秦灵机一动，想了一个不打瞌睡的办法——“锥刺股”。

就这样每当苏秦感觉自己要打瞌睡时，就拿锥子用力扎自己的大腿一下，让自己保持清醒。因此，他的大腿经常是鲜血淋漓，惨不忍睹。在经历了多年的忍耐与坚持，忍受了常人不可承受的痛苦后，苏秦终于学有所成，最终纵横六国。

从这个案例中，我们可以看出忍耐的重要性。出外游学失败的苏秦，回家后面对亲人的冷漠和讥笑，他并没有自暴自弃，放弃自己的追求，而是通过自我反省，充分认识到自己的不足，然后发愤图强，就为了不让自己在攻读中睡着，他甚至用锥子刺自己的大腿。正是苏秦能忍受常人难以承受的痛苦，所以才成就了自己的辉煌事业。

可见忍耐是一种奋发向上的力量，是一个人能够走向成功的精神支柱。一个人只有在成功过程中忍得住寂寞、困苦和折磨，他才能在奋斗的过程中变得强大，才能最终成就事业。

凯蒂是某跨国企业的创业元老，如今她不仅身居管理高位，而且每年都有数额不菲的内部分红。不管是收入还是地位，她都是周围同事、朋友们羡慕的对象。实际上，凯蒂之所以能够拥有今天的一切，都源自于她超乎常人的“忍耐力”。

当初她和同学小 A 一同应聘到这家公司，那时这家公司还是一个刚刚成立不久的小企业，经营状况也十分不稳定，甚至有时候连工资都不能及时发放。工作半年后，小 A 对这家风雨飘摇，随时都可能破产的公司失望之极，因此选择了辞职。看着周围的同事们一个一个都走了，凯蒂也在思索着自己的出路。俗话说“吃得苦中苦，方为人上人”，尽管公司的经营现状并不乐观，但只要能挺过这个难关说不定就能柳暗花明。

短暂的辞职潮过后，凯蒂所面临的工作状况更加艰难了，由于人员减少，一个人常常要负责几个人的工作，那段时间她每天都加班到深夜，连周末也很少休息，而且还要面临发不出工资的窘境。凯蒂的成功之处就在于她能够忍常人所不能忍，在最困难的时期她和公司同呼吸共命运，所以得到了老板的赏识，获得了部分股权，并拥有了今天的辉煌；反观当时“忍”不下去的小A则泯然众人矣。

越王勾践忍受了常人所不能忍受的困难，练就了常人所不具备的坚韧毅力，这才成就别人不能成就的国业。尤其是在当敌我之间的力量太悬殊、正义与邪恶之间的势力差距太大时，忍耐也是保存自己力量的重要手段，不硬拼，不消磨自己的元气，将力量慢慢地蓄积起来。这种忍耐，绝不是对传统的习惯势力、落后势力的妥协和投降，而是在等待一种时机，等到适当的时机再给敌人以致命一击。

因此，我们在人生的道路上学会忍耐，这种忍耐是一种达到某一种志向的手段，是为达到某种“大谋”的退却，绝不是为忍而忍。对于做大事者来说，忍辱负重是成就事业必须具备的基本素质，而且能在各种困境中忍受屈辱是一种能力，能在忍受屈辱中负重拼搏更是一种本领。当有了适度的宽容忍耐之后，我们就可以抓住机会运用智慧进行反击。

老子曾经说过：“祸兮，福之所倚；福兮，祸之所伏。”身处逆境置身祸中，只有学会忍，才能成就大事，只有忍得一时苦，方为人上人。而且只有忍了常人所不能忍受的苦难，才能成就自己的大业，一个成功人的最大本事就是能忍受常人所不能忍的痛苦。

6

不贪不恋，诱惑越大越要沉得住气

人生有欲望是正常的，这也是人生之本的内在原动力。人有了欲望，才会有人的理想、信念、追求，才会有科学的发展，有各种物质和精神的建树。所以说，人生离不开欲望，但是如果对于欲望，追求过度就变成了一种贪婪。贪婪是一切罪恶之源，贪婪能令人忘却一切，甚至自己的人格；贪婪令人丧失理智，做出愚昧不堪的行为。人的欲望无止境，当已经得到不少时，仍指望得到更多，然而过度地追逐利益往往会使人迷失生活的方向，因此，凡事适可而止，不贪不恋，才能把握好自己的人生方向。

对于诱惑，我们真正应当采取的态度是：不贪不恋，诱惑越大越要沉得住气，要远离贪婪，适可而止。人生的富足不在于你拥有的多，而在于你欲求的少，知足者常乐。在这个世界上，有着众多诱惑，而那些贪婪的人往往很容易被这些诱惑所迷惑，甚至难以自拔，最后却因自己的过度贪婪导致人生的失败！因此，面对诱惑我们要沉得住气，追求利益要做到适度，贪婪是要不得的，凡事要适可而止，只有保持和谐与平衡，才是长久的成功之道。

二战后，德国某个小镇上，有一位农夫和一位商人在街上寻找战争中被人们丢下的财物。他们在各个街道上四处寻找，在这个废弃的院子里，他们发现了一大堆未被烧焦的羊毛，两个人就各分了一半捆在自己的背上。后来，在另外一家破败的店铺，他们又发现了一些布匹，于是农夫便将身上沉重的羊毛扔掉，只选了些自己扛得动的较好的布匹；而那个商人却将农夫所丢下的羊毛和剩余的布匹统统捡起来，背负在了自己的肩上，沉重的货物让他气喘吁吁、行动缓慢。

可是，走了没多远的路程，他们又发现了一些银质的餐具，这时农夫又将布匹扔掉，只捡了些较好的银器背上，而商人却因背着沉重的羊毛和布匹压得他无法弯腰而没有机会拿到那些银器。

就在此时，天有不测风云，开始下起大雨了，雨水把商人身上的布匹和羊毛全部淋湿了。可是，饥寒交迫的商人仍舍不得丢弃这些货物，突然踉跄着摔倒在泥泞当中，而农夫却早已拿着银器一身轻松地跑回家了。后来，这位农夫变卖了所有的银餐具，生活逐步富裕起来了。

可见，过度的贪婪，让商人反而失去了价值更高的银器，最后还在泥泞中挣扎不已。而农夫面对那些货物经受住了诱惑，做出了最恰当的选择，让自己的生活有了很大的改变。所以说，贪婪不一定是好事，懂得取舍，能挡住诱惑则一定会拥有更多。

事实上，过度贪婪到极限时，就会向相反的方向发展，只有适可而止，才是成功的处世之道。古人曾说：“福德享尽，则缘必孤。”也就是说福德并不是无止境的，福德就像银行的存款，如果将福德享用尽了，以后就没有了。因此，我们要善于存下福德的种子，让它长久地流传下去。我们只有凡事适可而止，争取在恰到好处时适时而变，进入新的发展层次之中，才能永远立于不败之地，如果只知进而不知退，灾难与祸害可能就接踵而至。

但是古往今来，没有贪念的人几乎找不到，因为人性的弱点使然，总有一些人既贪心又不知足，得陇望蜀，欲壑难填，一味地、没有止境地贪下去，后果必定会给人们带来痛苦或是悔之晚矣的结局。因此，一幕幕悲剧就在这些人的贪欲中不断上演。

有一个流浪汉在路边捡到了一条狗，就在他抱着狗准备回到自己的桥洞里的时候，看到在墙上有一张寻找狗的告示。原来有一个富婆，养了一只非常名贵的狗，突然有一天不慎把狗丢失，她焦急万分，到处寻找，还贴出告示：“如果谁能找到狗，并且把它送回来，可以奖励两万元酬金。”

流浪汉发现自己捡到的这条狗正是告示上所提到的，于是他抱着狗按照告示上的地址寻找过去，然而没想到他又在一个街角看到告示上的酬金涨到了三万元。原来富婆看到两天过去了，狗还没有音信，以为捡狗的人是嫌酬金少而不肯还狗，于是当天就在告示后面又加上一万元的说明。

那捡到狗的流浪汉心中窃喜，不免心生贪念：我先不还狗，说不定酬金就会继续上涨。于是他就又把狗抱回了自己的住处。而流浪汉则每天都要到市中心的告示牌旁张望，果然那位富婆爱狗之心急切，不到一天就又把酬金涨到了五万元，后来又涨到了六万、七万……当富婆把酬金涨到八万元的时候，流浪汉觉得时间差不多了，就跑回住处去找狗，可谁知，那条狗已经被饿死了。富婆是不可能出八万元买一条死狗的，由于流浪汉的贪婪，他的发财梦因此也就这样破灭了。

可想而知，这个流浪汉，自己都填不饱肚皮，他哪里弄钱买这上等的狗食呢？况且他也不知道这条名贵的狗吃什么。看到自己的八万就这么泡汤了，流浪汉气急败坏地在狗身上乱踢乱踹，后悔没早些时候送还富婆的狗。

这就是贪婪酿成的后果，假如，流浪汉没有产生贪念，在巨大的诱惑面前沉住气，早些把名狗送还主人，也不至于落到如此一无所得的地步。所以说，做人要懂得适可而止，切不可贪得无厌。

人生在世，难免会受到这样或那样的诱惑，面对诱惑，要把握好一个度，你就会走出低谷，走向成功，反之，你若过犹不及，得寸进尺，必定不会有什么好结局。一位名人曾经说过："一个不能控制自己的人就是一台被毁坏了的机器。"因此我们谨记：做人要把握分寸；做事，要掌控尺度。做人，要心无边行有度；做事，要进有招退有术，在诱惑面前，能沉住气，不贪不恋，获得最大的利益。

7

在一个行业里坚持十年，你就是专家

由于人的精力是有限的，所以我们需要瞄准一个点一个行业，选择好自己的方向，才能集中精力，过长时间的学习、思考、实践，一步步走下去，磨炼出相应的能力，让自己在这个领域越来越专业化，才会获得成功。专业是需要靠时间来磨炼的，而坚持时间的长度决定着一个人成就的深度。

在美国也有一个十年成功定律，意思是说只要你能在某一领域坚持十年以上，你一定会成为这一领域的专家，也一定会获得成功的收获。所以说，成功从来都不是件容易的事，靠的是坚持，靠的是十年磨一剑的决心。当时候未到时，一定要耐得住寂寞，要始终相信自己的付出一定有回报。

其实，有很多成功的人他们并不都是很聪明的人，但是他们懂得做一件事的时候要坚持下去，只有坚持不懈，朝着自己的方向努力，那成功一定是属于他们的。西汉史学家司马迁忍辱负重 40 年，翻遍百书，搜集资料，终于完成了《史记》，成就了他的文学地位；东晋书法家王羲之幼年开始便苦练书法，临池学书，多年洗笔，终将一池清水染成墨色，成就了“天下第一行书”。他们呕心沥血，在一个领域里坚持了人生大半时间，终于打造了通向成功的阶梯。

明朝时候，有着“天下第一关”之称的山海关因年久失修，题匾中的“一”字居然脱落了。当时的万历皇帝听说后为恢复山海关的原貌，就昭告天下，向天下的书法家征集“一”字。有很多自认为写得不错的名人志士，送来了自己的作品，但最让人觉得不可思议的是，在这些人当中，那个“一”字写的最有感觉的竟然是一家客栈的店小二。

难道是哪位书法大师隐居在了客栈里不成？当然不是。原来，这家客栈就坐落在山海关城门的对面，店小二每天都能看到那个“一”字，于是他每天擦桌子的时候就用抹布“临摹”那个“一”字。长年累月，他对这个“一”字自然了然于胸，写起来也就比任何人都更得心应手了。

客栈的店小二把目标集中到了“一”字上，每天坚持临摹，因此最终超过了那些书法大家。如果我们把人生目标集中到一点上，只要坚持下去，持之以恒也能创造奇迹。在现实生活中，许多人之所以会失败，就是因为没有瞄准一个点，专注一个专一目标，持之以恒地走下去。

一次次的改变意味着一次次从零开始，而坚持在同一个领域里的人则是在不断积累，因此凡是在一个行业里做出了成绩的人，通常都是那些坚持做下去的人。可见，成功与平庸，所缺的就是专一的目标，持之以恒的信念。要是你认准的一件事情，通过坚持不懈的努力就会使事物由量变达到质变的飞跃。

刘勇，曾经是一位文化学校的副校长，后来他决定到北京发展。而且他有着名牌大学的学历，英语水平也不错，还有过级的证书，另外他在毕业实习的时候也曾经在娱乐公司做过商业策划。依靠这些资本，刘勇完全可以找到一个待遇高、工作轻松的职位。但他却选择了北京一家规模不大的文化学校，坚持从最底层的任课老师做起。

由于这个文化学校在北京名气并不大，所以他每天除了给学生们辅导功课，还要到各个学校附近发放广告传单。强大的工作量让他在一个月的时间内就瘦了一大圈，但他丝毫没有后悔过，固执地做着现在的工作。

有些朋友看到他的状况，对他的这份执拗无法理解，笑他没事找事，自找苦吃。然而刘勇却不赞同，他说："如果这个行业适合你，那么你在这个行业里只要坚持三年就一定能有小成，坚持十年就一定能大成！一招鲜，吃遍天，别的工作再好，也不过是多赚一些钱罢了。尽管这份工作现在看起来很辛苦，却是我能为之奋斗一辈子的事业。只要我能在自己精通的行业里不断地努力，也许会遇到一些困难，但我的人脉、经验、能力却在不断积累，总有一天我会成为一面旗帜，只要同行和客户看到我就会产生信任感。这时候，还怕没有钱赚?"

事实最后也证明了他所做的一切都是值得的，半年后，他被这个学校的负责人调到了助理的职位，凭借着自己的经验和人际积累，这个学校很快发展起来了。几年之后，他已经成为了那个圈子里的名人，越来越多的家长慕名来找他。随着名气的上升，他自己创业办了一家学校，由于在这个领域已经积累了相当多的人气和各种资源，他的事业自然是蒸蒸日上，成为了一个成功人士。

老虎在捕食时，只要锁定猎物，就会聚精会神地盯住它，不会轻易改变，因为改变就意味着再次的观察、追捕、调整，意味着从新开始。刘勇就像这只狩猎的老虎，他锁定了自己以后要发展的目标，不会因为一开始的困难就转而寻找轻松容易的工作，而是在这个行业里凭着自己的毅力坚持了下去，最终赢得了属于自己的成功。

无论干哪一行，一旦选定了目标，那么就要坚持下去。然而现在就有很多年轻人，就缺乏这种专一的目标，他们从来没有好好想过自己要干什么，不知道自己最终要的是什么，目标很不明确，所以，在刚刚踏入职场没几年，已经有了好几家公司的就业经历。频繁的跳槽让他们在工作中没有什么突出的表现，最终一事无成。

所以我们要选定一个最适合自己的行业，然后坚定不移地在这个行业上走下去。也许一开始你会遇到很多困难，比如你的工资没有别人高，你的工作比别人重，但只要你始终在这个行业里努力学习，坚持十年，在最后你必然会成为最大的赢家。

第十一章

DI SHI YI ZHANG

事不可做绝，再狠也要给人留有余地

当今社会，没有永远的朋友，也没有永远的敌人。为人处世，最要紧的就是行事掌握火候、注意分寸，莫与人撕破脸皮。要知道，凡事不做绝，把话讲得更具弹性，把事做得更加灵活，你的人生才会如虎添翼、更上一层楼。

1

势不可使尽，事不可做绝

人生于世间，说话做事都是一门学问，如何把话说得通透，把事办得明白实则并非易事。因为，说话办事必须看清火候、掌握分寸，而这有赖于个人的拿捏。显然，针对不同的人，不同的事，知轻重、识进退才能在社会上站得住、吃得开。

为人处世时刻要记得给自己留出一定的余地，以备不时之需。社会大，变数大，风险大，没有永远的朋友也没有永远的敌人，万事留下回旋的空间，才不至于走到山穷水尽的地步，即使遇到麻烦也容易找到化解之道。才不露尽、力不使尽，要学会用“太极推手”的功夫去为人处世，永远为自己保持一点回旋应变的余地，万事都能变得圆满。

“八面玲珑”并非人人可以做到，对于周旋于复杂人际关系之中的每个人来说，必须掌握的一个重要的底线是：不要把话说死，不要把事情做绝。正所谓“势不可使尽，话不可说尽，福不可享尽，规矩不可行尽，凡事太尽，缘分势必早尽。”

所谓“势不可使尽”需切记：权力在握，吆三喝四，总有权尽的一天；乘势而起，争一时之龙凤，总有势尽灾来的一刻。正如“飞鸟尽良弓藏，狡兔死走狗烹”，真到了山穷水尽之时，想要后悔就来不及了。“福不可受尽”的逻辑在于，钱财虽可买来物质的幸福，但是也是罪恶的来源。“话不可说尽”是在提醒人们，要明白“嗔火能烧功德林”，恶语伤人六月寒。“规矩不可行尽”，告诫你我若只有发号施令，唯我独尊，却不知道“肚大撑船”的道理，虽能做到明察秋毫，戒律森严，但如果不开人情面，往往会得到刻薄寡恩的评价。

明代高景逸曾经说："遇到事只要让人一步，其道路自然就会有周旋的余地；办事只要放得宽一点，自然就有其中的乐趣。"推而言之，通往成功的道路不可能是笔直平坦的，要学会在迂回中前进。"路留一步，味让三分"，"从来茶倒七分满，留下三分是人情"。品茶以清心，清心以虚怀。给自己的脑海留下想象的空间，盛装起美好的回忆；给自己的事业留下回旋空间，从而去拥抱更多的机遇。

大文豪钱钟书先生一生相对平和，但是在他撰写《围城》时也窘迫过一段日子。在不得不辞退保姆后，夫人杨绛开始操持家务，那时的生活可以说是"卷袖围裙为口忙"。当时钱钟书先生的学术文稿无人出价，于是他转而写小说挣钱养家，日子过得拮据而辛酸。恰巧，黄佐临导演上演了杨绛的两部戏剧，并及时支付了酬金，帮助钱家渡过了难关。多年之后，在众多投资者中，只有黄蜀芹独得钱钟书亲允，开拍电视连续剧《围城》，其实是因为她怀揣父亲黄佐临的一封亲笔信的缘故。黄佐临四十多年前的义助，钱钟书铭记于心，最终以德报德。

人与人在交往的过程中也该如此，做什么事也都不要做得太绝了，多为他人留一点余地，方可为自己留下回旋的空间。俗话说，"做人留一线，日后好相见"，一个人不论身份高低，只要你想融入社会、融入于人群，就时刻需要得到别人的赞同和肯定。所以，凡事都要想到他人的感受，照顾到对方的利益，多留给别人一点机会，等于多给自己创造了一分机会。

人吃五谷杂粮，经世间百态，焉有不得病不犯错之理？换句话说，人人都有犯错误的时候，倘若不给他人改过自新的机会，无情地压迫就会促使矛盾的激化，从而造成无法挽回的局面。在此须牢记，肯定他人就是肯定自己，尊重他人也就是尊重自己。

有位留美归国的硕士应聘到一家贸易公司上班，他学历能力俱佳，在各种场合屡屡崭露头角。然而，他听到有人提出一些较不成熟的方案，或是某些人表现出不恭的态度时，他总会毫不客气地破口大骂、大声指责。在他的观念里，这不过是他面对这些事情的一种正确的态度。是这些同事先犯下错误的，自己不过是在纠正他们的失误。然而，这种做法却让他与同事的距离越拉越大，再也没有人愿意与他合作。没过多久，他就因为人际关系的压力选择离开了公司。

栽花不种刺，做事不做绝。宽容别人其实就是宽容自己，给别人留下后路就是给自己留条退路。学会给别人留有余地，你也会收获到意想不到的机会和帮助，反之咄咄逼人，凡事做到无法挽回的局面，那么最终的苦果还要自己来尝。一个人只有深谙进退、审时度势，才能在社会上挥洒自如、进退有度，才能在人际交往中游刃有余、左右逢源。

人与人之间，各种事之间，都有一种特定的情势，影响彼此的利益，塑造着某种格局。为了取得预期的效果，实现特定的目标，我们必须用力恰到好处，否则过犹不及。在处世果断、行动有速之外，还要懂得退让、收手。尤其是面对别人的错误、失误，有时宽容比惩罚更有力量。古人尚有六尺巷的美谈——“千里寄书为一墙，让他三尺又何妨？万里长城今犹在，不见当年秦始皇。”今人何必针锋相对，口诛笔伐以击。

“高者必堕，物极必反”，哪怕一个人再严苛，也不能失去了做人做事的弹性，因为“绝”了别人，也就意味着“绝”了自己。毕竟，给人留后路，也就是给自己留退路。

2

有些事做绝了，效果往往适得其反

在这个纷杂的社会之中，机遇与挑战并存，我们如何做到在激烈的竞争中立于不败之地？正所谓过犹不及，物极必反，办事要像厨师烧菜，拿捏好火候才能做出美味佳肴。反之，火候太过，做事太绝，到头来再完美的原料也会沦为焦炭。

早在两千多年前，老子就曾经说过：“甚爱必大费，多藏必厚之，知足不辱，知止不殆，可以长久。”强极则辱，情深不寿。事物的发展规律是物极必反，事物太过壮大就会濒临衰老，东西太过坚硬就容易被折断。中国人传统的思想里坚信柔可以克刚，弱能够胜强，这和在西方流行的“半杯主义”不谋而合。

铺筑路面，每到一定的距离，便要留下“余地”，以免路面发生膨胀；建筑楼群，要留有一些空隙，然后种上绿树，给阳光、花草和空气留下足够的空间。表扬含蓄一些，可以给人留下继续进取的余地；保护隐私，可以给心灵留一份隐秘的净土；保守的批评，是给人留下改过自新的机会……

显然，如果时时精于算计，事事锱铢必较，不甘心于一点点利益的牺牲，那么就容易与他人之间出现剑拔弩张的局面。也许你一时处于上风，对方对你无可奈何，但是切记“三十年河东，三十年河西”，等到时势易位，难免要尝到自己酿下的苦果。处世不留余地等于不给自己留退路，到头来受伤的还是自己。请牢记，“要么成功，要么失败”的简单逻辑不适合复杂多变的社会，与其跟自己较劲儿，不如把心态放的平缓，有礼有节，把握分寸。

有一片美丽的大森林，里边居住着许多动物，狼是其中最为狡猾的。这片广袤的森林里有一座高大的山，山脚下有些小洞，各种动物都由此通过。狼非常高兴，它想，只要守住山洞就可以捕获到各种各样的猎物。于是，它堵住山洞的另一端，等动物们来送死。

第一天，一只山羊经过这里，狼赶忙追上去。山羊拼命逃窜，七拐八拐找到了一个没有被堵住的小洞，从洞中仓皇逃跑。狼很生气地把这个小洞堵死了，心想这下再也不会让其他动物溜掉了！

第二天，有一只兔子路过，狼又连忙奋力追捕，结果兔子找到了一个更小一点儿的洞，并从洞口逃生。于是，狼又把类似大小的洞都堵上，认定这次必然万无一失了。别说羊，就是与兔子个头接近的狐狸、鸡、鸭等小动物都跑不掉。

第三天，谁知跑来了一只松鼠，狼马上飞奔过去，追得松鼠上蹿下跳。最终，松鼠还是从洞顶上的一个小小的通道跑掉了。狼十分气愤，于是立即堵塞了山洞里的所有窟窿。心想，这次谁都逃不过自己的五指山了。

到了第四天，各种小动物都没来，来的是一只大老虎。狼吓得拔腿就跑，老虎当然穷追不舍。狼在山洞里面跑来跑去，结果没有一个洞口可以逃生，原来他把每个出口都堵住了，到头来自己竟然因此丢了性命。

对此，哲学家说："绝对化意味着谬误。"宗教者说："堵塞别人生路意味着自断退路。"环境学家说："破坏原生态及平衡者必将自食其果。"经济学家说："预算和计划都须要留有余地。"农民说："不留种子就是绝种绝收。"

留耕道人的《四留铭》里有这样一句话："留有余不尽之巧以还造化，留有余不尽之禄以还朝廷，留有余不尽之财以还百姓，留有余不尽之福以还子孙。盖造物忌盈，事太尽，未有不贻后悔者。"留有余地可以说是一种美德，不知进退的人总是凭借一股狠劲儿往前冲，这未尝不是一种愚钝。

曾有一位哲学家这样说过："要想做好一件事，你最好尽3/4的力量去做。"大多数成功人士都赞成这个观点。一位作家想写出一本好书，他只需要作出3/4的努力就够了。如果把全身心都耗在著书上，就会使自己变得紧张、急躁，并且这种负面的情感很容易倾泻在文字中，进而传染给读者。只使出3/4的努力去著作，可以给自己和读者的感情都留有余地，在从容不迫中保持一份气定神闲的韵味，也在心灵上与读者完成良好的沟通。

其实，世间万物大多如此，凡事在开始的时候都需要尽力地去准备，然而另一方面要保存一部分力量，避免一狠到底的负面效果。兵家所说的"穷兵黩武"，往往说的是做得太狠以至于血本无归。古人说弓满则易折，因此为人处世切忌用力过狠。搞实业的人最忌讳把鸡蛋都放在一个篮子里，总是选择分散投资。总之，凡事给自己留一点余地、留一分轻松，这样就会多一分从容、多一分洒脱。

总之，不给别人留有余地，自己也将没有了出路，最终也是自食恶果。广厦千间，夜眠七尺；弱水三千，不过只能取一瓢饮。人，应该满足于既得，适可而止。舍得、舍得，有舍才有得。过分的贪欲，使自己失去了他人的信赖。

生活当中的很多不快乐，事业中很多的失败并非是源于自身的不够努力，最大的可能是因为自己不懂得适可而止。只懂得用力的人，往往在决绝中收获适得其反的效果，这与我们的初衷就背道而驰了。须知，记得给自己留一条退路，即便失败了也不至于全军覆没。你只需要用自身 3/4 的力量，这样你足以是一个永远的成功者与胜利者。

3

冤家宜解不宜结，得饶人处且饶人

中国有句俗话：“有礼也要让三分，得饶人处且饶人。”这句话告诉我们，凡事都应该适可而止，即使你有理，也应该适当让步，不要把别人逼到绝路。这种智慧不仅适用于生意场上的竞争，同样适用于同事之间的相处。

邓玲玲是一位硕士毕业生，在公司里，她的学历最高，而且口才极佳，办事能力也很强，颇受领导的赏识。每次开会，她都会抓住机会滔滔不绝地表达观点。当同事提出不同意见时，如果她觉得这个意见不成熟、不合理，就会毫不客气地当场驳斥。在她的伶牙俐齿下，同事往往被驳斥得颜面无存。

有时候，同事不小心得罪了她，她也会借开会发表意见的时机言辞相向，一点都不顾及同事的感受。要知道，在公司里，很多同事比她年长。

可是，在她的观念里，只要自己是对的，别人是错的，就应该开诚布公地说，就没必要讲情面，因为她认为这是对事不对人。

可是，同事们对她是什么态度呢？不久，同事们就纷纷远离她，除了老板，大家都不愿意跟她说话，不愿意与她配合做好工作，她逐渐成了一只孤单的凤凰。最后，她只好选择离开公司，因为她感到自己的人际关系太糟糕。

邓玲玲老实吗？其实她是个非常老实的人，老实到有些死脑筋。事实上，她的能力不差，差就差在她不懂人情世故，不懂得给人留余地，忘了给别人留台阶，才导致人际关系危机重重。

有句话是这样说的："一个人不讲理，是一个缺点；一个人硬讲理、认死理，是一个盲点。很多时候，理直气'和'远比理直气'壮'更能说服人、打动人、感染人、影响人。就像《圣经》上说的那样——性情温良的，有大智慧。"一个女人如果认死理、硬讲理，不留一点余地给别人，不但无法消除眼前的"敌人"，还会导致身边的人疏远自己。

俗话说："兔子急了会咬人，落水狗不能打。"为什么兔子急了会咬人呢？要知道，兔子原本是温顺的动物，不到万不得已是不会攻击别人的。但是如果它被逼上绝路，本能地会孤注一掷，反咬一口。落水狗为什么不能打呢？因为狗落水之后，原本就面临死亡危机，如果这个时候你打他，它只会垂死挣扎，会对你造成不必要的伤害。所以，做人千万不能把别人逼上绝路。

有一家杂志曾访问25位杰出的财经界人士，让他们各说一句对自己一生影响最大的话。这些成功人士说出的话当然字字珠玑，其中最吸引人的一句话是出自时代华纳公司的董事长柏森斯所之口，他说："不要赶尽杀绝，要留一点退路给别人。"英雄所见略同，蒙牛集团前总裁牛根生也说过："不要把你的竞争对手逼到绝路，也不要轻易激怒他……损人一千，自耗八百的蠢事不要干！"

如果你想处理好自己的人际关系，如果你想成为一个受人欢迎的人，那么，当你得理的时候要做的不是理直气壮，而是礼让三分。比如，放别人一马，原谅别人一次，别人会对你心存感激，日后可能会报答你；就算他不感激你，不报答你，也不至于和你为敌。这是人的本性，况且世界本来就小，职场的圈子就更小，人与人之间的变化却很快，说不定哪天被你礼让的人飞黄腾达了，到时候他会不会帮你一把呢？所以，千万不要认死理，要学会得理饶人，给别人留后路，这也是给自己留后路。

4

恶语伤人六月寒

年轻人刚步入社会，往往会听到这样的劝诫：“出门在外，讲话一定要注意分寸!”，“多做、多听、多看、但是少说。”为什么在生活中，时刻要记得要“少说”、“分寸”呢？须知，面对各种各样的场合，应付各式各样的人，总免不了言多必失的尴尬。在各种复杂的情境中，往往有很多禁忌，身边的人不会全是你的至亲密友，所以切记说话不要过火，不能伤害到他人。

所谓“言出如箭，不可乱发；一入人耳，有力难拔。”说出去的话，就是泼出去的水，覆水尚且难收，口吐出的侮辱之言岂是轻易就可以抹去的？因此，与人接触，宁愿多说好话，切勿过于冷言冷语。多说别人的好话，对方自然会感受到你的善意，进而也会说你的好话，这就有了双方关系的融洽。

“好话一句严冬暖，恶言半声三春寒。”有的人之所以好心没有好报，大抵是因为提意见的时候，没有意识到需要给别人留下一个台阶。《菜根谭》中说：“人之短处，要曲为弥缝，如暴而扬之，是以短攻短；人有顽固，要善为化诲，如忿而疾之，是以顽济顽。”意思是说，当我们发现别人的缺点时，要懂得委婉地为人家掩饰。如果故意暴露宣扬，是在证明自己的无知，是用自己的短处来攻击别人的不足；对于别人的固执，要善于教诲劝解，如果因为别人的固执而怨恨，这不仅无法使对方做出改变，还会因为自己的固执而招来他人的对抗，到头来会吃尽苦头。因此，无论你多么占据优势，多么理所应当，都不要把话说绝。恶语出口，只图一时的痛快，总有承受同样侮辱的那一天。

现实生活中，人们总是要面子的，因此说话之前一定要想想对方的感受。如果不照顾对方的情绪，一味的肆意妄言，那么双方肯定会发生冲撞。哪怕以前的关系再亲密，也将在眨眼之间陷入僵局。

“攻人之恶毋太严，要思其堪受；教人以善毋过高，当使其可从。”批评别人的缺点时过狠，即使你的本意是好的，也会引起对方的强烈对抗。“打人不打脸，骂人不揭短”、“当着矮子不说短话”，是每一个中国人都应该牢记的社交忠告。在言辞中给对方面子，他就会给你留面子，而说话过于狠毒伤了对方的面子和自尊，你必然会遭人记恨，怨念肆生。让自己失去了人缘，将关系搞砸，失去了回旋的余地，又何苦呢?

由此看来，生活上许多不愉快多源自于口无遮拦，“与人善言，暖于布帛；伤人以言，深于矛戟。”口吐之言可以使你路路通畅，也可能给你前途添阻。会说话不是逞口舌之利，而是少树敌，不伤人。一个聪明人从不把话说死、说绝，反而会退一步海阔天空，给人留下几分颜面。

“言语之能，小可安家，大则兴国；言语不能，小则招乱，大则丧身辱国。”三国名将关羽，过五关斩六将，温酒斩华雄，匹马杀颜良，偏师擒于禁，擂鼓三通斩蔡阳，“百万军中取上将之首，如探囊取物耳”。可以说是“威震华夏”、“天下无敌”。日后，刘备封五虎上将，关羽听说黄忠也被册封，竟然大为恼火：“黄忠等人敢与吾同列，大丈夫终不与老卒为伍!”

后来，关羽驻守荆州，诸葛瑾替孙权之子向关羽女儿求婚，以求结两家之好，连两国之兵并力破曹。以婚姻的联合来促使政治的结盟，在当时可谓时代大趋势，但是关羽竟然勃然大怒，出口骂道：“吾虎女安肯嫁犬子乎！”几次三番，关羽的言语像利刃直刺每一位示好的人，这也为他的悲剧命运买下了伏笔。最后，他大意失荆州，败走麦城，以至于人头落地也就不足为奇了。

没有人可以彻底忘记别人对他的侮辱，即使这个人曾经有恩与他，即使他们曾经是推心置腹的好友。生活之中，工作之事，与朋友相聚之刻，有些人逞一时口舌之快，有意无意之间对他人的心灵造成创伤，不经意间葬送了自己维系多年的人脉关系，也在无形中给自己树立了新的敌人。这都是不懂得如何沟通，不能给他人留有余地的结果。其实，许多言语的伤害都是可以避免的，只需要设身处地地帮他人考虑，多多保全别人的面子。

由此看来，劝说别人要动之以情、晓之以理，求人办事要态度诚恳，批评别人也可以让人感同深受。会说话，擅长说“好”话，有很深的学问，在人际交往中应尽量做到以下几点。

第一，说话的时候不能伤害别人的尊严。比如，不要当面羞辱人，尤其不要进行人身攻击；不要当着众人揭露别人的过错。须知，让对方失去了尊严，到头来会伤害到自己。

第二，沟通中一定要把握好给面子的场合。比如，商业谈判中，双方都比较满意，但是对方希望你能把价格象征性地降低一些，这时候你就要知趣地满足对方这个要求。如果你固执地坚持下去，很可能鸡飞蛋打。

第三，必要的时候主动给对方做足面子。比如，替对方在别人面前说好话；主动祝贺对方高兴的事；适度地吹捧对方；圆满及时地化解对方的尴尬。虽然这样做可能有违心的地方，但是总比恶语伤人要强百倍。

总之，想在社会上如鱼得水，必须清楚，许多老于世故的人是不会轻易地对他人进行批评、呵斥的。不去揭露别人隐私，不去侵犯别人的敏感地域，不去刺激别人的短处，即使开玩笑也要注意分寸、把握火候，这样才能避免尴尬和怨恨。《红楼梦》里，王熙凤是一个嘴巴很甜的人，喜欢说一些中听的话，博取了贾母的欢心。不说恶语，而是嘴巴甜一点，多说好话，做到让人喜欢、令人满意、与人为善。这样一来，才能在待人接物方面有所长进，自己的人生境界才能更上层楼。

5 己无所欲，勿施于人

在一个纷繁复杂的社会中，人们被奢华的物质和强烈的欲望蒙蔽了双眼，心灵也被污秽的私欲填满。在抱怨、痛恨别人给自己带来的困扰和痛苦时，许多人又狠心地把这种苦楚毫不缺失地付诸于别人身上，结果引起彼此关系的紧张、恶化。在此，须牢记一个原则，“己无所欲，勿施于人”。

有一天，子贡问孔子：“有没有一个字可以作为终生奉行不渝的法则呢?”孔子回答：“其恕乎！己所不欲，勿施于人。”在这里，“恕”是“凡事替别人着想”的意思。退而言之就是，自己不愿意承受的事情，就不要狠心地强加给别人去承受；自己想要达到的目标就帮助别人也达到；不愿意别人用某种方式对待自己，那就不要首先用这种方式对待别人。

“以圣人望人，以常人自待”，意思是用圣人的标准要求他人，用常人的标准对待自己。对自己纵容，对他人严苛，是无法赢得良好的人际关系，无法交到朋友的。道理很简单，一个人不懂得“恕人”，只知道用最苛刻的标准去要求别人，就会让他人感到紧张，这是一种严重自私自利的体现。纵容自己，苛责他人，是不能客观地看待问题的，一旦遭遇挫折不顺，他们就会抱怨别人对他如何不好，社会对他如何不公，受到一点委屈，就会大呼小叫。这样的人，不会有大的作为。

睿智的人，会牢记“己所不欲，勿施于人”，把它作为待人处世的基本修养，并且身体力行，从而在生命的各个阶段有所成就。道理很简单，用“以己度人”、“推己及人”的方式处理问题，可以造成一种重大局、尚信义、不计前嫌、不报私仇的氛围，以及双方宽广而又仁爱的胸怀。这样的人，在对自己行狠的同时历练了应有的气度、思维，不成功是没有道理的。

而自私自利之人不懂“推己及人”的道理，往往毫无顾忌地损害他人的利益，把苦恼转嫁到旁人身上。以这种方式做人做事，走到哪里，就会被人骂到哪里，只能带来“损人损己”的恶果，又何来融洽的关系与良好的发展机遇呢？

李莹是一家公司的销售，同时也是当地慈善机构的一位负责人。有一次，一位客户把一批产品捐赠给视力残障人士做公益，令李莹十分感动。但是，活动开展不久，李莹发现捐赠的产品距离保质期限很近了，如果残障人士使用这些产品，显然会受到伤害。

对此，李莹要求对方立即更换产品，确保维护消费者的利益。但是，对方回绝了这一要求。几经抗争仍遭到拒绝后，李莹毅然选择单方面终止活动。这样一来，公司不仅少了一位重要客户，还损失了预先垫付的资金。当时，身边的人都说李莹太较真了。

不久，其他客户和朋友知道了这件事情，对李莹的举动挑起了大拇指。大家一致认为，结交李莹这样的朋友，无论做生意还是办其他事情都会很放心，因为她不会为了利益出卖原则，进而损害他人。就这样，李莹虽然少了一个暂时的客户，却赢得了更高的人气与人望，得与失一目了然。

每个人的内心都有一杆秤，不要把自己讨厌的东西给别人，因为对方也不会喜欢。正确的处世之道是对自己严格一点，下狠心约束自己的言行，而对他人采取宽厚的原则。尤其是，自己不希望得到的东西，或者不喜欢的事物，不要强加给对方。这提醒我们，应当以对待自身的行为为参照物来对待他人。待人处世的时候应宽宏大量，宽恕待人，切勿心胸狭窄，苛责对方。加入自己有所不欲，硬推给对方，不仅会招致他人的厌烦，破坏你与他人的关系，也会将事情弄得一团糟，失去和解的机会。把握这一原则，才能顺利与人交往，达成目标。

在我们身边，总有一些人心直口快，个性爽利。但是，这样有其好的一面，也有不利的一面。心直口快的人如果完全按照自己的意愿说话办事，把自己不能接受的东西、不喜欢的结果，强加到对方头上，就会引起对方的不满，使彼此之间产生矛盾与隔阂。如果他们得意忘形，坚持自己的想法至上，那么就容易失去了底线，带来种种难以预料的恶果。

碰到问题时多为对方考虑一下，如果互相下狠手，互相攻击陷害，那么问题永远得不到解决，甚至会走向另一种的极端。退一步海阔天空，如果所有人都可以承担自己的责任和义务，尽自己的努力完成自己的任务，不抱怨，不推卸，与人为善，与自己为善，那么就没有过不去的坎，做不到的事。

可以说，“己所不欲，勿施于人”是儒家思想的精华，也是中华民族根深蒂固的民俗精神，几千年来已经融入每一位国人的血液里，并在现实生活中影响人们的言行，左右人们的价值判断。因此，恪守“己所不欲，勿施于人”的信条，严格要求自己，懂得换位思考，会让人生的舞台更宽广，减少矛盾、误解与隔阂。

“种瓜得瓜，种豆得豆”，你种下什么因就会结出什么果，你想吸引什么样的人，就应该先成那样的人。你对别人的思想和行为，最终都会回报于你自己的身上。推己及人，用恕己之心恕人，这是成大事者的行动理念，也是为人处世的金科玉律。

6

给别人留余地，给自己留退路

人的一生数十载，不会永远如旭日东升，也不会永远痛苦潦倒。反复地一浮一沉，对于一个人来说，正是磨炼。因此，浮在上面的，不必骄傲；沉在底下的，更用不着悲观。当自己得势的时候，切忌做事过绝，下手过狠，否则终将自食恶果。即便掌握他人生杀大权，也能给他人留余地，这样才能自留退路，让以后的日子有更多出路。

苏格拉底曾经说过："一颗完全理智的心，就像是一把锋利的刀，会割伤使用它的人。"在这个世界上，没有完全绝对的事情，就像每一枚硬币都有正反一样，每件事也都具有它的两面性。做人切记不要太过决绝，要给自己和他人留有一定的回旋余地。正所谓"内距宜小不宜大，切忌雕刻是减法"、"留的肥大能改小，唯愁瘠薄难厚加"。雕刻如此，做衣如此，做人做事也是如此。给他人留有余地是一种美德，更是一种为人处世的智慧和高情商。

某县有一位山村小学老师，在气候潮湿、交通不便的山区工作了许多年。结果，他患上了严重的风湿性关节炎，严重影响到正常的教书工作。无奈之下，他写了一份调职报告，并委托县教委的一个朋友出力，请求调到县城继续教书。

那时候，这位朋友只是一位科长，没有什么实权，所以也发挥不了什么作用，结果调职的事情没有办成。换做其他人，也就不了了之了，但是这位小学教师知道朋友为自己的事出了不少力，就带上土特产亲自登门致谢。见面之后，他丝毫没有提调职失败的事，只是一再表达谢意。这让那位科长朋友更加不好意思了，感觉自己的面子比天大。事情并没就此结束，在以后的日子里，这位小学老师一有机会就请这个朋友吃饭，拉近彼此的距离，建立起了亲密的友谊。

就这样，双方成了无话不谈的密友，始终保持着往来关系。当然，这位科长朋友总感觉亏欠小学老师，决心有了机会必定鼎力相助。后来，他时来运转，做了县教育局的副局长，结果顺利地把小学教师调到了县城教书。

从上面的故事可以看出，求人办事不是"一锤子"买卖，达成一个目标总有持续努力、反复权衡的过程。第一次由于某些原因没把事情办成，不能因此埋怨对方，甚至让对方下不了台面。正确的做法是仍旧表达你的感激之情，甚至比把事情办成功更热情，表达你的谢意。如此一来，对方欠你一份人情，这就是继续帮你的关键，也是你继续求他帮忙的退路。总之，对方感受到你的真情实意，自然把你挂在心上。反之，如果你冷眼相对，对方非但不会感受到歉意，反而会理直气壮地回绝你，彻底关闭继续帮忙的大门。

其实，一个办事果敢的人，会将内心的不愉快掩藏起来，强打精神撑起场面。表面上，你承受了委屈；实际上，却在维护对方颜面的同时赢得了人心，给自己留下了腾挪的余地，找到了反败为胜的退路。试想一下，一个人如果不能下狠心承受这种委屈，又怎么能苦尽甘来呢！

虽说尽人力是成功的前提，但是要是光凭着一股狠劲，下手狠绝、不留情面的人最终会被大众所拒绝。人吃五谷杂粮，品世间百态，怎可能不生病、不犯错。世上的事总会有那么一些意外，要学会给人留有余地，去容纳那些“意外”。杯子留有空间，就不会倾注进去的水而溢流；气球留有空间，便不会爆炸；人说话、做事留有余地便不会因为某些“意外”的出现而下不了台。给别人留一定的余地，就是给自己留有有回旋的机会。

事实上，那些成大事的人都能在关键时刻委屈自己，成全别人，实际上他们看到的是全局，着眼的是未来。凭借这股狠劲，他们将人际关系处理得圆满得体，把各种利益安排得妥妥当当，最终让各方满意。即便面对各种矛盾，他们也能牢记留有余地的训诫，给自己一条退路，从而在日后也能进退有方、收放自如。这是一个注重双赢的时代，你给别人留有退路，别人也就给你留下了机会。因此，做人做事不能决绝，有大局观的人才能成大事。

第一，下狠心委屈自己，成全别人。

成大事的人往往能替别人考虑，常常给他人留下余地，也许他会因此而失去一些名利或财物，但是他却获得了比金钱更重要的东西——对方的感恩与认同。这样做，往往会委屈自己，但是不先吃尽苦头，怎能赢得他人的信任呢？即便你占据了道德的制高点，也要懂得给别人留有余地，不论在何种情况下，都不要把别人往绝路上逼。

第二，狠心丢掉暂时的功利，谋求长远的利益。

交友办事的诀窍在于“早做谋划、长久打算”，最忌讳功利心太强。比如，对方努力帮自己办事了，但是由于种种原因没有成功，这时候聪明的人往往会适时感谢对方，既维系了原来的友谊，又为日后的交往打下坚实的基础。如果功利心太强，认为对方没把事办好，因而表示出不高兴，甚至抱怨对方，这样宣泄后无疑会感觉到舒畅，但你也因此失去了长远的谋划，丧失了继续与人为善、交友的可能，到头来终究是孤家寡人，以后想再求对方出手就难了。

总之，人若想在社会上站稳脚跟，就必须使自己的脚底下宽阔一些。常言道：“身后有余望缩手，眼前无路想回头。”为人处世须时刻谨记，风光时凡事切记不要手辣心狠、万事做绝，时刻都要给自己留下余地，否则一旦身陷困境，想回头就难了。

7

以退为进，留给自己东山再起的机会

“当你紧握双手，里面什么也没有；当你打开双手，世界就在你手中。”很多时候，一个人要懂得舍弃，眼前的放弃是为了下一次有更多的回报。如果当下太决绝，而不知退让，无异于自断前程。

事实上，懂的后退的人是精明的，乐意让步的人是聪慧的，善于舍弃的人是成功的。狠下心来，放弃眼前的利益，是大智慧。学会退一步，放弃对虚名的争夺，摆脱层层纠缠，使身心得到放松，这是为了积蓄力量从头再来，获得命运的转机。

春秋战国时期，魏惠王想要找一个商鞅式的人才，实现富国强兵的梦想，从而成为当时的霸主。不久，魏国人庞涓求见魏惠王，展示了自己的才干，并被拜为大将。后来，庞涓把同学孙膑推荐给魏惠王。孙膑是一位才干更高的奇才，很快赢得赏识，获得了比庞涓更高的职位，结果引起了后者的不满。

庞涓不甘心被抢风头，于是在魏惠王面前诬陷孙膑私通齐国。于是，孙膑被投入监狱，受到了严苛的刑罚，两块膝盖骨也被剜掉了。孙膑看清了庞涓的真面目，装疯成功逃离虎穴。大将田忌了解到孙膑的情况后，把他推荐给齐威王，并得到了重用。此后，孙膑帮助齐军打了许多胜仗，并在马陵之战中打败庞涓的部队，血洗了当年的屈辱。

在上面的故事中，庞涓为了自己的利益，不惜对往日的朋友下狠手，背后动刀子，获得了一时的功名利禄。但是，孙膑决心隐忍避难，最终通过装疯卖傻骗过了庞涓的眼睛，这才有了在齐国担当重任的机会。庞涓不给别人留下活路，最终断送的是自己的生命；孙膑以退为进，最终赢得了胜利。

遇事退后三分，给别人留下一点面子之时，也会给自己挣得一个未来。面对横在你面前的一座大山或者一条大河时，它们阻挡了你的前路，千辛万苦翻山越岭不如后退一步，另择出路。不碰南墙不回头不是值得赞赏的精神，而是一种愚昧的执著。后退一步，是一种修养，一种自我完善的方式。

人注定是要走路的，路朝向那个方向并不重要，重要的是灵活地使自己达到终点。为人处世，说话不可太满，做事不能太绝，懂得以退为进，留有回旋空间，方能东山再起。只知道一味前行，缺少大局观，很容易失了分寸。在一条道上跑到黑，到头来往往是害人害己。

有一位伐木工人，独自一人开车到很远的地方寻找木材。在锯断一颗大树的时候，粗壮的枝干倒下来，伐木工人躲闪不及，结果自己的左腿被压住了。一阵剧痛之后，伐木工人看到自己的左腿血流不止。他努力呼喊，却没有人回应。这样下去，不出几个小时就会因为流血过多死去。而且，如果有狼、熊等猛兽走过来，他丝毫不能动弹，只能成为猎物的一顿美餐。想到这里，伐木工人十分害怕。

钻心的疼痛令人眼前发黑，再不想办法恐怕就丢了性命。伐木工人用力地把腿往外抽，但是粗大的树干牢固地把他的腿压在下面，纹丝不动。接着，他拿起身边的斧子，想把树砍断，可能因为用力过猛，斧柄折断了。情况十分危急，想到了用电锯锯断自己被压住的大腿。这在常人看来难以置信，但是为了保全自己的性命，他只有这样做了。伐木工人忍受着痛苦完成了这一壮举，爬上汽车离开了。

亲自锯断自己的腿，这在常人看来是难以想象的。但是，为了保全生命，又不得不这么做。为了保全整体而牺牲局部，通过以退为进获得生的机会，这不仅是生存的本能，也是生活的智慧。当伐木工人拿起电锯的时候，应该需要怎样的决心和勇气啊！生活中遇到必须决断的时候，你是否能狠心丢卒保车呢?

为了更伟大的胜利，暂时的放弃，少许的后退，是一种理智的表现，也不失为一种豁达的智慧。有一种胜利叫撤退，有一种失败叫占领，拥有这种胸襟的人，显然能有更大的作为。须知，争一时不如争千秋，忍一时风平浪静，退一步海阔天空，暂时的撤退是为了更好的前进。懂得实时后退，才能做到万事均衡，对称和谐；懂得留有余地，才能做到进退自如，从容肆意。

许多人苛求完美，只知道前进，而不懂得后退。当他们筋疲力尽地追求一个目标的时候，不懂得停下来思考过这个目标是否可行。结果，深陷于各种漩涡而不能自拔。不懂得后退，前进也就失去了意义，被欲望牵着鼻子走的人，怎么能有幸福圆满的人生呢?

人生有太多的无可奈何，须知退一步海阔天空，不懂得后退的人只能与忧愁相伴，懂得取舍才能离成功更近一些。最后，请牢记，什么都不肯放弃，可能最后什么都要放弃。关键时刻，懂得退让，放弃局部的利益，反而能保全整体利益，维护好大局。太刚则缺，太锐则折，知进退才能把握自己的命运。这就是生活的辩证法。

第十二章

DI SHI ER ZHANG

不抱怨，坦然接受人生的潮起潮落

人的一生，没有永远的幸福，也没有永远的不幸。正所谓“心态决定一切”，内心保持怎样的心境，就会有怎样的生活。抱怨不能解决问题，只会让日子越过越苦。想要有所作为，再大的问题，再多的苦难，你也要默默承担，这样才能把命运牢牢攥在手中。

⟀1

人生不如意之事十有八九，成大事者从不抱怨

人的一生总会遇到各种各样的坎坷，经历痛苦和挫折的时候，不要悲观、不要抱怨。对自己狠一点，摔倒了再坚强地站起来，拍打完灰尘继续勇敢地向前走，自然会拨云见日，迎来美好的新一天。

“没有永远的幸福，也没有永远的不幸。”尽管生活伴随着无数的挫折和磨难，但承担不幸应该成为一种自我修炼，实现心智的成熟与心灵的成长。许多人在遭遇打击之后，总是习惯性地抱怨自己命运多舛、出身不好、朋友不够仗义等等。但是，抱怨并不能解决问题，甚至一味的抱怨会消耗走向成功的动力。事实上，抱怨是懦弱的证明，是无能的表现。坚强的人会狠心面对非难，相信厄运是短暂的，成功其实就在不远处。

王强已经工作五年了，转眼到了一年一度的大学同学聚会。虽然学得是建筑专业，但是王强听从父母的安排，大学毕业后进入一家证券公司担任操盘手。总体来说，他对自己的工作颇为满意，而且收入也还可以。然而，这次同学聚会却打破了他的内心平衡。

几年下来，原来曾经的青涩孩子们早已成为各行各业的中流砥柱。王强亲切地和大家交谈着，聊着彼此的工作和生活。好友张亮兴奋地对王强诉说自己为理想而奋斗的故事，原来曾经他们都有过环游世界的共同梦想，但是毕业后只有张亮选择了最初的理想。他先考取了旅游业从业资格证，并正式成为一名导游。几年来，他带领无数个旅游团游遍了全球各地，不仅拍遍了各地美景，而且结识了许多知心朋友。

和张亮一比，王强越来越发觉自己过得并不幸福。在接下来的日子里，他每天如同机器一样麻木的上班，稀里糊涂的下班，终日做着自己不

喜欢的工作。面对枯燥乏味的生活，王强脑海总是浮现张亮灿烂的笑容。鲜明的对比下，他越来越烦躁，越来越痛苦。

实际上，作为操盘手这份工作的收入十分不错，更重要的是王强组建了家庭，过着稳定幸福的生活。而张亮的工作表明上看起来光鲜，也有许多不为人知的苦楚。比如，他至今未婚，在各地穿梭要面临很大的人身风险，等等。王强的痛苦完全源于对张亮的羡慕和嫉妒，根本原因在于他无法掌控自己的内心，受到了欲望的牵绊。

须知，永远不要把痛苦的根源归结于别人的身上，一个人只有心态修行不够的时候，才能被外物影响。因为，打破你平静的人不是别人，而是你自己。事实上，面对人生的各种诉求时，许多人都像王强一样患得患失。但是，这种抱怨并不能减低我们的痛苦，只会增加更多烦恼。

老子说过：“罪莫大于可欲，祸莫大于不知足；咎莫大于欲得。故知足之足，常足。”人生不如意事十之八九，成大事者从不抱怨。很多人都明白这个道理，但是真正做到的人却寥寥无几。知足常乐，退而求其次也是一种圆满。当你放下心中那些苛刻的、理想主义的评判标准，你的内心才能真正平和、淡定下来，这时候你看待周围事物、看待自己的眼光就会截然不同。你会发现，生活无限美好，自己以及周边的人身上都充满了闪光点。

正所谓“心态决定一切”，一个人内心保持怎样的心境，就会有怎样的生活。面对挫折与困难，硬起心肠勇敢面对的人会在行动中迎来转机。他们心态好、知足常乐，所以气度不凡，从不抱怨生活的人，也会得到生活的眷顾。反之，经受一点磨难就意志垮掉的人，很难拥有好心态，他们遇事总是自怨自艾，不能狠下心去收拾残局，无力改变自己，最后只能与失败为伍。

那么，如何才能拥有良好的心态，勇敢面对人生的起伏呢？其实，面对一时的坎坷，很多人抱怨命运的不公平，是不敢正视自我的表现。也就是说，她们不能冷静地剖析自己，选择了逃避。真正的智者敢于自我解剖，勇敢承认自己的不足，并加以改进。他们没有时间去抱怨生活，只会感恩生活赠与的一切。那些对生活充满了怨恨的人，表面看来道出了失败的某些原因，其实他们呈现的是自己懦弱的一面。因此，成大事者必须停止抱怨，做好以下两点：

第一，任何时候都要选择正视，拒绝抱怨。

有的人遭受了挫折、打击，习惯于责备社会、抱怨人生。他们埋怨自己运气不好，而不仔细分析为什么会导致这种局面，问题的症结是什么。在他们看来，生活使他们受到了不公平的待遇，他们抱怨生活是理所当然的。殊不知，抱怨只能让他们继续低迷，对改变现状于事无补。那些抱怨命运不公的人，由于缺乏分析问题，进而解决问题的能力，因此无力推动局面的改观，也无法给自己的工作、生活进行长远的规划，于是他们的人生碌碌无为。失去了正视问题的能力，就等于在人生路上成了瞎子，最终被各种负面、消极的情绪所累，陷入失败的泥潭。

第二，不如意是生活的常态，最重要的是勇敢面对。

每个人都会遇到这样或那样的不公平，这是生活的常态。最重要的是，当你遇到了不公平的待遇时，先不要牢骚抱怨，应冷静下来，选择勇敢面对。这时候，一个人能否化悲愤为动力，把一切困难和不公看作锻炼自己的机会，决定了他的成败。有风度、有气量的人，懂得奋起抗争，而不是在命运的裹挟下沉沦。

2

笑看世态炎凉
——每个人都是趋吉避凶的“自私鬼”

《隋唐演义》里有一句话，“世态炎凉，古今如此。”不管你是中国人还是外国人，是古代人还是现代人，你都得承认这个事实。君不见，天桥上摆摊的算卦先生们，随便弄把胡子就可以充大师，糊弄貌似很精明的人们。他们为什么能得逞呢？无非还是人类趋吉避凶的本性使然。世态炎凉，也正是这一本性造成的。世人趋吉避凶、嫌贫爱富是再正常不过的事情。

"势利"一词，最早见于《史记·魏其武安侯列传》。据记载，窦太后的堂侄窦婴，曾经显赫一时。后来，王太后掌权，同样是外戚出身的武安侯田蚡很受重用，于是"天下吏士趋势力者，皆去魏其归武安"。类似这样的事情，从古到今屡见不鲜。西汉的刘向对"势利"也讲过一段精彩的话："以势交者，势倾则败；以利交者，利穷则散。以财交者，财尽则绝；以色交者，色落则渝。"在我们身边，这样势利的交友故事，每天都在上演。

当你有钱有权时，人们巴结你；当你失去这一切时，人们又都嫌弃你。这种巨大的心理落差使你饱尝人情冷暖、世态炎凉，你是否会因此想不开而愤愤不平？其实，只要明白他们在意的不过是你的财富或权势，而不是你本人，对这种现象就很好理解了。如此，方能狠心抛弃往日的虚荣、造作，在释怀之后重新品味恬淡的生活，掌握把日子过淡的本事。

东晋末年，上层集团非常腐败，整个社会动荡不安。当时，陶渊明在柴刘裕手下做参军。他看到官员将军之间互相倾轧，感觉非常厌烦，就主动提出去做地方官。于是，他来到彭泽当县令。

那时候，县令的官俸很低，为人清廉的陶渊明不会搜刮百姓，也不会贪污，所以过着清苦的生活。这一天，郡里派来一名督邮前来视察。身边的人告诉陶渊明，要积极准备款待。正在吟诗的陶渊明听到这个消息非常扫兴，但是仍旧勉强答应下来。

在迎接上级领导的路上，小吏看到陶渊明身上穿的是便服，就提醒他马上换上官服。陶渊明本来就看不惯依官仗势、阿谀奉承的做法，想到自己还要穿着官服行拜见礼，感受到这简直是一种屈辱。于是，他叹了口气说："不为五斗米折腰向乡里小儿！"最后，陶渊明辞职归隐，过上了恬淡的生活。

面对腐败的官场，糟糕的仕途，陶渊明看透了世态炎凉，选择去过自己理想的生活。面对官爵的诱惑，又有几个人能下狠心放手呢？在以后的日子里，陶渊明写下了《桃花源记》这一千古名篇文章，为后人描述了一个世外桃源，被传为佳话。

其实，人生就好像一场充满苦涩而又惬意的旅行，尽管走向目标的心情是急切的，但是旅途中的琐碎和烦恼总会影响前进的步伐，左右我们的心绪。但是，如果你真的能做到对生活释怀，将心事付之于清风朗月，不再苦苦经营那份烦恼和忧愁，那么你会更加的轻松自如。“宠辱不惊，闲看庭前花开花落；去留无意，漫随天外云卷云舒。”在宠与辱面前心态平和，像欣赏院子里的花开花落；对于地位的升迁毫不在意，就像天上的浮云聚而还散。一个人如果少了这种心态，自然无法从世事中超脱出来，从而心神不宁、患得患失。

看透世态炎凉，其实就是参透名利的诱惑，在得失之间保持足够的淡定。能够做到这一点，就会减少许多烦恼和痛苦，否则就会终日郁郁寡欢。说实话，在我们身边又有几人能够保证心如止水，泰然若之？原因在于一个人很难放下暂时的贪念，求寻求长远的利益。看不开，想不透，自然嫉恨他人，让生活多出种种不如意。

有一位领导遭遇了仕途挫折，一时间陷入了人生低谷。在接下来的日子里，昔日的一些朋友和部下都很少与之往来，这更让他丧失了生活自信，甚至有过自杀的念头。这一天，一个部下主动来看望他，还带来了礼物表达慰问。这让他获得了极大安慰，并决心重新振作起来，投入到新的工作中去。日后，这位领导重出江湖，获得了良好的发展机遇。为了感谢危难时刻帮助自己的部下，他大力提拔对方，并在退休后帮助对方坐到了自己的位子上。

在上面这个故事中，那位“部下”很会做人做事，他在“领导”落魄的时候“雪中送炭”，赢得了对方的信赖，为自己日后的发展搭建了稳固的平台。正是有了最初的“危难时刻显身手”，才有了日后仕途中的左右逢源。也许有人说，这位部下太多势力了，但是他能给冷庙烧香，就表明其高人一筹。世事本来就变幻无常，那些能够从低潮处把握机会的人，本来就值得机遇的垂青。

须知，世事沧桑，起起伏伏。昔日的权贵，可能今天变成平民；昨天的巨富，可能一夜之间一贫如洗。在别人失势的时候也能伸出援助之手，这是会做人的表现；而对方有了你这位患难与共的朋友，才能在得势以后毫不吝惜地给予回报，助你成事。在生命的时光中，如果我们能明白这个道理，并敢于去设计自己的人生路，能够在关键时刻取舍，自然会在付出之后迎来收获的那一刻。因此，不必抱怨命运不公，想想自己该做什么，做了什么，用心经营生命中的每一刻，就能摘取成功的王冠。

司马迁说过，“天下熙熙，皆为利来；天下攘攘，皆为利往。”有目的地与各色人物交往，日后才能迎来干大事的机会。不过，与人交往有很大学问，需要我们有独到的眼光，掌握好尺度和分寸。尤其是面对各种世态炎凉的拷问时，更需要当事人仔细研判，认真决策。话又说回来，与人结交还需以一颗真诚的助人心态去做，才能真正赢得对方信赖，太过功利反而会事与愿违。

∠3
坦然接受生活中的不公平

生活中，有些人得意了，就会飘飘然，失意了，就会郁郁不快；成功了，就会忘乎所以，失败了就会一蹶不振。面对人生的潮起潮落和花谢花开，他们喜怒哀乐表现得太过明显，有些太过失态，这样的人往往让人敬而远之，而一个没有朋友，没有人缘的人，怎么会快乐呢？不快乐的人，又谈何健康？至少内心是不健康的，你说是吗？

有这样一个令人深思的故事：

有个80后的年轻人，从国内某知名大学毕业后，通过自己的努力，获得了去美国留学的机会。留学结束后，由于专业知识过硬，他被美国一家跨国大集团聘用，并与一位碧眼金发的美国女孩结为夫妻。由此，这位年轻人感到非常得意，他的腰板直了，头也扬起来了，见到国内的亲朋好友，也不那么热情了，有时只是象征性地点点头，都不正眼看别人一眼，他的身体语言似乎在告诉别人：“我看不起你。”

对于他这样“飘飘然”的人，朋友们、同事们只好“敬而远之”。由于自以为是，他在工作中不到3年时间就犯了几次严重的错误，最后被公司扫地出门。当时美国经济不景气，他一时间难以找到合适的工作，收入锐减，生活也变得捉襟见肘。

洋妻子见他失业了，对他很失望，跟着“老情人”旧情复燃了。从此，他成了四处求职的“待业者”。面对意想不到的人生局面，他的心态发生了180度的大转弯，从此他开始怨天尤人，一蹶不振，走路也抬不起头了，见了熟人都不好意思。当年他身上那股得意的“威风”再也看不见了。

著名的大学者马寅初先生曾说过这样一句名言：“得意淡然，失意坦然。”这是忠告人们平衡心态最富有哲理的箴言，其内涵及其深远。

所谓得意淡然，就是说在获得名利和成功之后，保持淡泊的心态。淡泊的心态是得意时最为重要的心态，在人生的旅途中，当你获得提升、晋级、受到表彰奖励时，当你娶妻、生子时，这都是你的人生顺境，这个时候你应该多想一想马老先生“得意淡然”的教诲，切不可忘乎所以。

所谓失意坦然，就是说在失败、受挫、遇到逆境时，保持坦然平和的心态，凡事顺其自然，不要强求。这是失意时的最为重要的心态。在人生的旅途中，你会走在充满阳光和鲜花的“阳关大道”上，也会走在沟沟坎坎、崎岖不平的曲折之路上。当你的学业、事业、婚姻、家庭、生活等方面出现挫折时，你应该有不沉沦、不怨天尤人的心态，你要激励自己从失败中奋起，勇于拼搏，敢于从头再来，这才是“人间正道”。

对一个人来说，只有参透了“得意淡然，失意坦然”的生活哲学，才能真正做到心态平衡，才能经受住成功和失败的种种考验，成为生活的智者。

一天，某公司营销部的经理陈坚突然接到公司的人事命令，公司让他去供应部当经理。陈坚知道，营销部的地位远远高于供应部的地位，因此，他觉得公司这样调换他的职位，是在间接地降他的职。因此，陈坚感到非常不满，但他知道公司的任命难以违抗，因此，只好不情愿地接受。

这次任命让陈坚的心态发生了很大的变化，以前做销售工作，他每天都在外面跑，心情非常开朗，他干得特别有激情，工作干得很出色。可是现在，他每天都待在办公室里搞物资调动，整天和器材报表打交道，他觉得憋得难受。因此，在供应部的前段时间，陈坚一直闷闷不乐，心灰意冷。

后来，陈坚突然从一篇文章上看到“得意淡然，失意坦然”这句话，顿时他若有所悟。他想：假如这次任命是一种挫折，是一种失意，我也应该坦然面对，不沉沦、不悲观，而是从失意中奋起。于是，他开始调整自己的心态，把精力投入到新的工作中，慢慢地，他在供应部干得风生水起，受到了领导的高度重视。不久，他获得了公司颁发的两次特别奖金，之后还被提升为公司的副总经理。

面对不如意的事情，沮丧着脸、耷拉着头，露出一幅失意的表情有用吗？上天会因为你悲观失望而同情你，拯救你吗？不会，旁人会因为你痛苦、消沉而帮助你吗？也不会，那么我们还是勇敢自救吧。在自救之前，首先要调整好自己的心态，用一颗坦然之心去面对现实生活，用快乐的心态对待工作，这样才可能有出色的表现。

人生在世，每个人都会遇到各种各样的情况：得与失，苦与乐，沉与浮，升与降，胜与败等等。谁能不受这些外物的束缚，看得开、看得透，谁就能活得洒脱；谁纠结于一时的得失与苦乐，谁就会难以活得快乐。只有学会坦然接受人生的潮起潮落，不以物喜，不以己悲，你才能活出人生的大境界。

4

有些无奈并不能影响人生的精彩

世界上没有十全十美的事情，也没有十全十美的人。每个人的生活中，或多或少都有一个无奈的人和事：擦肩而过的列车，失去联系的挚友，冲动错失的爱情，不能避免的老去……后悔是无奈的，思念是无奈的，生离死别也是无奈的，很多事情让你无计可施，挫伤着你的积极性，消磨着你的意志，扰乱着你的心绪。

那些无奈带来的痛苦，或许不如伤害本身来得直接，但却更为绵长、更为深刻的，让你久久难以忘怀。在你不懈奋斗了许久，耗费大量精力与光阴后，发现自己所做的一切不过是蚍蜉撼树。这种无奈和无助让人久久不能释怀，甚至难免对自身产生怀疑。这时候，尤其需要清醒、深刻地认识到自己的渺小，并能积极乐观地应对一切，去创造属于自己的精彩人生。

被誉为“巾帼科技兴农带头人”的钟爱东，原先只是一个普通的下岗工人。她的事业曾经几经起落，面对人生的大喜大悲她最终领悟到，消极退缩于事无补，只要横下一条心，没有过不去的坎，没有到不了的明天。

1997 年，钟爱东失去了本以为可以捧在手上一辈子的“铁饭碗”。在 20 多年峥嵘岁月里，她把青春献给了工厂，最后去被迫下岗。这无疑是灭顶之灾。但是，在痛哭之后，钟爱东选择了勇敢面对，她拿出仅有的 2000 元和东凑西凑的资金，承包了 200 亩洼地。以后的日子里，她天天泡在鱼塘中，开始了自主创业。

然而，没有想到的是，生活的第二次打击来的如此之快。1997 年，一场大洪水淹没了刚刚建好的鱼塘。看着不断上涨的洪水一点点吞没了鱼塘，钟爱东几乎绝望了。回到家后，她在丈夫的鼓励下振作了起来，开始寻找出路。“从哪里跌倒就从哪里爬起来”，倔强的钟爱东又开始一点点的挖塘、养苗、引进新技术。多年苦心经营之后，鱼塘越做越大，钟爱东也成为了远近闻名的“鱼王”。“下岗、失败都不用怕，路自己走出来的，认定目标走下去，就一定会成功”，从中不难看出一位女强人面对世态炎凉的果敢之心。

许多时候，我们无法左右和驾驭世界上的一切事物。但是，我们也能在看开、放下之后去拼搏进取，赢得一个新的未来。须知，有些无奈并不影响你成功而精彩的人生。正如阿里巴巴创始人马云所说：“永远不要跟别人比幸运，我从来没想过我比别人幸运，我也许比他们更有毅力，在最困难的时候，他们熬不住了，我可以多熬一秒钟、两秒钟。"

事实上，人的一生中事事如意，样样顺心是不可能的。逆境多于顺境，失败、挫折、打击和危机常常伴随着我们左右。天总会刮风下雨，没有谁能一直一帆风顺。在顺境中能够前进，在逆境中也要打起精神，继续前行。苦与乐、喜与悲都是值得去细细品尝的人生百味。更多时候，我们并不能阻止人生中的不幸与无奈，但是我们有能力最大限度地降低这种无奈带来的痛苦，甚至在应对挑战中创造属于别样的精彩人生。

美国第32任总统罗斯福天生口吃，一紧张就很难说出完整的话。在公开场合时，只要跟别人谈话，他就会惊恐到瑟瑟发抖。换成别人，很可能会拒绝参加一切的公开活动，从此变得孤独离群。但是，罗斯福却鼓励自己积极地面对人群，即便被嘲笑也不会放弃和别人的交流。在每一次在紧张的时候，他总会坚定地说："只要咬紧牙关，努力不颤动，不久就能克服紧张的情绪了！"

就这样，人生的缺陷没有击倒幼小的罗斯福，反而给了他克服弱点、改变自我的动力。每当看到其人活力十足地参与各种公共活动时，他都要强迫自己一同参加，无论自己的口吃会招致多少人的嘲笑和嫌弃，他都努力地锻炼着自己。每当恐惧的时候，他都会对自己说："我一定能行！"渐渐地，他变得说话流利、言辞犀利，日后竟然成为美国历史上伟大的人物。

对意志坚定、心理素质强的人来说，人生的某些无奈是砥砺他们成功的助推器，是他们通向成功的阶梯。坚强的人可以经过自我的磨砺和奋斗，努力地改变自己的命运，成为众人争相传颂的励志经典。如果没有黑夜，自然看不到闪耀的星辰；没有缺陷，就没有了奋斗的动力；没有离别，就没有相逢的喜悦。因此，面对无奈时不必耿耿于怀，也不必恐惧的黑暗无光。对自己狠一点，咬紧牙关，黑暗终将过去，成功就在不远处。

经验表明，巨大成功依靠的不是力量而是韧性，竞争常常是持久的。很多时候，有恒心者往往是笑在最后、笑得最好的胜利者。支撑你笑到最后的力量，往往是身上的那股狠劲儿。没有出路并不一定都是坏事。穷途末路的时候，要狠下心，逼着自己去找出路，而很多人的成功往往就是“逼”成的。不要被无奈打到，不要抱怨生活的不公，不要在意一时的得失，用成功者的思维去思考，用成功者的眼光去看待事物，用成功者的姿态去处理事情。如此一来，你的生活就反转过来，这时候你就会发现，成功的通道就在你脚下。

真正的成功者，不会为了一时的面子而失去长远的利益，在权衡利弊之后，他们往往会作出对自己最有利的决定，为了达到自己的目的，面子是可以舍弃的，无奈是可以忍受的。在一定的条件下，甘愿妥协退步，以赢得时机发展，这些短暂的无奈并不影响最终的成功。在低谷中养精蓄锐，在失意中寻求东山再起的机会，这就是聪明人的处世哲学。伏得越久的鸟，日后往往飞得越高，因为伏得越久，意味着蓄力越多。

总之，没有人的生活总是充满鲜花和掌声，也没有人的事业总是一帆风顺，挫折和失意是难免的，既然我们不能左右一切，那就看淡一切，尽人事，听天命，只有这样才能尽量减轻生命的重负，活出自己的精彩。事实上，人的一生本就要与困难为伴，在品尝过了种种艰辛和无奈，经历了林林总总的风雨，而后得到自己想要的东西，那种充满苦味的成功最令人难忘，这也是生命中最宝贵的一笔财富。

5

成功者都是在痛苦的世界中尽力而为

生活中，为人处世要做到能屈能伸，不仅要能在正常的情况下办好每一件事，在恶劣的环境里也要办好每一件事。每个人的人生道路都充满坎坷，在不顺的时候一定要狠下心来承受委屈，在忍受苦难中痛定思痛，等待时机成熟、力量足够强大之时再伸展羽翼，一飞冲天。

勇者与懦夫的区别，在于前者面对困难时能站得住，也能趴得下。勾践卧薪尝胆，韩信胯下受辱，无不是对自己下狠手的例子，这便是所谓的“韬光养晦”策略。能忍辱者存，能忍耻者安，与其说成功者是战而胜，不如说成功者是忍而成。在痛苦的世界中尽力而为，就是既有抬得起头的傲气，也要有弯下腰的忍耐力。

上帝看见农夫种的麦子结实累累，感到很开心。农夫却对上帝抱怨说“这些年来我没有一天停止祈祷，祈祷来年不要有风雨、冰雹，也不要有干旱、虫灾。可无论我怎样祷告，您从来没有实现过我的愿望，全能的主啊！看在我这么真诚祈求的份儿上，您可不可以明年允诺我的请求，哪怕只要一年的时间?”

上帝应允了他的要求。第二年，因为没有狂风暴雨、烈日与虫灾，农夫的田里果然结出许多麦穗，比往年的多了一倍，农夫兴奋不已。可等到秋天的时候，农夫发现麦穗竟全是瘪瘪的。农夫含泪问上帝：这是怎么回事？上帝告诉他；因为你的麦穗避开了所有的考验，才变成这样。

一粒麦子，尚且离不开风雨、干旱、烈日、虫灾等挫折的考验，一个人又怎能脱离困难、失败的考验而实现心智成熟呢。由此看来，“苦难”是上帝馈赠给人类最好的礼物！每一颗丰满的麦粒都要饱受风雨的洗礼，每一个成功的人都经受了苦难的考验，只有下狠心去迎接挑战的人才能在风雨、磨难的砥砺中增加经验，参透成败，最终品尝胜利的果实。

看看这个世界，到处充满了竞争，为了更好的生活，为了自己精彩的人生，每个人都应该努力拼搏。即便遇到失望、惊喜、辛酸、忧虑的时候，仍旧要打起精神去承受，做比不做的好处是，你有改变命运的机会。如果连迎战困难的勇气都没有，无法付诸行动去改变，那么只能听从命运的安排。

事实上，苦难是我们人生路上的一道不可缺少的一道风景。在成功者眼里，那些接踵而至的苦难并不能滞留他们的脚步，反而更能激发他们的前进。苦难是人生之树上一颗奇异的果实，不懂得它的人，一尝便知其苦；懂得它的人则知道，只有细细地咀嚼，才能尝到那苦后的甜。那些成功者，这是因为他们能够咀嚼苦难，所以最终战胜苦难。

当你因愤懑不满而喋喋不休时，当你因为略受不公而义愤填膺时，当你因不知所畏而抱怨外在环境时，你是否能像成功人士那样去承受非难，选择尽力而为？正所谓，只有埋头，才能出头。凡成大事者，没有一个不曾失意落寞的。埋头吃苦是出头成名的前奏，是为成功所作积累和准备。而成功则是对经历磨砺的这些人的回报。不飞则已，一飞冲天；不鸣则已，一鸣惊人。没有累积的过程，不能狠心磨砺自己，显然无法与成功牵手。

许多人陶醉于武侠世界的刀光剑影，殊不知，一个武林高手的养成少不了多年的苦修与历练。尤其是面对悲惨的境遇时，懂得忍耐一时，经受千锤百炼，才会有出人头地的机会。这种景象，又何尝不是现实世界的真实写照呢？

磨砺当如百炼之金，急就者非邃养；施为宜似千钧之弩，轻发者无宏功。磨砺自己的意志，就像炼金一样，千锤百炼才能成功。假如你有雄心壮志，想要做出一番事业，那么请先在日常的工作生活中积累经验，磨炼意志。不管当下你面临着怎样的失意、痛苦，都要尽力而为，这样才能最终改变自己的命运。

6

及时自省，抑制住一步登天的冲动

人的一生漫长而曲折，任何成就的取得，任何功名的创建，都离不开日复一日的付出与努力。这种日积月累的煎熬，不是一般人能承受的，所以我们身边大多数人都过着碌碌无为的生活。

有人说，这个世界上的大多数人都渴望不劳而获、一步登天。的确，突如其来的财富、成功，总是令人惊喜，不需付出太多就能收获本就充满诱惑。问题是，这种想法等于白日做梦。许多时候，一口吃个胖子的想法总是危险的。能够按部就班去行动过，善于忍受做小事、抓细节的人，才能有大的作为。

欧洲战神拿破仑之所以在战场上所向披靡，击败了一个个竞争对手，与他不分事情大小都追求精确和完美密不可分。1805 年，拿破仑下达了从英吉利海峡东岸挥师多瑙河的命令。在整个行军、布阵的过程中，这位统帅逐一过问了各个环节的执行细节，甚至超出了一般军官的管理范畴。当时，这一做法给全军带来了巨大的压力，大家在统帅的感染下不敢有丝毫的懈怠，从行军路线、出发时刻到时间控制，从将官到士兵都做了精细的准备，确保了军队完全按照预期的计划出色执行，最终夺取了胜利。

总结成功者的经验可以发现，不厌其烦地把细节做到位，能够自始至终把小事做好，才会迎来好的结果。工作中取得越大的业绩，越需要我们付出更多的努力和艰辛，而一步登天的想法往往害人害己。问题在于，付出的过程需要百倍的艰辛，而这最考验人的耐心和毅力。一个人如果没有一股狠劲，是无法坚持到最后，取得非凡业绩的。

李东三年前进入一家合资企业，成为一名普通的销售人员。两年后，他的销售业绩惊人，在公司绩效考评中名列第一，一举取代了当初的销售总监。原来，李东进入公司后给自己制定了一个目标：每天提高 1%。他相信，只有每天不断地进步与突破，才能摘取成功的桂冠。而那个销售总监一直忙于琐碎的日常事务，缺乏远大的发展目标，终于在"干杯"声中虚度了时光，丢掉了总监这个宝座。

长城不是一年垒成的，而是多年修建的结果。面对速成速决的诱惑，怎么能不抑制住自己这种不成熟的想法呢？尤其是对年轻人来说，更要懂得"不积细流无以成江海"的道理，在日积月累中增长才干，历练应有的胆识与胸襟，为日后发展做好准备。

由平凡走向卓越，需要艰苦的付出；而突如其来太过容易降临的功名利禄，则很少有人能够承受。正所谓，一步登天的机会并非人人都能驾驭。如果不能掌控自己的欲念，无法控制好言行，很可能来也匆匆、去也匆匆，甚至招来祸患。

想当初，汉朝兴起的时候，功臣受到封爵的有一百多人。到了武帝太初年间，只过了百来年，后来仍然为侯的只有五人。这是怎么回事呢？原来，许多家族都犯了法，丧了性命，最终失去了爵位。面对一步登天的尊荣，真的不是常人可以驾驭的。对此，《菜根谭》里有这样的论述："人情反复，世路崎岖。行不去处，须知退一步之法；行得去处，务加让三分之功。"意思是说，人间世情反复无常，人生之路崎岖不平。在人生之路走不通的地方，要知道退让一步的道理；在走得过去的地方，也一定要给予人家三分的便利，这样才能逢凶化吉、一帆风顺。

这个世界上，人们的贪念总是异常强大的，而本领总是很小。于是，许多人在小利面前贪心过剩，结果一朝马失前蹄，就是身败名裂。当自身能力、智慧不足的时候，想一步登天获取财富、权威，其结果很可能是因无法驾驭而贻笑大方。因此，做人不可太贪心。当获得一定的成果后，懂得收敛自己的贪欲，见好就收，别让巨大的贪念毁了今后的前程，这是为人处世需要深刻领悟的道理。

正所谓"贪心不足蛇吞象"，在这种心态的驱使下，做人做事都会急功近利，一不小心就会误入歧途。等被大象踩在脚底下时，才蓦然醒悟，可惜再也没有回头的机会了。其实，成大事其实并没有什么秘诀，一个最重要的素质就是狠下心去行动，能够忍受住时间、挫折的考验。不强求是获得心灵快乐的一种方法，能够顺其自然并尽力而为的人才能体验到幸福的滋味。

7

即使天塌下来，也要有一颗从容的心

百世沧桑，不知道有多少消极悲观者，因受挫而放大痛苦，然后一蹶不振；千年人世，更不知道有多少意志薄弱者，因受挫而放弃目标，然后选择消沉；万古旷世，又不知有多少自卑懦弱者，因受挫而自暴自弃，最后葬身于万劫不复之地。面对挫折，你会怎么应对?

如果没有双臂，你会做什么？如果只有一条腿，你能走多远？如果只有一只眼睛，你会怎样看世界……不要以为这是假设，因为这些不幸都真实发生了，它们就发生在台湾传奇画家谢坤山身上。

谢坤山16岁那年，因触高压电而失去了双臂和一条腿，后来又因一次意外事件失去了一只眼睛。然而，如此不幸的人，却成了台湾家喻户晓的快乐明星。他的人生故事被拍成电视剧，被美国《读者文摘》杂志用十几种语言刊登发表。

失去了双手之后，谢坤山成了妈妈的“新生婴儿”。无数个夜晚，妈妈给他喂饭；无数个清晨，妈妈给他穿衣。看到妈妈为了照顾自己而没时间吃饭，没法做家务，谢坤山决心自食其力。怎样才能自己吃饭呢？经过冥思苦想，谢坤山发明了一个进食工具——把一个活动的套子缠在一个螺旋状的中空铁环尾端，再把套子套在残存的右臂上，再把L型的汤匙柄插进铁环套子里。自从谢坤山能够自己吃饭以后，他在校园演讲的时候，经常风趣地把自己的吃饭工具称之为“坤山”牌自助餐具。

之后，他相继学会了自己刷牙，学会了用脚控制水龙头，学会了自己洗澡。为此他发明了很多工具，解决了自己的吃喝拉撒问题。到最后，日常生活他几乎都能完全自理，甚至还能用残存的短臂夹住笤帚，在家里打扫卫生。

曾经，谢坤山出事后，有些邻居劝谢坤山的妈妈：“让坤山去夜市一蹲或到庙前一躺，定能挣到不少钱。”在很多人看来，穷人家的重度残疾人只有靠乞讨卫生。可是谢坤山根本不这样想，他说：“四肢我已经失去其三，不想连做人的尊严也失去了。”他开始思考人生之路怎么走，他决定继续学习最感兴趣的事情——绘画。

然而，对于穷人家的孩子来说，学习绘画是一门奢侈的爱好。谢坤山的父母不理解儿子的想法，再说了家里为了给他治病，早已花去了所有积蓄，还欠下了一屁股债。没办法，谢坤山只好把哥哥偶尔给他买汽水的零用钱存下来，用于买铅笔和白纸，为学画做准备。

可是没有手，怎样拿笔呢？谢坤山学会了用嘴巴咬住笔写字绘画。经过一番刻苦训练，他真的做到了。之后，他又学会了用嘴巴削铅笔，他削出了自信心，也削出了自己未来的路。后来谢坤山又千方百计地找到台湾著名画家吴炫三先生，吴先生被他的诚心打动，同意收他为徒。从此，谢坤山每天拖着残缺的身体，转几趟公车，赶到学校学画画。

就在他如饥似渴地学习绘画和知识的过程中，不幸再次降临，他的右眼在一次碰撞中失明了。然而，这种挫折并未阻挡他前进的脚步。他十分珍惜学习的机会，每天埋首在书桌前，每天最多睡四五个小时，为此他开玩笑说“少睡就是多活”。

学画三年之后，谢坤山以优异的成绩被台北建中一校录取了。他的绘画水平也有了长足的进步，多次在国际比赛上获奖，而他也得到了人们的认可。1994 年，他的作品《金池塘》以 8 万元新台币卖出；他的作品先后 6 次入选大型画展，1997 年他获得了国际特殊才艺协会视觉艺术奖。

人生如棋，在你接二连三地失去车、马、炮之后，你该怎样面对生活呢？对此，谢坤山说：“就算战到一兵一卒，我都还要坚持下去。”这种不惧怕任何挫折，积极面对的人生态度，使谢坤山活出了强者气势。

在人生的道路上，遭遇崎岖和坎坷是难免的。在这些阻碍面前，你能像谢坤山那样毫不畏惧、勇往直前吗？你能不轻言放弃，珍惜生命仅存的拥有吗？每一种创伤都是一种成熟，每一次不幸都是一种历练，如果我们鼓起勇气，不向命运屈服，那么一切目标都有实现的可能。

被称为“经营之神”的日本松下企业的创始人松下幸之助，在很小的时候就在外面打工。父亲去世之后，他一个人挑起了家庭的重担，这使他很早就体验到生活的艰辛。

22 岁那年，松下幸之助进入了一家电灯公司，成为一名检查员。有一天，松下幸之助觉得身体不舒服，到医院检查，发现他患了家族病。在他家族中，已经有 9 人因这个病离开了人世。然而，这个时候他没有退缩，反而更加豁达起来，他心里对各种可能发生的事情都做好了准备。

后来，他摸索出一个与疾病抗争的办法，他不断调整自己的心态，用平常心面对疾病；他调整自己的身体机能，增加自身的免疫力，使自己的精力更加旺盛。就这样持续了一年，他的身体变得越来越结实，他的内心也越来越强大。

患病一年后，松下幸之助对以往的工作不太满意，于是辞去了工作，开始独立经营插座生意。创业之初，恰逢第一次世界大战，物价飞涨，而当时松下幸之助的总资金不到100万日元。公司成立后，由于产品销量不佳，他的工厂无法维持下去，加之员工陆续离开，松下幸之助陷入了困境。

但是，松下幸之助没有失去信心，没有放弃梦想，而是把这一切看得很开，认为这是经营过程中必然的过程，他告诉自己："只要再下点工夫，就会成功的。"果然，功夫不负有心人，在松下幸之助的坚持下，他的生意慢慢有了转机，渐渐走出了困境。

可是1929年，世界性的经济危机席卷全球，日本的经济未能幸免，松下幸之助突然变得一无所有，但是他没有屈服，反而愈挫愈勇。而今，提起"松下"，很多人都耳熟能详，它已经成为了世界著名品牌。

松下幸之助正是因为不放弃，不沉浸在悲伤之中，才能有如今的伟大成就。人的一生其实很短暂，在这短短的旅程中，我们会碰到各种各样想不到的事情，这些事情本身并不可怕，可怕的是我们无法从负面影响中抽身出来，不能尽早地以最新、最好的状态去迎接新的人生。

所以，不论什么时候，哪怕我们身无分文，只要生命还在，我们都应该笑看挫折，要始终坚信：磨砺到了，幸福也就不远了。